ISBN 978-1-334-89315-5
PIBN 10643532

1 MONTH OF
FREE
READING

at

www.ForgottenBooks.com

By purchasing this book you are eligible for one month membership to ForgottenBooks.com, giving you unlimited access to our entire collection of over 1,000,000 titles via our web site and mobile apps.

To claim your free month visit:
www.forgottenbooks.com/free643532

English
Français
Deutsche
Italiano
Español
Português

www.forgottenbooks.com

Mythology Photography **Fiction**
Fishing Christianity **Art** Cooking
Essays Buddhism Freemasonry
Medicine **Biology** Music **Ancient**
Egypt Evolution Carpentry Physics
Dance Geology **Mathematics** Fitness
Shakespeare **Folklore** Yoga Marketing
Confidence Immortality Biographies
Poetry **Psychology** Witchcraft
Electronics Chemistry History **Law**
Accounting **Philosophy** Anthropology
Alchemy Drama Quantum Mechanics
Atheism Sexual Health **Ancient History**
Entrepreneurship Languages Sport
Paleontology Needlework Islam
Metaphysics Investment Archaeology
Parenting Statistics Criminology
Motivational

HISTOIRE

DE LA

GUERRE DE LA VENDÉ

ET DES CHOUANS.

HISTOIRE DE LA RÉVOLUTION DE FRANCE, par A. F. Bertrand de Moleville, ancien ministre d'état.

Ire. Partie. 5 vol. in-8°, papier carré. . . . . 21 fr.
        Pap vélin grand-raisin. 50
IIe. Partie. 5 vol in-8°, papier carré. 24
        Pap vélin grand-raisin. 60
IIIe. Partie. 4 vol in-8°, papier carré. 17
        Pap vélin grand-raisin. 40

HISTOIRE DES CAMPAGNES DU MARÉCHAL DE SU-WOROW, PRINCE ITALIKSKI, général-feld-maréchal au service de Russie, contenant la guerre de sept ans contre les Prussiens en 1759; la guerre de la confédération de Pologne en 1769; les première et deuxième guerres contre les Turcs, en 1773 et 1787; la dernière guerre contre la Pologne, en 1794; et enfin la dernière campagne d'Italie contre les Français, en 1799, jusqu'à la dissolution de la seconde coalition, et notamment une relation exacte des batailles de la Trébia, de Novi, etc. etc. — Édition in-8., 3 vol. ornés de trois portraits. Prix : 10 fr. La même, papier vélin, 24 fr. — Édition in-12. 3 vol. ornés de 3 portraits. Prix : 6 fr.

HISTOIRE DES PROGRÈS ET DE LA CHUTE DE L'EM-PIRE DE MYSORE, sous les règnes d'*Hyder-Aly* et *de Tippoo-Saïb*; Par J. Michaud. — Deux. vol. in-8. de près de 900 pages, enrichis du portrait de Tippoo-Saïb, de cartes enluminées, plans, etc. Prix : 9 fr.

MÉMOIRES DE M. DE BOUILLÉ sur la révolution française, depuis son origine jusqu'à la retraite du duc de Brunswick. — Deux vol. in-12, ornés du portrait de l'auteur. Prix : 4 fr.

LES TROIS AGES DES COLONIES, ou *de leur état passé, présent et à venir*, par M. de Pradt, évêque de Poitiers, et aumônier ordinaire de S. M. I. — Trois vol. in-8., beau papier. Prix : 10 fr.

HISTOIRE

DE LA

GUERRE DE LA VENDÉE

ET DES CHOUANS,

DEPUIS SON ORIGINE JUSQU'A LA PACIFICATION DE 1800.

PAR ALPHONSE BEAUCHAMP.

TOME PREMIER.

A PARIS,

CHEZ GIGUET ET MICHAUD, IMP.-LIBRAIRES

RUE DES BONS-ENFANTS, N°. 34.

Extrait du décret *du 19 juillet 1793, concernant les contrefacteurs et débitans d'Éditions contrefaites.*

Art. III. Les officiers de paix, juges de paix ou commissaires de police, seront tenus de faire confisquer, à la réquisition et au profit des auteurs, compositeurs, peintres ou dessinateurs, et autres, leurs héritiers ou cessionnaires, tous les exemplaires des éditions imprimées ou gravées sans la permission formelle et par écrit des auteurs.

Art. IV. Tout Contrefacteur sera tenu de payer au véritable Propriétaire une somme équivalente au prix de trois mille exemplaires de l'Édition originale.

Art. V. Tout Débitant d'Édition contrefaite, s'il n'est pas reconnu Contrefacteur, sera tenu de payer au véritable Propriétaire une somme équivalente au prix de cinq cents exemplaires de l'Édition originale.

Deux exemplaires de cet Ouvrage ont été déposés à la Bibliothèque nationale. Les lois nous garantissant la propriété exclusive, nous traduirons devant les Tribunaux les Contrefacteurs, Distributeurs ou Débitants d'Éditions contrefaites.

HISTOIRE

DE LA

GUERRE DE LA VENDÉE

ET DES CHOUANS.

~~~~~~~~~~~~~~~~~~~~~~~~~~~~~~~~

LIVRE PREMIER.

Introduction. — Description de la Vendée. — Origine
des troubles.

La monarchie française comptait quatorze
cents ans d'existence, lorsque vers la fin du
dix-huitième siècle on la vit s'écrouler après
de sanglantes divisions. Plusieurs factions s'en
disputèrent les lambeaux ; la liberté fut leur
prétexte, la domination leur but, et une république s'élevant du sein des orages, fut procla-
mée au milieu des défaites d'une guerre étrangère, opiniâtre, et qui menaçait l'intégrité de
la France. Les royalistes épars et sans forces
en frémirent, et n'osèrent s'y opposer. A l'Ouest
seulement, les contrées qu'arrose la Loire et

que borde l'Océan s'agitaient, et se préparaient à la résistance. Là, le royalisme avait ses temples, ses autels, ses prêtres et une population brillante, courageuse et dévouée. D'abord des troubles précurseurs annoncent une guerre intestine; le supplice de Louis XVI l'accélère. Les Vendéens indignés s'apprêtent à venger les mânes de leur roi dans le sang des républicains. Quelques mois s'écoulent à peine; soudain la guerre civile éclate: elle prend dans son principe un caractère terrible et cruel. Les bataillons républicains sont écrasés; partout les royalistes triomphent; la république naissante allait s'anéantir sous leurs coups; une seule ville résiste. Aux cris de défaite les républicains font succéder ceux d'une rage aveugle. Bientôt leurs bataillons inondent l'Occident, et des revers multipliés signalent la ruine de leurs ennemis plus braves qu'exercés à une guerre méthodique. Néanmoins cette lutte épouvantable qui étonne l'Europe et la tient en suspens, se ralentit, se ranime, se prolonge par des vicissitudes; est marquée par des actes d'héroïsme et de cruauté, par de grandes vertus et des crimes atroces. Enfin, laissant des traces profondes, les royalistes désunis et fatigués succombent et se soumettent.

Tel est le tableau des grands évènements que

je présente dans cet ouvrage. La plupart ont été jusqu'à ce jour transmis par des hommes qui ont figuré dans les troubles, en ont été les victimes ou en ont profité pour élever leur fortune. Aussi la passion, l'intérêt, l'esprit de parti et les haines encore récentes ont altéré les faits qui, disséminés d'ailleurs dans des écrits partiels et détachés, avaient besoin d'être réunis pour former un tout exact et uniforme. J'ai formé cette entreprise non seulement pour transmettre sans altération des évènements mémorables, mais encore pour offrir aux contemporains des leçons terribles. Cette tâche ne m'impose aucun sacrifice : je ne connais les royalistes et les républicains ni par leurs bienfaits, ni par leurs persécutions.

Avant d'entrer en matière, il est à propos de présenter un aperçu des principaux évènements politiques dont le Poitou a été le théâtre dans les siècles qui ont précédé la révolution. Je donnerai ensuite la description de tout le pays insurgé au midi de la Loire, avec quelques observations sur le caractère et les mœurs des hommes qui l'habitent.

Long-temps sous la domination des Gaulois, le Poitou conquis par César fut soumis aux maîtres du monde pour devenir ensuite la proie des hordes du Nord. Alaric le subjugue; Attila y fait des incursions ; devenu royaume d'Aquitaine, Clovis s'en empare après y avoir défait les Visigoths. Ses successeurs gouvernèrent avec faiblesse, et la France ouverte aux Sarrasins d'Espagne allait devenir une province mahométane, lorsque Charles Martel la sauva, en exterminant les Sarrasins entre Tours et Poitiers. Son fils, l'ambitieux Pepin, réunit l'Aquitaine à la couronne, et prépara le règne brillant de Charlemagne. Sous les faibles enfants de ce grand homme, le Poitou fut ravagé par les Normands, et déchiré par des troubles intérieurs. Les ducs et les comtes, espèce de gouverneurs de province, se rendirent indépendants ; mais l'histoire des comtes du Poitou est obscure et souvent confuse. On le vit fleurir dans le dixième siècle, sous Guillaume III. Après cent ans d'intervalle vint le règne brillant de Guillaume VII. Il effaça tout ce qui avait précédé. Guillaume réunit l'Aquitaine, se signala par ses qualités guerrières, son amour pour les sciences, et la hardiesse de ses idées. Le dixième duc d'Aquitaine laissa ses états à Éléonore, sa fille. Cette princesse célèbre s'unit à Louis VII, dit le Jeune, monarque jaloux et sombre : union malheureuse par l'opposition des caractères ! Louis répudia Éléonore, et lui rendit ses états. Éléonore se vengea

en donnant sa main au fils aîné du roi d'Angleterre. Alors le Poitou devint la proie des Anglais. Tel fut le germe de cette animosité, de
cette haine inextinguible entre l'Angleterre et
la France, haine qui fut au reste entretenue
par la situation géographique des deux pays,
et par les intérêts opposés de leurs habitants.
Éléonore mourut après un règne long et orageux. Les Anglais regardèrent l'Aquitaine
comme leur propriété; mais Philippe-Auguste
fit changer la fortune : il dépouilla Jean-Sans-
Terre, et unit le Poitou à la France par la loi
des fiefs. Le quatorzième siècle vit éclater une
guerre terrible entre les deux nations rivales.
Maîtres de la Gascogne et vainqueurs à Crécy,
les Anglais inondèrent le midi de la France. Le
célèbre prince Noir veut franchir la Loire; il
est atteint par le roi Jean-à Maupertuis, près
Poitiers. Là fut donnée cette bataille fatale qui
coûta tant de larmes aux Français. L'humiliant
traité de Bretigny, signé par un roi prisonnier,
livra le Poitou et les plus belles provinces entre
la Loire et la Charente. Les seigneurs poitevins
s'indignent; ils s'unissent pour secouer le joug
britannique. Tout ce que la guerre peut entraîner de désordres et de calamités afflige alors
ce malheureux pays, hérissé de châteaux forts,
dont les seigneurs, les uns Anglais, les autres

Français s'attaquent et se déchirent tour à tour. Enfin, le brave Duguesclin paraît : il gagne la bataille de Chizé, et remet le Poitou sous la domination française. Tandis que sous les auspices de Bedfort Paris donne à la France un Anglais pour roi, Poitiers proclame son légitime monarque.

Le seizième siècle vit naître le novateur Calvin. Poitiers le reçut dans ses murs; il y fit des prosélites. Les parlements s'armèrent de sévérité contre les nouveaux sectaires, et les supplices ne firent qu'irriter leur enthousiasme. Ils trouvèrent des protecteurs puissants : on en vint aux armes; et pendant près d'un siècle, les innovations dogmatiques furent en France et principalement dans le Poitou l'aliment et le prétexte des guerres civiles. Après un vain édit de pacification, Coligny, l'âme du parti protestant, vint y puiser de nouvelles forces. Poitiers seul lui résista. Atteint et défait près de Montcontour, mais redoutable encore après ses défaites, il rétrograda vers la Charente et s'y maintint. Alors le Poitou revint à l'obéissance royale, quoique le brave Lanoue, maître de la Rochelle, y fît des incursions. La pacification de Saint-Germain ne suspendit la fureur de la guerre que pour cacher un horrible piège. Les calvinistes qui avaient échappé à la Saint-

Barthélemi courent aux armes. Un traité de-
paix aussi peu sincère que les précédents re-
tarde le moment des combats; mais bientôt le
duc d'Alençon et les Montmorenci, en opposant une digue à l'ambition de la maison de
Lorraine, rallument la guerre. Le Poitou en est
encore le théâtre. Un édit favorable aux calvinistes donne naissance à la ligue, vaste ocn-
ception des Guises, pour asservir Henri III.
Louis de la Trimouille, duc de Thouars, le
plus puissant seigneur poitevin, fait signer cette
confédération catholique à plus de quatre-vingts
gentilshommes de la province. Poitiers entre
aussi dans la Ligue. Ce n'est partout que désordres, exactions, brigandages. Le Poitou est
déchiré, tantôt par les protestants, tantôt par
les ligueurs. La bataille de Coutras, gagnée par
le roi de Navarre depuis Henri IV, entraîne
tout le Bas-Poitou. La Ligue prenant un caractère de sédition, Poitiers résiste au faible
Henri III. La guerre civile se complique: royalistes, protestants, ligueurs, ravagent tour à tour
ces contrées. On touchait aux dernières convulsions; l'édit de Nantes pacifia la France. Le
vertueux Sully, nommé gouverneur du Poitou,
en ferma les plaies. A la mort d'Henri-le-
Grand, les feux de la Ligue mal éteints s'y ral-
lumèrent. Cependant le génie de Richelieu con-

tint les mécontents ; mais Richelieu gouvernait
en maître et la France et son roi. Alors les chefs
protestants inquiets pour leur liberté, s'assemblent à la Rochelle, et forment le plan d'une
république sur le modèle de celle de Hollande.
Le royaume eût été divisé en huit cercles ;
Soubise eût dirigé la Bretagne et le Poitou : la
mésintelligence des chefs fit échouer ce hardi
projet. Cependant Soubise eut encore, dans le
Poitou, des succès accompagnés de revers.
L'armée royale le défit. Cette victoire fut déci-
sive, et la prise de la Rochelle, due au génie per-
sévérant de Richelieu, étouffa tous les germes
de cette guerre de religion. A la mort de Richelieu et de Louis XIII, un reste d'esprit de faction se ranima. Le prince de Marcillac, entraîné par le parti de la Fronde, et depuis le
marquis de Larocheposay, relevèrent, dans le
Poitou, l'étendart de la révolte ; mais ces tentatives paralisées par des négociations n'eurent
aucun résultat. Sous Louis XIV le Poitou jouit
d'un demi-siècle de tranquillité. La révocation
de l'édit de Nantes, en signalant le déclin de ce
règne brillant, décida l'émigration d'une foule
de religionnaires poitevins : expatriation forcée
qui porta le coup le plus funeste à l'agriculture
et à l'industrie. Purgé de ses éléments d'opposition, le Poitou se distingua depuis par son

amour pour ses rois et sa soumission au clergé qui, surtout dans les campagnes, y exerça constamment une influence sans bornes à l'abri des progrès de l'esprit philosophique.

La révolution a divisé le Poitou en trois départements, la Vendée, les Deux-Sèvres et la Vienne, tous trois contigus et dans une longitude parallèle. Lés deux premiers ont été, dans leur presque totalité, le foyer de la guerre civile. Moins peuplé et moins riche, celui de la Vienne, dont Poitiers est le chef-lieu, n'y a point participé. A la vérité sa limite occidentale arrosée par la Dive, n'a pas toujours été respectée. Au nord, deux autres départements, la Loire-inférieure et Maine et Loire, tous deux limitrophes du Poitou, et tous deux parallèles, ont également pris une part active à l'explosion vendéenne.

Le département de la Vendée à jamais célèbre, prend son nom de la rivière de Vendée qui le traverse dans sa limite orientale. Ses bornes sont au nord, la Loire-inférieure et partie de Maine et Loire, à l'est les Deux-Sèvres, au sud la Charente inférieure et l'Océan à l'ouest. Sa superficie de 246 lieues carrées, présentait avant la guerre civile environ 300 mille habitants, 330 communes, et seulement

cinq à six petites villes. Fontenay, alors son
chef-lieu ne contenait que 7 mille âmes. Ce département est coupé par un grand nombre de
ruisseaux et de rivières, alimentés par plusieurs étangs qui se trouvent dans sa partie septentrionale. D'excellents pâturages, des ré-
coltes abondantes, des bois propres à tous les
usages, voilà ses richesses. Ses bœufs fournis-
sent à l'approvisionnement de Paris. Sur la côte,
il possède six petits ports embarcadaires; dans
l'intérieur, quatre routes. Malgré ces avantages, le département de la Vendée n'est point
florissant. S'il est un des plus fertiles de la
France, il est un des plus reculés par rapport
aux connaissances et à l'industrie. Pas un atelier, pas une manufacture, pas une société de
commerçants ou de spéculateurs qui le vivi-
fient. Les Vendéens étaient donc tous bergers
ou agriculteurs; leur funeste destin en fit des
soldats. La nature a divisé leur territoire en trois
parties distinctes, le Bocage, le Marais et la
Plaine. Le Bocage qui forme les sept neuvièmes
de toute son étendue, est ainsi nommé à cause
de la quantité de bois dont il est couvert. Chaque propriété est fermée de haies vives. L'aspé-
rité des coteaux entre lesquels serpentent plusieurs rivières, l'escarpement de leurs bords,

leurs cataractes nombreuses, impriment au pays un aspect dur et sauvage.

On nomme Marais les côtes de la Vendée autrefois couvertes par l'Océan, terrain imprégné de substances salines, en général fertiles, assis à l'occident sur un lit de sable, au midi sur une glaise compacte dont une partie est perdue pour l'agriculture. Le Marais méridional qui est, en quelque sorte, une conquête de l'art sur la nature, est presque toujours enseveli sous les eaux. Les bas fonds qui ne se dessèchent jamais, sont coupés de canaux innombrables ou marais salants qui se communiquent, et ne sont séparés que par des pièces de terre extrêmement fertiles, plantées en saules, en frênes, en aubiers, en peupliers, et quelquefois en chênes, environnées de fossés, de chemins sinueux et couvertes de métairies nommées *cabanes*, dont l'ensemble peut s'embrasser du même coup d'œil. Le cabanier ne marche jamais qu'armé d'une longue perche, au moyen de laquelle il saute les fossés et les canaux avec une agilité surprenante. Au premier aspect, les habitants de ce pittoresque séjour semblent les plus malheureux des humains. Leurs cabanes de branchage et de boue sont couvertes de roseaux. Le même toit recèle presque toujours toute une famille avec ses vaches, ses brebis et ses chiens. Souvent tous ces individus n'ont pour propriété qu'une langue de terre de vingt-cinq à trente pas. Ignorés du reste du monde, ils vivent au fond de leurs retraites inaccessibles, du produit de leur pêche, de leurs vaches, et sont forcés d'aller chercher sur les canaux environnants la nourriture de leurs troupeaux. Le silence de ces déserts marécageux, qui n'est interrompu que par les cris de quelques oiseaux aquatiques, l'ombre mystérieuse répandue sur les canaux, la pâleur et l'air misérable des habitants, cette lisière étroite qui semble mettre entr'eux et les autres hommes un intervalle immense, la teinte sombre du paysage, inspirent au premier aspect un sentiment pénible; mais si l'on pénètre dans cet humide séjour, la fraîcheur des berceaux, les sinuosités de ces promenades liquides, les variétés innombrables d'oiseaux qu'on rencontre à chaque pas et qu'on ne rencontre que là, font bientôt éprouver une douce rêverie, un recueillement religieux, qui ne sont pas sans charme.

La Plaine, langue de terre comprise entre le Bocage et la limite méridionale, plus civilisée, plus éclairée, n'a point pris de part directe à la guerre civile.

Le département des Deux-Sèvres qui prend son nom de deux rivières dont il est arrosé, a la forme d'un carré long, est borné à l'est par la Vienne, au midi par les Deux-Charentes, et au nord par Maine et Loire. Sa superficie de 260 lieues carrées, contenait avant la guerre vendéenne 275 mille habitants, 366 communes, et un plus grand nombre de villes que la Vendée. Niort, son chef-lieu, est peuplé de 15 mille âmes. Arrosé par sept rivières, traversé par quatre grandes routes, divisé, comme la Vendée, en deux parties distinctes, le Bocage et la Plaine; comme dans la Vendée, son Bocage situé au nord a été l'un des foyers les plus actifs de la guerre civile. Là, au milieu des forêts, une impénétrable haie clôt chaque propriété; là, des chênes antiques ombragent un sol pierreux qui ne donne à ses habitants que du seigle et du bled noir. Un air pur, des sites agrestes, des hameaux épars, des métairies isolées, des chemins difficiles, des coteaux, des vallons, des montagnes, des étangs, tel est le Bocage des Deux-Sèvres. Nulle part les préjugés et la routine ne règnent avec plus d'empire. Un pays qui n'a ni canaux, ni rivières navigables, ni grandes routes, ni villes, ne saurait être commerçant. Aussi avec tant d'objets d'échange qu'il pourrait améliorer et multiplier est-il réduit à circonscrire ses spéculations dans un cercle dont il ne franchit jamais les limites.

Ainsi que dans la Vendée, rien n'y favorise la circulation, rien n'y hâte les progrès de la civilisation qui adoucit et use les passions humaines.

Le département de la Loire-inférieure, formé d'une partie de la Haute-Bretagne et traversé par la Loire de l'est à l'ouest, n'a participé que partiellement à la guerre vendéenne; la république a même trouvé dans son sein d'ardents défenseurs; mais sa partie méridionale située sur la rive gauche du fleuve et bornée par la Vendée, a embrassé avec énergie le parti royaliste. La superficie de tout ce département est de 332 lieues carrées. Il comptait avant la guerre civile 207 communes environ et 330 mille habitants. Nantes, son chef-lieu, mérite des détails particuliers qui trouveront une place distinguée dans cet ouvrage. Le cours majestueux de la Loire, les rives ombragées de l'Erdre, la Sèvre qui roule à travers des rochers, imitant par fois les torrents; des sites variés, l'ensemble d'un paysage poétique, en feraient pour l'homme sensible un séjour enchanteur, si des débris teints de sang ne rappelaient des souvenirs horribles. Clisson, Legé, Machecoult et le Loroux furent des bourgs riches et populeux. Il n'en reste que des ruines, funestes monuments de la fureur des partis.

Formé de l'ancien Anjou, le département de Maine-et-Loire, également traversé par ce fleuve de l'est à l'ouest, présente une superficie de 370 lieues carrées contenant 308 communes et près de 234 mille habitants. Sa partie méridionale sur la rive gauche de la Loire et limitrophe de la Vendée et des deux-Sèvres, a été le théâtre des actions les plus éclatantes de la guerre. Le voisinage du fleuve, les bois variés qui couvrent ses rives, la fécondité des prairies et d'un terroir bien cultivé, fertile en grains et en fruits, offrent, en général, un aspect enchanteur. Des carrières de marbre et d'ardoises augmentent ses richesses. L'industrie y était active avant la guerre civile, et ses toiles de Chollet étaient estimées dans le commerce ; mais Chollet, tant de fois dévasté, ne présentait naguère que des vestiges sanglants, des ruines fumantes. Angers, chef-lieu de Maine et Loire, doit, ainsi que Nantes, occuper une place remarquable dans le cours de cet ouvrage.

Il me reste à fixer les limites de tout le pays insurgé ou de la Vendée militaire. On lui assigne au nord le cours de la Loire depuis Saumur, jusqu'à Nantes, et du nord à l'est et au midi le grand chemin de Saumur à Poitiers et à la Rochelle, cercle immense renfermant à peu près 800 lieues carrées, 700 communes et près de 800 mille individus; mais non seulement les habitants de la plupart des villes ne combattirent point en faveur de la royauté; ils prirent encore les armes pour la cause républicaine. La Vendée militaire se divise en pays dit le Bocage qui embrasse toute la partie septentrionale de la Vendée et des Deux-Sèvres, et en pays dit de Mauges qui borde la rive gauche de la Loire et se trouve compris suivant la nouvelle-division de la France dans le département de la Loire-inférieure et de Maine et Loire.

C'est là le véritable théâtre de la guerre vendéenne; c'est là qu'elle a été constamment plus vive et plus sanglante. Le pays de Mauges est un peu moins boisé que le Bocage dans les parties les plus voisines de la Loire; mais, en général, le pays vendéen est très couvert, à l'exception du Marais qui a fait également partie du théâtre de la guerre, mais dont les habitants se sont bornés le plus souvent à la défensive, pour laquelle la nature semble avoir disposé leur humide séjour. Dans la presque totalité du pays insurgé, la terre est tellement grasse et fertile, que même les bruyères, les landes, les genêts, toutes les productions parasites y sont d'une force et d'une grosseur prodigieuse. Dans un tel pays il ne peut se trouver de grandes et

belles routes ; aussi n'y en a-t-il que deux dans
la Vendée militaire, celle de Nantes à Saumur
par Chollet, et celle de Nantes à la Rochelle par
Montaigu. Ces routes qu'on ne peut suivre
qu'accidentellement ne sont guère plus favo-
rables aux dispositions militaires que les chemins de traverse. Bordées de haies, de fossés
larges et profonds, de buissons et d'arbres,
c'est ordinairement sur leurs lisières que l'ennemi prépare ses embuscades, et dispose ses
attaques soudaines. Quant aux chemins de traverse, ils sont presque impraticables ; quelquefois encaissés à dix ou douze pieds au-dessous
du niveau des terres, les convois peuvent à peine
y faire trois lieues dans une journée. Rarement
y trouve-t-on des espaces où les voitures puissent tourner pour changer de direction. Ainsi
la Vendée militaire était comme une vaste forteresse où la nature semblait avoir réuni tous
ses moyens pour protéger la résistance des ennemis intérieurs de la république.

Depuis vingt siècles, la Vendée n'a point
changé. C'était, sous les Romains, un pays
inégal et difficile, couvert de bois épais, semé
de marais fangeux. César dit positivement, dans
ses *Commentaires*, qu'il ne put jamais ni le
fouiller ni le soumettre entièrement, à cause
des difficultés insurmontables de la nature, et

de la résistance opiniâtre de ses habitants : preuve antique d'un courage qui n'a point dégénéré.

Il faut maintenant faire connaître ces intrépides royalistes, habitants du Bocage, qu,i sans avoir jamais porté les armes, se sont levés simultanément, et qui, abandonnés à leurs propres forces et armés seulement de bâtons et de fourches, ont d'abord dispersé leurs ennemis et obtenu tant d'avantages.

L'homme du Bocage ou le Vendéen est d'une taille médiocre, assez bien prise ; sa tête est grosse et ronde, son cou épais, son teint pâle, ses cheveux noirs, ses yeux petits mais expressifs. Le pain de seigle mêlé d'orge est sa nourriture habituelle, avec la bouillie de blé noir et quelquefois des légumes, du lard, des fruits, du beurre, du lait et du fromage. Sa boisson est l'eau de fontaine, rarement du vin qu'il aime, mais que lui interdit son économique sobriété. L'homme du Bocage est d'un tempérament bilieux et mélancolique ; son esprit est lent ; son cœur généreux, mais irascible ; sa conception peu facile, mais sûre ; ses mœurs simples et patriarchales ; bon, hospitalier, juste, fidèle à ses engagements, mais taciturne, méfiant pour tout ce qui lui vient de l'autorité, fortement attaché au sol qui l'a vu naître et à la religion de ses pères, il est capable des actions les plus héroïques pour la défense de sa foi. Isolé au milieu des bois et des montagnes, loin de tout foyer de civilisation, il vit seul dans sa chaumière, et s'il sort pour cultiver son champ il est encore seul. Des haies impénétrables et de larges fossés le cachent à ses voisins ; il n'a d'autre société que celle de ses bœufs auxquels il parle sans cesse et pour qui même il fait des chansons. Ignorant et crédule, le Vendéen est doué cependant d'une certaine mobilité d'imagination qui le rend propre à recevoir les impressions fortes. De là son goût pour le merveilleux ; de là ces histoires extravagantes que de ridicules magiciens lui débitent avec emphase : êtres privilégiés qui devinent le passé, lisent dans l'avenir ; qui, d'un geste ou d'un mot, guérissent les hommes et les animaux malades, ou leur envoient la mort ; font retrouver les effets perdus, excitent l'amour ou la haine entre deux amants, et exercent, en un mot, le redoutable ministère de *sorcier.* Après son curé, le premier objet de la vénération du Vendéen est le *sorcier* du Bocage. Laborieux avec une lente et uniforme ténacité, les hommes du Bocage annoncent moins le goût que l'habitude du travail. Jeunes, la danse a pour eux un attrait irrésistible, sans que jamais cet exercice favorise l'amour aux dépens de la décence et du respect pour les mœurs.

L'enfant de la Loire, qu'on pourrait appeler le *grenadier de la Vendée*, quoique plus civilisé, plus rapproché des foyers du mouvement, est également routinier et tient aux vieux errements des préjugés et de l'habitude. Il ne manque, en général, ni de pénétration, ni même d'aptitude aux affaires. Plus fort, plus intelligent que l'homme du Bocage, il se fait remarquer par sa taille élevée, son air de contentement, de santé, de fraîcheur, fruit d'une vie sobre et laborieuse. Sa conversation est lente et circonspecte, ses jeux sans mouvement, sans folie. Il chante peu: ses chants se traînent en accents plaintifs ; ses danses sans grâce et peu variées ressemblent plutôt à des exercices fatigants qu'à des délassements enjoués ; il ne connaît qu'un seul instrument, espèce de musette à demi-sauvage qu'on croirait plutôt appartenir aux montagnes d'Écosse qu'à l'un des plus beaux pays de la France. Cette musette rustique suffit à ses fêtes, à ses plaisirs ; elle dirige ses courses nocturnes ; elle se fait entendre dans ses assemblées, dans ses foires, dans ses noces tumultueuses.

Si l'habitant de la lisière de Mauges est privé des jouissances que procurent le luxe et les arts, il n'en a ni l'égoïsme ni l'orgueil. La bonne foi, la bienfaisance le caractérisent. Ses vices comme ses défauts sont ceux de l'ignorance. Un assemblage inconcevable de défiance et de crédulité, un attachement invincible aux anciennes habitudes, un entier asservissement aux superstitions, une résignation mystique; voilà les mobiles dont la politique s'est habilement servie pour le précipiter dans la guerre civile. Ce caractère distinctif lui est commun avec l'homme du Bocage. Comment celui-ci eût-il pu sortir de son ignorance profonde? Isolé au milieu des forêts, loin de tout foyer de lumières, il en savait toujours assez pour cultiver la terre, payer docilement la dîme, et obéir à la corvée. C'est ainsi qu'il vivait paisible depuis plusieurs siècles.

La révolution se déclare : les royalistes avaient besoin d'un théâtre où leurs opérations militaires fussent à l'abri de la vigilance républicaine, et ils choisirent le Bocage de la Vendée; ils avaient besoin de soldats fidèles, patients, dociles, et pourtant susceptibles d'énergie; ils choisirent les hommes du Bocage et du pays de Mauges.

Ainsi, les dispositions locales, la proximité de la mer qui borne la Vendée à l'ouest, la Loire qui la défend au nord, présentaient aux

chefs des mécontents le théâtre le plus favorable. Aux habitudes innocentes et paisibles
succèdent tout à coup les durs exercices des
camps; aux travaux champêtres, le maniement
des armes; au spectacle des moissons et des
troupeaux, celui des champs de batailles, de la
flamme et du carnage; et c'est à cette redoutable école que la génération présente a pris
ses premières leçons.

En voulant rechercher l'origine de la guerre
civile, les partis opposés n'ont pas manqué de
lui assigner des causes différentes, et d'en faire
l'objet d'une accusation mutuelle. Les faits dé-
montreront jusqu'à l'évidence que le principe
insurrecteur remonte à celui de la révolution
française, et que c'est à la résistance opposée
à cette révolution qu'on doit attribuer les premiers déchirements et la guerre civile elle-
même. Tout est lié dans l'ordre politique comme
dans le règne de la nature; ainsi les troubles de
la Vendée furent toujours plus ou moins in-
fluencés par les grands évènements dont Paris
était à la fois le théâtre et le foyer. C'est aux
provocations des démocrates, à leurs innovations imprudentes, à l'impolitique constitution
du clergé, aux persécutions suscitées contre
les nobles et les prêtres, que les adversaires de
la révolution attribuent la résistance des Ven-

déens, et néanmoins ils prétendent que les nobles et les prêtres n'ont pas fomenté cette guerre intestine ; ils soutiennent que son explosion générale ne fut prévue ni combinée, et qu'on doit l'imputer uniquement à la levée des 300 mille hommes pour la défense de la république, conscription forcée qui entraîna le Vendéen indécis, et fut comme le brandon de l'incendie général. Selon les révolutionnaires, c'est une erreur d'attribuer la révolte spontanée des habitants du Poitou à une cause qui n'a servi que de prétexte ; de donner un principe fortuit à la naissance, à l'extension d'un parti armé qui ne pouvait obtenir d'aussi grands succès, prendre si rapidement tous les caractères d'une puissance aussi redoutable, sans le concours d'une infinité de causes et de moyens combinés. C'est dans l'opposition méthodique des prêtres et des nobles, dans la marche pusillanime et souvent perfide des autorités locales, dans les dispositions morales des Poitevins, que les partisans de la république trouvent les causes originelles de la révolte, et les premiers éléments dont s'est alimenté le volcan vendéen qui, dans son explosion, a plus ou moins ébranlé tous les départements de l'Ouest. Les haines sont encore trop récentes pour que ces deux opinions puissent se rapprocher. Dans l'une et dans l'autre peut-être, la postérité trouvera la vérité ; elle verra naître le germe de la guerre civile avec la révolution, et pourra juger cette guerre. '

Quelle que soit la différence des opinions sur les causes de ce long déchirement, la postérité s'étonnera sans doute que, dans un coin presque ignoré de la France, des paysans pauvres et obscurs qui gagnaient à la révolution la remise des terrages et des dîmes, insensibles à ces avantages, aient osé seuls se prononcer contre le nouvel ordre de choses ; que seuls ils aient tenté d'élever un mur d'airain entre eux et le reste de la France ; que seuls ils aient voulu conserver pour eux ce qu'on avait détruit pour tous. Mais la révolution, malgré ses débuts éclatants, ne pénétra jamais dans les campagnes du Poitou et de la Bretagne. Les lois mêmes de l'assemblée nationale n'y furent exécutées qu'imparfaitement, et l'autorité n'obtint jamais qu'une soumission apparente. Loin de partager ce système de résistance, les principales villes de l'Ouest, telles que Rennes, Nantes, Angers, l'Orient, avaient eu l'initiative de la révolution populaire du 14 juillet. De leur sein partirent les premières réclamations pour une égale représentation nationale et une égale répartition de l'impôt. La Bastille tomba ; les Nantais prirent les armes et ne s'en dessaisirent plus. Dès-lors on put prévoir la lutte qui s'engagerait entre deux éléments si opposés et si rapprochés. On avait vu la jeunesse bretonne et angevine, après avoir triomphé des prétentions des ordres privilégiés, s'assembler par députés dans la ville de Pontivy pour y jurer un pacte fédératif et solennel en faveur de la liberté, aux cris répétés de *vivre libre ou mourir*. Là, parmi cette bouillante jeunesse se firent remarquer des hommes qui depuis ont joué un grand rôle dans le parti républicain. Les campagnes du Poitou gardaient un morne silence, et paraissaient insensibles à ces premiers élans de la liberté ; mais la révolution qui s'avançait à pas de géant écrasait tous les ordres de l'état, dont la faible résistance ne faisait que l'irriter et doubler ses forces. Dans le dépit de l'impuissance, les classes privilégiées fuyaient hors des limites françaises pour y rentrer en armes. Les ecclésiastiques plus attachés au sol montraient une persévérance imperturbable à aigrir les consciences, à signaler les excès des novateurs. L'évêque de Tréguier se prononça le premier avec force ; il représenta dans un mandement la révolution qui s'opérait comme la subversion de tout ordre ; la tolérance comme une impiété, la liberté comme une révolte, et l'égalité comme une monstrueuse chimère. Enfin, il exhortait les prêtres à détromper le peuple de ces funestes erreurs. Ainsi que toute la nation, le clergé était divisé ; mais la grande majorité restait attachée à l'ancien ordre de choses. L'assemblée nationale venait d'adopter avec légèreté une loi impolitique proposée sous le nom de constitution civile du clergé. Après avoir déclaré qu'il n'existait point de religion dominante dans l'état, elle voulut constituer la religion catholique et lui donner une existence privilégiée, tout en l'asservissant à la puissance civile. L'assemblée constituante agissait ainsi contre ses propres maximes, bien moins par l'hétérodoxie de ses principes que par les sacrifices auxquels elle condamnait une foule d'évêques, d'abbés et de commendataires. En dépouillant le sacerdoce de sa puissance et de ses richesses, l'assemblée nationale aurait voulu le réduire à la simplicité de l'évangile, et le ramener dans le dix-huitième siècle à la discipline de la primitive église : tentative insensée qui décida la résistance. On vit alors un prélat ambitieux former une coalition menaçante en apparence. Cent quarante évêques signataires donnèrent à cette coalition tous les caractères que la théologie la plus accréditée présente comme une décision de foi obligatoire pour toutes les consciences. A cette attaque formidable, l'assemblée nationale crut devoir opposer une coalition plus générale et plus puissante. Tel fut le motif du décret du 27 novembre 1790, qui astreignit le clergé à la prestation d'un serment civique et constitutionnel. Ce décret devint bientôt la source d'une foule de controverses absurdes, logomachies inintelligibles qui opposaient sans cesse la politique à la religion et la religion à elle-même. Il était peut-être plus dangereux encore de vouloir lier la constitution ecclésiastique à l'ordre civil, en offrant comme loi générale des réglements relatifs à la hiérarchie religieuse.

L'approbation du pape sollicitée par le faible Louis XVI, fut d'abord éludée; les esprits s'aigrirent, les résistances se combinèrent, et le clergé inonda les provinces d'écrits apostoliquement incendiaires. Le seul diocèse de Nantes vit éclore cent trois protestations. Les ennemis de la révolution calculèrent toute l'influence qu'une bulle du souverain pontife pourrait exercer sur des hommes religieux et crédules. Pressé par le parti dominant, Louis XVI sanctionna le décret avant la réponse du pape qui, voyant qu'on s'était passé de son assentiment, le refusa. Les évêques en triomphèrent; les

curés se réunirent aux évêques, et les démocrates s'échauffant, le clergé s'obstina. Tous
les prêtres qui refusaient de prêter le serment
étaient réputés ennemis du peuple et signalés à
sa fureur, sous le nom de *réfractaires*. Ceux-ci
qualifiaient d'*intrus* les assermentés qui faisaient cause commune avec les patriotes. On en
vint bientôt à la persécution, et la persécution
allumant le fanatisme, légitima la résistance.
La diversité des opinions politiques envenimait
tout : avant d'en venir aux armes, on défendit
et on attaqua tour à tour le système de la soumission révolutionnaire. Selon les uns, la révolution prenait un cours rapide et solennel ; la
majorité des Français applaudissant avec orgueil aux premières opérations d'une assemblée
nationale constituée au nom du bien public, se
livrait avec enthousiasme à l'espoir de la régé-
nération de l'empire et de l'abaissement des
Grands au profit du plus grand nombre. Le
bienfait de la liberté devait en être le résultat ;
s'y opposer, n'était-ce pas se déclarer contre
la volonté générale, et en se rendant coupable
de rebellion, provoquer le déploiement de la
force publique et la vengeance des lois ? « N'est-
» il pas dans l'ordre des choses humaines, ré-
» pondaient les adversaires de l'égalité, que la
» noblesse et le clergé comblés de richesses et

» d'honneurs, dépouillés, puis nivelés au
» rang du peuple, résistent à la subversion
» révolutionnaire ? Doivent-ils, peuvent-ils s'im-
» moler eux-mêmes ? Le prétendre serait mé-
» connaître étrangement le cœur de l'homme,
» ce serait accorder à la philosophie le don des
» miracles qu'elle n'eut jamais. Que les évê-
» ques, les prêtres, les nobles, que les mécon-
» tents pour défendre leurs privilèges, leurs
» richesses, leur rang, leurs opinions, leurs
» préjugés, enrôlent des soldats, prennent les
» armes; que dans l'espoir de se soustraire à la
» vengeance, à la haine du peuple, ils aient
» recours au moyen extrême et désespéré de la
» guerre civile; ce moyen redoutable suppose
» de l'élévation, de l'énergie; il n'y a que les
» peuples usés qui lui préfèrent l'ignominie.
» Les mécontents ne peuvent-ils pas se croire
» autorisés par la prescription et l'exemple de
» tous les siècles ? D'ailleurs ne sont-ils pas eux-
» mêmes entraînés par la force des évènements ?
» Si dans toute l'étendue de la France ils peu-
» vent s'entendre, se concerter, rallier assez de
» partisans pour combattre, pour écraser le
» parti populaire, et conserver un trône de
» dix-huit siècles, alors ne seront-ils pas tous
» des héros ? Dans tous les temps, le succès
» légitima la victoire. »

Tout annonçait qu'aux déclamations des tri-
bunes et des places publiques, aux querelles civiles et religieuses, succéderaient les horreurs
d'une guerre intestine. Ainsi que les grands
bouleversements de la nature, les commotions
politiques sont ordinairement précédées de
signes effrayants, précurseurs de catastrophes
sanglantes.

Le volcan de la Vendée, dont les communications s'étendaient en Bretagne, s'annonça
par des irruptions partielles, instantanées et
correspondantes aux grandes secousses de la
révolution. La première étincelle jaillit non
dans le Poitou, mais dans le Morbihan, qui
depuis, par sa résistance tardive et prolongée,
a fait voir qu'il avait mérité l'initiative dè l'insurrection, et qu'il lui appartenait de devenir
le théâtre d'un des évènements les plus mémorables de la guerre civile. La religion servit de
prétexte à ce prélude insurrecteur. Les vicaires
d'Amelot, évêque de Vannes, prélat d'un caractère pusillanime et incertain, le décident à
refuser le serment qu'il était sur le point de
prêter. Un officier municipal de Vannes répand
en même temps dans les campagnes une protestation contre la constitution civile du clergé.
Les partis déjà échauffés s'exaspèrent. Le 7
février 1790, plusieurs milliers de paysans

s'assemblent aux portes de Vannes, et adressent une réclamation menaçante au directoire du département pour invoquer la liberté des cultes. On leur oppose la force armée; l'attroupement se dissipe, en laissant des pétitions qui ne respirent que l'audace et la révolte. Les plus ardents annoncent qu'ils reviendront chercher la réponse. Au bruit de ce soulèvement, les patriotes de l'Orient réunis en garde nationale, viennent avec de l'artillerie au secours des faibles patriotes de Vannes. Six jours après, trois à quatre mille paysans armés de bâtons et de fusils de chasse marchent sur la ville pour délivrer l'évêque qui s'était cru en danger, parce que de jeunes patriotes l'avaient forcé d'arborer la cocarde nationale. « Nous vou- » lons, s'écrient les paysans, punir les impies » qui portent sur notre évêque des mains sa- » crilèges ; nous voulons rétablir la religion ca- » tholique. » Aussitôt Vannes prend un aspect guerrier; on y bat la générale ; les patriotes et les troupes de ligne s'assemblent et marchent en deux colonnes contre les insurgés. Le jeune Beysser, le plus fougueux des révolutionnaires de l'Orient, commande les dragons de cette ville; il se distingue par son ardeur, et prélude au rôle important que lui préparent les trou-

bles. Il voit les insurgés s'avançant par la route
de Rennes, et harangue sa troupe. Les balles
sifflaient déjà ; Beysser ordonne aussitôt la
charge à travers un feu continuel, mais mal
dirigé. Retranchés derrière des haies, les paysans semblaient braver la cavalerie ; les dragons s'élancent, et bientôt les insurgés dispersés
cherchent un asile dans des marais impénétrables. Les patriotes s'acharnent à leur poursuite, franchissent les haies, les fossés; font
un grand nombre de prisonniers.

Tel fut le premier choc entre les révolutionnaires et les paysans bretons. Quelques morts,
des blessés des deux côtés, beaucoup de paysans prisonniers, et la dispersion de tous, fut
le résultat de cette journée. Les insurgés manquèrent d'ensemble ; leurs chefs se tinrent cachés pour rester ignorés, et le paysan n'eut
plus pour guide qu'une fureur aveugle, dont
il fut la victime. Les campagnes du Morbihan
se remplirent de terreur, et les Morbihannais
livrés aux idées superstitieuses qui se mêlaient
au souvenir de leur défaite, se persuadèrent
que le diable combattait pour les patriotes, et
se crurent en proie aux maléfices. Le nom de
Diables-Rouges resta aux dragons de l'Orient,
vêtus de drap rouge. Par leur dévouement, les

patriotes joints aux commissaires civils et aux corps administratifs, rétablirent la tranquillité, du moins en apparence.

La rive gauche de la Loire éprouva les mêmes commotions, mais sous un aspect moins effrayant. Des prêtres *Mulotins*, espèces de missionnaires ainsi appelés de *Mulot*, leur fondateur, parcouraient les campagnes de l'Anjou accompagnés de religieuses ambulantes connues sous le nom de *Filles de la Sagesse*, soulevant les esprits contre les innovations religieuses et le serment ecclésiastique. La garde nationale nantaise et angevine dissipait leurs processions nocturnes grossies quelquefois de plusieurs milliers de paysans. Ces moyens répressifs menaient à la violence et à la persécution. Le département de Maine et Loire donna le premier l'exemple des mesures générales dont on a tant abusé depuis. Un arrêté enjoignit à tous les prêtres insermentés de se rendre en surveillance à Angers.

Le 3 mai 1791, une insurrection éclate à Châlans dans le Bas-Poitou. La garde nationale nantaise, fidèle au serment de fédération, y accourt pleine de zèle et d'ardeur : l'ordre est rétabli; mais Saint-Gilles est menacé à son tour par des Vendéens insurgés. Palluau, Apremont, Saint-Jean-de-Mont et Machecoult s'agitent.

Des symptômes d'insurrection éclatent également dans le district de Châtillon, département des Deux Sèvres. Soudain les patriotes s'élancent sur les points agités, et font de nombreuses arrestations. A l'installation de son évêque constitutionnel, Nantes même n'est point à l'abri d'une secousse. Néanmoins les prêtres assermentés s'intronisent avec violence à la place des anciens évêques et des curés non assermentés. Ceux-ci se vengent, en aigrissant le peuple contre la révolution et les révolutionnaires. Partout l'habitant des campagnes est enivré d'une fureur sacrée : *Mon corps est au roi, mon âme est au pape*, dit au commissaire civil du Morbihan un paysan écumant de colère. Dans la Vendée, un garde national menace un paysan abattu à ses pieds : *rends-moi mon Dieu*, lui répond cet infortuné.

Bientôt un grand évènement, la fuite de Louis XVI, vint imprimer une plus forte commotion au Bas-Poitou. Après avoir provoqué la révolution, Louis ne sut ni la diriger, ni la domter. Enchaîné par sa propre inertie, cédant à tous les chocs, n'opposant à ses ennemis que des vertus privées, croyant échapper à la révolution en fuyant dans les bras des potentats de l'Europe, ce monarque semblait n'avoir été

donné à la France que pour offrir aux peuples
et aux rois une grande et terrible leçon. Le
bruit seul de sa fuite fut le signal de nouveaux
troubles. Dans le Poitou, et surtout en Bretagne, les patriotes plus forts, plus énergiques
et alors plus nombreux, coururent aux armes
et se formèrent én bataillons. Les royalistes
pour leur sûreté se mirent sur la défensive, et
quelques nobles, dans l'attente des évènements,
se renfermèrent dans leurs châteaux avec des
armes et des moyens de résistance. Ceux du
Bas-Poitou, plus hardis, firent un appel à leurs
partisans, et se rassemblèrent en assez grand
nombre au château de la Proutière, district
des Sables-d'Olonne. Lezardière, maîti e de ce
château, paraissait l'âme du rassemblement.
Le hasard fit tomber une circulaire insurrectionnelle entre les mains des révolutionnaires;
l'alarme devint générale; les patriotes accou-
curent de toutes parts, et Nantes fit sortir de
ses murs sa garde nationale; Dumouriez y commandait. Empressé de se signaler, cet homme,
devenu depuis plus célèbre encore par ses in-
trigues que par ses exploits, saisit avec ardeur
cette première occasion. On le vit dans son
début s'unir aux patriotes, s'élever contre la
fuite de Louis XVI, détacher sa croix de Saint-
Loùis et en faire une offrande à l'égalité; jurer

fidélité à la nation, et, d'accord avec l'autorité administrative, marcher à la tête du régiment de Rohan et des gardes nationales contre les insurgés du Bas-Poitou. Déjà les grenadiers de Rohan bloquaient près de Châlans un grand nombre de prêtres et de nobles rassemblés dans deux châteaux. Dumouriez, au lieu de se porter en avant, demeure stationnaire à Machecoult, et donne le temps aux insurgés de se disperser dans les bois. Cependant les gardes nationales des districts voisins ne consultant que l'ardeur qui les animent, dissipent les rassemblements, investissent les châteaux. Un violent orage favorise l'évasion des assiégés de la Proutière; le château fut livré aux flammes par les patriotes des Sables-d'Olonne. Cet exemple trouva des imitateurs. Les incendiaires accréditèrent le bruit de l'apparition de vingt-six voiles anglaises en vue du château, et de quelques signaux en mer. Ce fait qui n'a été ni démenti, ni confirmé, supposerait dèslors de la part de l'Angleterre le projet de fomenter des troubles dans la Vendée à l'occasion de la fuite de Louis XVI, projet dont les cabinets de l'Europe attendaient impatiemment l'exécution. Vraies ou hasardées, ces conjectures aigrirent les vainqueurs.

Le département des Deux-Sèvres et même la

Bretagne éprouvèrent la même commotion. La nouvelle de l'arrestation de Louis XVI vint calmer l'agitation des esprits. Cependant une fermentation sourde, un mécontentement général qu'il fut impossible de dissimuler, décida l'assemblée nationale à envoyer des commissaires civils dans les départements de la Vendée et des Deux-Sèvres. Ils étaient chargés de prendre les mesures qu'ils jugeraient nécessaires pour rétablir l'ordre Cette mission fut confiée à Gallois et Gensonné, sortis des rangs des patriotes, et obscurs jusqu'alors. Dumouriez devait diriger les forces qu'on opposerait à ce commencement de révolte. Ses liaisons avec Gensonné, qui devint depuis l'un des coryphées du parti de la Gironde, furent l'origine de sa fortune révolutionnaire. Les commissaires civils parcoururent les villes et les campagnes, et ne firent rien de remarquable, soit qu'ils fussent paralysés par l'amnistie, qui dans l'intervalle accompagna l'acceptation de la démocratie royale de 1791, ou que trop imprévoyants ils ne sentissent pas la nécessité de prendre des mesures pour l'avenir.

Ils vinrent ensuite rendre compte de leur mission à l'assemblée législative. C'est à la prestation du serment ecclésiastique, à l'ascendant et à la résistance du clergé qu'ils imputèrent les

troubles. « L'ancien évêque de Luçon, dirent-
» ils à la barre, et son ancien clergé, se sont
» opposés ouvertement à l'exécution des dé-
» crets ; ils ont formé cette coalition puissante,
» répandu des écrits, des mandements incen-
» diaires, organisé la résistance. Le bourg de
» Saint - Laurent, district de Montaigu, et le
» district de Châtillon, département des Deux-
» Sèvres, devinrent le berceau du fanatisme et
» de la révolte ; des missionnaires en furent les
» instigateurs ; ils prêchèrent une doctrine sé-
» ditieuse ; il en résulta une scission dans le
» peuple, des divisions dans les familles, et on
» vit l'action civile céder à l'influence reli-
» gieuse. »

Ce rapport insignifiant comme monument
historique, n'apprenait que ce qu'on savait déjà.
Les troubles n'y étaient présentés que comme
le résultat des querelles religieuses, et non sous
l'aspect politique. Les commissaires jetaient le
voile sur les évènements relatifs à la fuite de
Louis XVI, évènements qui avaient motivé
leur mission. Ils crurent justifier cette réticence
en observant que la loi d'amnistie ayant arrêté
la marche des différentes procédures auxquelles
les troubles avaient donné lieu ; ils ne pourraient présenter sur ces objets que des conjectures vagues et des résultats incertains.

Les patriotes soupçonneux leur reprochèrent trop de timidité, et dès-lors ils aperçurent dans la conduite de Dumouriez quelque chose d'équivoque. Ils citèrent depuis les paroles de ce dernier. « Si je voulais faire la guerre civile » en France, ce serait dans la Vendée. » Au départ des commissaires, la Vendée se retrouva dans le même état politique ; et l'amnistie en ouvrant les prisons, lui restitua des éléments de troubles plutôt aigris que comprimés. L'assemblée législative était trop faible et trop imprévoyante pour prendre, dans cette circonstance, des mesures préservatives ; confondant cette affaire importante avec les plaintes journalières contre les prêtres, elle cessa de s'en occuper.

LIVRE II.

Conjuration de la Rouarie.

Sous plusieurs aspects, les troubles politiques de la Bretagne et de la Vendée sont indivisibles. Dans le système militaire et insurrecteur, la Loire sépare les deux pays. Les Bretons, maîtres de la rive droite, les Poitevins de la gauche, pouvaient, en agissant de concert, faire tomber cette barrière commune; s'emparer du cours du fleuve, et envahir des villes florissantes. Alors des Sables-d'Olonne aux rochers du Calvados, tout eût été entraîné; l'occident de la France détaché du centre eût pressé l'intérieur, tandis que la coalition entamait les extrémités de l'empire.

Une aussi vaste conception ne pouvait appartenir qu'à un génie à la fois extraordinaire et audacieux : ce génie parut en Bretagne. Armand Tuffin, marquis de la Rouarie, joignait à des passions ardentes un grand caractère, aux talents des négociations les vues d'un général et l'intrépidité d'un soldat. Il avait embrassé dès sa plus tendre jeunesse la carrière des armes. Officier dans les Gardes-Françaises,

il s'y était montré frondeur original du gouvernement monarchique et des étiquettes de la
cour. Son début dans le monde fut marqué par
des dissipations et des désordres. Éperdument
épris des charmes de la Beaumesnil, actrice
célèbre de l'Opéra, il voulut même l'épouser,
et ne put l'y résoudre. Accablé de ce refus et
du courroux du monarque, que lui avait attiré,
à la même époque, son duel avec le duc de
Bourbon - Busset, il s'empoisonna; secouru à
temps, il alla s'ensevelir à la Trape. Arraché
par ses amis à ce tombeau vivant, le bruit de
la trompette guerrière le réveilla soudain : il
défendit dans le Nouveau monde et à la tête
d'une légion, sous le nom de colonel Armand,
l'indépendance et la liberté des Américains, se
distingua et revint en France. Son séjour dans
les États-Unis, première cause de sa célébrité,
avait trempé son caractère. Dès les troubles précurseurs de la révolution, la Rouarie se déclara
le champion de la noblesse et des parlements
qui luttaient alors contre la cour. L'un des
douze députés envoyés auprès du roi pour réclamer impérieusement la conservation des privilèges de sa province, il subit à la Bástille un
emprisonnement qui excita en sa faveur l'intérêt de toute la Bretagne. Avide de révolutions,
la Rouarie vit d'abord avec joie çelle de 1789;

mais bientôt mécontent de n'y point figurer à
son gré, il s'indigna de voir la noblesse bretonne succomber sans appui sous une majorité
plébéienne. Il l'excite à la résistance ; il pro-
voque son refus d'envoyer des députés aux
états-généraux, ne voulant point, disait-il, que
cette noblesse antique se courbât devant la
double représentation du tiers ; enfin, il conseille cette protestation chevaleresque, signée
individuellement du sang des nobles bretons ;
et, jaloux de marquer d'une manière éclatante,
il voulut, quoique amant de la liberté, la faire
rétrograder à l'instant même où toute la nation
croyoit s'élancer vers elle. Le rôle de chef de
parti convenait à son génie, à son âme ardente,
à son infatigable activité, et les dangers de la
guerre civile lui paraissaient préférables à l'humiliation du joug populaire. A Rome, il eût
combattu les Gracques ; en Suède, son roi.

Devenu l'espoir des mécontents de la Bretagne, il les rallia pour jeter ensuite les fonde-
ments de cette fameuse association qui souleva
l'occident de la France. Plein de cette grande
idée, la Rouarie quitte son château, se rend à
Coblentz auprès du comte d'Artois, et lui présente son plan (1), après l'avoir soumis à

_____

(1) Voyez les *Pièces justificatives*, Nº. Ier.

Calonne, alors conseiller de ce prince. Tout fut approuvé et revêtu, le 5 décembre 1791, de la sanction des frères de Louis XVI. La Rouarie, regardé dès-lors comme l'âme et le chef de la confédération, est autorisé à faire usage de tous ses moyens pour en assurer le succès. L'association réglait d'abord l'établissement de commissions centrales d'insurrection dans chaque ville d'évêché, et leur composition élémentaire puisée dans les trois ordres. Elle réglait ensuite la correspondance directe avec le chef, établissait des commissions secondaires dans les villes et arrondissements d'un ordre inférieur, mais toujours sous l'autorité du chef commun et la direction des comités supérieurs. Les travaux de tous devaient avoir constamment pour objet de procurer des hommes et de l'argent, la séduction des milices nationales et des troupes de ligne; le sacrifice de l'intérêt local à l'intérêt commun, le concert, l'ensemble dans les opérations, étaient vivement recommandés, et tout mouvement partiel interdit. Le retour de la monarchie dans toute sa pureté, la conservation des propriétés particulières, des droits de la province et de l'honneur breton, devaient être le prix de tant d'efforts, de travaux et de sacrifices. La Rouarie se réservait de régler à temps l'organisation militaire. Il partit de Coblentz où son plan resta secret, ne laissant auprès du comte d'Artois que le jeune Fontevieux qui, ayant servi sous lui en Amérique, était seul initié dans ses projets.

L'origine de l'influence anglaise en Bretagne remonte à cette époque. Réfugiés à Jersey et à Guernesey, les émigrés de cette province, dirigés par le comte de Botherel, ancien procureur-général-syndic des états de Bretagne, s'étaient rangés sous la protection du gouvernement britannique, et ce gouvernement méditant déjà le bouleversement de la France, voyait dans cette classe de mécontents des auxiliaires qu'il fallait secrètement encourager. C'était à Jersey que l'on devait former les dépôts d'armes et de munitions pour la Bretagne; mais il était à craindre que Botherel, animé par une rivalité d'ambition, ne contrariât les projets de la Rouarie. De retour en Bretagne, ce dernier, après avoir mûri son plan, le mit en action.

Bientôt Saint-Malo, Rennes, Dôl, Fougères, eurent leurs comités insurrecteurs. On y fit

perdu au nouvel ordre de choses pour les exciter ensuite à se confédérer. Des émissaires royalistes se glissèrent dans les corps administratifs

et judiciaires, dans les établissements publics ;
et surtout dans les douanes, la garde des
ports, les forts et les arsenaux. Une multitude
d'écrits sur les intentions des princes et de la
coalition, propagèrent la résistance et fomen-
tèrent le fanatisme politique. Il fut arrêté que
moyennant le sacrifice d'une année de son revenu, on obtiendrait un sauf-conduit pour sa
personne et ses propriétés dans tout le cours
de la guerre, et que dès-lors on serait autorisé
à se joindre en apparence aux patriotes. Les
associés qui jouissaient de ce privilège étaient
invités à *se marier avec les autorités constituées.*

Les réglements militaires et civils délibérés
dans les diverses réunions insurrectionnelles, et
envoyés au conseil des princes, y furent ap-
prouvés avec des changements proposés par
Calonne, devenu le rapporteur de toutes les
affaires relatives aux royalistes de l'occident.
Le comité de Saint-Malo qui correspondait plus
directement avec Jersey et Guernesey, rédigea
des instructions locales qui furent également
adoptées. La Rouarie, l'âme de cette vaste conjuration, y consacrait ses veilles, sa fortune,
toutes ses facultés. Une femme le secondait
puissamment : Thérèse Moelien, de Fougères,
jeune, belle, courageuse, attachée à son chef

par les liens du sang et de l'amour, parcourait avec lui les campagnes; elle portait, cousus dans ses habits d'Amazone, les pouvoirs donnés à la Rouarie par le comte d'Artois, et lui gagnait partout des partisans. Dans leurs courses hardies, ces deux amants qui n'avaient qu'une même âme et une même existence partageaient les mêmes dangers. L'actif, l'infatigable Loisel, contrôleur des actes à Plancouet et à Saint-Malo, ne quittait point la Rouarie, dont il était à la fois le confident et le secrétaire. Le major Chafner, Américain, ami intime de la Rouarie, était également initié dans tous les secrets de l'association. Un rôle important et actif lui était réservé au moment où l'on prendrait les armes. Parmi les conjurés se faisait aussi remarquer Désilles, chef d'une famille malheureuse : il pleurait encore son jeune fils, massacré à Nancy. Retiré à la Fosse-Ingant, plein de haine contre les démocrates, c'était lui qui régularisait l'administration de la ligue bretonne dont il était le caissier; Picot-Limoelan, son beau-frère, le secondait. Plus actif et non moins dévoué, le jeune Fontevieux avait la confiance de tout le parti dont il était le courier; c'était lui qui, dans les occasions importantes, se rendait auprès des princes français, recevait et rapportait leurs ordres. Grout de

Lamotte, capitaine de vaisseau, Loquet de Grenville, Delaunay, ancien lieutenant-géné-ral de l'amirauté, et Lamotte-Laguyomarais, jouissaient aussi dans le parti d'une grande considération. Charles Bertin et Prigent de Saint-Malo, quoique nés dans la classe plébéienne, figuraient aussi dans la coalition bretonne, et s'y distinguaient déjà par leur zèle ardent pour la cause royale. Le jeune Pontavice, officier dans le régiment d'Armagnac, d'un caractère éprouvé, résidait ordinairement dans la capitale où il était en observation pour les intérêts du parti. Les trois aides-de-camp de la Rouarie, Tuffin, son neveu, le jeune Limoelan, et le chevalier de Tinténiac, étaient chargés des commissions délicates et périlleuses. Le commandement militaire se trouvait à peu près réparti de la manière suivante : le prince de Talmont dans la Mayenne; dans l'Avranchin le marquis de Saint-Gilles; Lahaye Saint-Hilaire entre Dôl et Rennes; Duboisguy à Fougères; Labourdonnaye et De Silz dans le Morbihan; à l'embouchure de la Vilaine les Dubernard et Caradeuc; Palierne et Laberillais dans le pays nantais; Dubaubril-Dumoland près Montfort; le baron Daupherné au Finistère, et Charles Boishardy dans les Côtes-du-Nord. Chaque chef d'arrondissement avait sous lui des chefs secondaires chargés d'organiser militairement les cantons qui leur étaient confiés. Tous apportaient dans leurs opérations cet ardent dévouement qui tient à l'esprit de parti et à la bravoure personnelle.

Mais un plan si vaste ne pouvait rester long-temps secret. Les passions déchaînées et même la seule divergence des opinions mettaient alors la délation au rang des vertus civiques. Le ré-publicain n'hésitait pas à devenir dénonciateur pour déjouer un complot de royalistes; il se couvrait au besoin du masque de l'amitié; et l'ardent défenseur du trône sacrifiait jusqu'aux affections de la nature pour le succès de sa cause : effet déplorable de l'esprit de parti toujours aveugle, toujours cruel! Ainsi, l'on vit Latouche-Schevetel surprendre et trahir la confiance des conjurés. Ce jeune médecin breton, doué de qualités brillantes, connaissait l'art de s'insinuer dans les cœurs. Quoiqu'il professât ouvertement les principes de la révolution, la Rouarie, dont il était connu, lui avait souvent témoigné une sollicitude affectueuse pour l'attirer dans son parti. Latouche résidait à Paris, et la Rouarie ayant besoin d'argent pour ses opérations, lui confia des billets de caisse qu'il tenait de Calonne pour les convertir en or. Ces billets ne pouvaient être admis qu'avec précaution, à défaut d'un nouveau signe qui leur manquait. La Rouarie, pressé d'avoir des fonds, expédia Tuffin, son neveu, jeune homme inconsidéré, qui, prenant Latouche pour un des conjurés, lui dévoila tout. Fontevieux apporta bientôt de nouveaux billets pour être échangés comme les précédents; il trouve Latouche au fait de la conspiration et lui en révèle tous les détails; ensuite il part pour Coblentz à l'effet d'accélérer les secours promis par le comte d'Artois. Fontevieux voyageait en toute sûreté au moyen d'une commission du prince des Deux-Ponts auprès des États-Unis d'Amérique.

Latouche, accablé du poids d'un secret aussi important, hésite d'abord; enfin, il court dévoiler tout à Danton, son ami, le plus audacieux des révolutionnaires. Les avis de Latouche parviennent au comité de sûreté générale de l'assemblée législative, qui en prévient les administrations départementales des Côtes-du-Nord et d'Ille et Vilaine. Mais au milieu des convulsions qui précédaient la chute du trône, il ne pouvait exister une surveillance capable d'étouffer un pareil complot.

On touchait alors à la crise qui devait changer les destinées de la France. Tout s'apprêtait à la guerre, l'Europe contre la France, la France contre l'Europe. Les conjurés impatients n'en attendaient que le signal. Enfin, l'assemblée législative la proclama, et la France en eut la funeste initiative. Jamais les espérances des ennemis de la révolution ne furent fondées sur de plus puissants motifs : la Rouarie n'attendait que ce moment pour organiser définitivement son parti, afin d'être en mesure d'éclater selon qu'il en recevrait l'impulsion du dehors. Dans cette circonstance, il crut devoir rassembler les principaux conjurés au château de la Rouarie, situé entre Saint-Malo et Rennes : la réunion fut complète. Après un repas non moins enivrant par l'exaltation des propos que par l'abondance des liqueurs, la Rouarie fit passer les convives dans une salle mystérieuse. Tous se rangent autour de lui ; le fidèle Loisel fait d'abord lecture à haute voix de la commission, datée de Coblentz, le 2 mars 1792 (1), par laquelle les princes Stanislas - Xavier et Charles-Philippe, après avoir donné à la Rouarie, comme chef des royalistes de l'occident, tous les pouvoirs militaires, ordonnent aux sujets restés fidèles en Bretagne, de le reconnaître et de lui obéir, et autorisent la Rouarie

_____

(1) Voyez, à la fin du volume, les *Pièces justificatives*, Nos. II, III et IV.

à *joindre à l'association bretonne les parties limitrophes des autres provinces*, et à retenir ses compatriotes dans leurs foyers où ils pourront rendre au roi et à l'état des services plus importants que ceux qu'ils rendraient au-dehors en prenant le parti de l'émigration.

Après la lecture de cette pièce, la Rouarie se leva, harangua les conjurés, provoqua leur vengeance et excita leur courage en leur montrant le trône et l'autel attaqués par des novateurs et des impies, la noblesse en péril, l'anéantissement des privilèges. Ensuite il développa son plan militaire, et annonça la coalition de l'Europe, le soulèvement des deux rives de la Loire; et pour prix de tant d'efforts et de persévérance, la conservation de la monarchie ou l'indépendance de la Bretagne. Puis il s'écria avec véhémence : « Braves compagnons » d'armes! si vous me croyez digne d'être votre » chef et de vous mener à la victoire, jurez » avec moi fidélité au roi, haine aux démo- » crates, soumission aux ordres des princes, » et dévouement à l'association bretonne. » A l'instant les conjurés, qui déjà partageaient l'ardeur et la confiance dont leur chef était animé, prononcent tous ce serment à haute voix avec l'accent de l'enthousiasme. Ils se livraient à peine à cet élan unanime, qu'une des

vedettes du château, car le service s'y faisait
comme dans une place menacée, introduisit
dans la salle un émissaire envoyé par le comité
de Dôl. Il annonça que des volontaires marchaient sur le château pour le livrer aux flammes, sous le prétexte qu'il s'y était formé un
rassemblement de prêtres et de nobles. A cette
nouvelle, tous furent d'avis de se soustraire par
la fuite aux recherches des patriotes ; mais la
Rouarie, instruit depuis long-temps que des
révolutionnaires avaient formé le projet d'incendier ses propriétés, se mit sur la défensive ;
et conservant seul toute son audace, il jura
qu'il les défendrait au péril de sa vie, et qu'il
s'ensevelirait plutôt sous leurs ruines que de
les abandonner lâchement. Il fit un appel aux
braves, et inspira une confiance telle que chacun se rallia autour de lui en demandant des
armes et un poste à défendre. Des fusils déposés dans les archives, des balles renfermées
dans une caisse de fer cachée dans les caves,
furent à l'instant distribués. On fit des cartouches, on fit le dénombrement des combattants, on disposa les postes, on posa les sentinelles,
on barricada l'entrée du château avec des char-
rettes ; derrière lesquelles furent embusqués
des paysans armés de fusils. Au milieu de ces
dispositions parut un second émissaire ; il assura

positivement que loin d'être menacé par un
rassemblement illégal, le château allait être
assailli par quatre cents gardes nationales de
Saint-Malo et des environs, ayant à leur tête
des officiers de police et des commissaires des
autorités constituées. On tint conseil, et·il fut
décidé qu'on ne compromettrait pas les intérêts du parti par une vaine et inutile résistance.
La Rouarie ordonna la retraite; elle s'effectua
avec une telle prudence et un sang froid si
admirable, qu'aucun détail ni aucune mesure
de précaution ne furent négligés. On démeubla
le château pour donner à croire qu'il était in-
habité. Les conjurés s'esquivèrent par des sou-
terrains inconnus; le concierge et quelques
vieux et fidèles domestiques restèrent seuls. A
minuit les patriotes arrivent, pénètrent sans
peine, mais avec précaution, interrogent le
concierge, et ne trouvant rien de suspect, dé-
vastent les caves et les cuisines. Les plus furieux veulent mettre le feu au château ; déjà
les torches sont allumées ; quelques affidés
royalistes qui s'étaient glissés parmi les révolutionnaires, parviennent, non sans peine, à empêcher l'incendie. Le château est abandonné
le lendemain.

L'inutilité de cette expédition, sans dissiper
les inquiétudes auxquelles avaient donné lieu

la découverte de quelques fils de la conjuration,
rendit les autorités moins surveillantes. Les conjurés, au contraire, redoublèrent d'ardeur et
de précautions. La Rouarie rentra dans son château, le mit en état de défense, exerça sa petite troupe aux manœuvres militaires à pied et
à cheval, fit monter la garde jour et nuit
comme dans une place de guerre. Au-dehors
il distribua de l'argent, se fit de nouvelles créa-
tures, soudoya des espions qui le prévenaient
exactement de tout ce qui se passait dans les
villes voisines, de sorte qu'instruit à l'avance
des visites domiciliaires, il avait le temps de s'y
soustraire ou de s'y préparer.

Tout annonçait en France une explosion
prochaine; le mois de juillet devait être fertile
en évènements; mais les tentatives malheu-
reuses des royalistes du Finistère et de l'Ardèche forcèrent la Rouarie de se renfermer
dans le système d'une prudente circonspection.

Allain-Nedellec, cultivateur et juge de paix
à Fouesnant, près Quimper, dans les posses-
sions de Chefontaine, dont il était l'agent, proclama la révolte à l'issue de la messe paroissiale.
Des hommes armés s'assemblent près la chapelle de Kerbader, lieu indiqué pour former le
noyau de l'insurrection : déjà quatre à cinq
cents paysans y étaient réunis. Des émissaires

de Nedellec parcouraient les campagnes, des détachements entraînaient les habitants et menaçaient d'incendier les propriétés de ceux qui ne se déclareraient point en faveur de la royauté et de la religion. Le tocsin sonnait de toutes parts. Ce fut alors que les gardes nationales se levèrent en armes, et marchèrent contre les insurgés; le combat s'engagea près de Fouesnant, et après quelque perte des deux côtés les royalistes furent vaincus et dispersés.

Quarante - trois insurgés faits prisonniers furent conduits dans les prisons de Quimper. Nedellec échappe d'abord aux recherches, tantôt dans un tonneau, tantôt sous une trape; il est enfin arrêté, s'évade, est repris. Traduit au tribunal criminel à Quimper, c'est en vain qu'on cherche à lui faire déclarer quels sont les véritables moteurs de la révolte. L'espérance d'être sauvé ne peut l'ébranler; il s'obstine à se taire, et s'impute à lui seul l'insurrection dont il n'était le chef qu'en apparence. Il refusait de marcher au tribunal; il fallut l'y porter. *Vous êtes faits pour cela*, disoit-il aux gendarmes. Il fut à Quimper la première victime de cet instrument de supplice appelé *guillotine;* il mourut avec intrépidité.

Dans l'Ardèche, du Saillant se proclame lieutenant-général de l'armée des princes, gouver-

neur du Bas-Languedoc et des Cevennes. A la
tête de deux mille royalistes, il s'empare soudain des châteaux de Jalès et de Bannes ; mais
déconcerté par la vigueur du directoire du
département, accablé par le nombre et l'é-
nergie des gardes nationales, il vit bientôt
sa troupe se disperser et fuir. Tombé lui-
même dans les mains des patriotes, il fut à
l'instant passé au fil de l'épée, ainsi que ses
principaux officiers. Les deux châteaux furent
incendiés.

Ces revers désastreux intimidèrent les royalistes de la Bretagne et du Poitou. La Rouarie
les attribuait, avec raison, à une précipitation irréfléchie, au défaut d'ensemble et
de liaison. Cependant, la révolution marchait
à pas de géant ; le 10 août approchait. Le 10
août, les révolutionnaires attaquent le séjour des
rois, qui, mal défendu, tombe en leur pouvoir.
Le trône s'écroule, la royauté n'est plus ! Une
si terrible catastrophe devait nécessairement
changer le caractère et la direction de la conjuration bretonne. Au moment dé prendre
l'offensive, il fallut bien attendre les évènements de la guerre et les ordres ultérieurs.
Pour mieux préparer les esprits à un soulèvement général, la Rouarie fit répandre secrète-
tement une proclamation en son nom comme

chef royaliste. Il y exhortait particulièrement les Bretons à se coaliser, à se réunir à lui sous l'autorisation et l'approbation des princes, frères du roi captif, pour combattre et exterminer dans l'intérieur les factieux, pendant que les troupes étrangères les combattraient au-dehors. Délivrer Louis XVI, le faire remonter sur le trône de ses ancêtres, rétablir l'ancienne constitution monárchiqué, relever l'église catholique et les anciennes cours souveraines, voilà ce que promettait la Rouarie.

Le succès du 10 août donnait aux révolutionnaires tous les moyens d'étouffer la conspiration; mais l'invasion de la Champagne par les Prussiens, et les grands évènements de cette époque, firent une heureuse diversion en faveur des conjurés. Il paraît même que le conseil exécutif provisoire, à peine assis sur les débris du trône, aurait laissé échapper tous les fils de la conspiration, si Latouche, alarmé des dangers de la nouvelle république, n'eût provoqué de nouveau l'attention du conseil sur les évènements de la Bretagne. Il en arrivait avec des informations récentes, ayant appris d'un des conurés que la Rouarie, animé par les progrès des coalisés en Champagne, n'attendait plus pour agir que l'ordre des princes. Tout était prêt, et la descente sur les côtes de Saint-Malo, par les

émigrés réunis à Jersey et à Guernesey, devoit
avoir lieu le 10 octobre. Latouche en instruisit
son ami Danton. Ce dernier, alors ministre de
la justice, convoque le conseil, y développe
avec clarté tous les projets de la Rouarie, et demande qu'il soit pris des mesures promptes
pour les entraver ou les anéantir.

Il n'y avait pas de temps à perdre pour dissoudre cette ligue formidable; les administrations locales étaient suspectes, l'opinion publique se prononçait contre l'anéantissement de la
royauté; l'association, d'ailleurs clairvoyante,
avait trop de partisans pour craindre d'être
écrasée; il fallait apporter dans cette opération
délicate autant de prudence que d'activité : on
ne pouvait y employer indistinctement les magistrats et les gardes nationales.

Le conseil exécutif délibère : il décide qu'on
enverra en Bretagne un commissaire avec des
pouvoirs illimités, conférés concurremment par
le comité de sûreté générale de la Convention.
Ce fut à Laligant-Morillon, l'ami, le compa-
triote du député Bazire, alors l'un des membres
les plus influents du comité de sûreté générale,
que les nouveaux gouvernants confièrent la
mission importante de déjouer la conjuration
de Bretagne.

Morillon était un de ces vils instruments de

révolution dont se servent les hommes pour le
malheur de leurs semblables. Chassé de la
grande gendarmerie, il avait été successivement musicien, espion, faux monnoyeur. Il
trahit ensuite à Coblentz les intérêts des princes, et rentra en France pour se vendre aux
patriotes. Employé par la législature dans les
affaires de police secrète, il venait de livrer les
principaux membres d'une association royaliste qui embrassait 80 lieues d'étendue, dans
les ci-devant provinces du Dauphiné, de la
Provence et du Languedoc, depuis Grenoble
jusqu'à Nîmes. Dans cette importante occasion,
ce scélérat s'était fait remarquer par une audace inébranlable et par un tact perfide; à travers mille dangers, il avait sauvé miraculeusement sa vie.

Morillon se rendit avec Barthe, homme de
son choix, dans le département d'Ille et Vilaine,
foyer de la nouvelle conjuration. Muni de notes
suffisantes, de tous les titres pour se faire reconnaître au besoin, il était maître d'ailleurs
de requérir à son gré les officiers civils et militaires, pour s'en faire assister hors de leurs
arrondissements, s'il le jugeait indispensable
au succès de sa mission.

A leur arrivée en Bretagne, ces deux émissaires trouvent l'association consternée, par

là nouvelle de là retraite du roi de Prusse. Les revers de la coalition avaient jeté le parti dans l'abattement.

La Rouarie seul n'a rien perdu de sa fierté. Cet infatigable conspirateur court de château en château, dé comité en comité, pour réveiller toutes les espérauces; il se repose rarement. Toujours errant dans les forêts et les montagnes, armé de toutes pièces, il ne tient jamais les sentiers battus, passe souvent la nuit dans des grottes inaccessibles, au pied d'un chêné, dans un ravin. Jamais il ne s'arrête deux fois de suite au même endroit. Comment se saisir de cet homme extraordinaire, aussi prudent qu'intrépide, et que le courageux Cadenne, lieutenant de gendarmerie, suit partout sans jamais pouvoir l'atteindre? D'un autre côté, le défaut de preuves matérielles arrête les agents du pouvoir exécutif.

Alors Morillon s'arme de toute son audace; il se présente chez Désilles, à la Fosse-Ingant, comme un royaliste fugitif et malheureux qui a vainement combattu pour son roi à la journée du 10 août. Les conjurés étaient sur leurs gardes. Ils ne s'ouvrent point à Morillon, et lui indiquent seulement les moyens de passer furtivement à Jersey. Il y envoya son affidé Barthe.

Arrivé à Jersey, Barthe y trouve les émigrés

français divisés en deux classes. Les prêtres, au nombre de 1200, formaient la première, qui n'était dangereuse aux républicains que par ses correspondances dans l'intérieur. Les nobles ou privilégiés de la Bretagne, du Maine, du Perche, de la Normandie, de l'Anjou et de la Touraine, formaient la seconde classe, à la tête de laquelle se faisait remarquer le comte de Botherel. Cet agent, avoué des émigrés auprès du ministère britannique, venait de faire un voyage à Londres pour les intérêts du parti. Toujours secrètement opposé à la Rouarie, on lui reprochait d'avoir fait mettre à Jersey l'embargo sur des armes et des munitions de guerre destinées pour la Bretagne. Huit bateaux de débarquement et deux barques de 200 tonneaux devaient servir de transport. Botherel s'était assuré de huit cents hommes, tant matelots que soldats de Jersey, qui devaient se joindre aux mécontents de l'interieur, dès qu'ils auraient l'ordre d'agir. L'île, qui était gardée par 8,000 hommes d'excellente milice se disposait à armer en course contre la France, et tout s'y préparait avec ardeur pour la guerre prochaine, ce pays étant très-attaché au gouvernement anglais, parce qu'il ne paie point d'impôt. Barthe y apprit que déjà ce gouvernement avait fait fabriquer 200 millions de faux assignats, pour acheter des partisans dans l'intérieur de la France et y porter atteinte au crédit public.

D'un autre côté, Latouche, qui était en Angleterre, avec des instructions de Danton, pénétrait chaque jour plus avant dans les projets des princes français. Initié dans la conspiration, lié avec le secrétaire de Calonne, il obtint aisément une entrevue de cet ancien ministre, qui s'ouvrit à lui sur les plans ultérieurs de la coalition et des princes.

Après avoir longuement interrogé Latouche sur le 10 août et ses résultats, après s'être plaint de la contradiction des rapports venus de l'intérieur, Calonne en vint, sans aucune réserve, aux questions les plus importantes. « J'ai quitté » les princes, dit-il, au moment de leur départ » de Verdun, pour m'occuper ici de pourvoir » au besoin de leur armée. La situation des » émigrés et de leurs chefs est déplorable : ils » sont tous en pleine retraite, abandonnés du » roi de Prusse et même des Autrichiens. Je » l'avais prévu, mais le baron de Breteuil, l'envoyé du roi auprès des princes, a contrarié » tous mes plans. Dans le conseil tenu à Verdun, je proposai de faire fabriquer des assignats pareils à ceux qui circulent en France, » pour que l'armée des émigrés payât tout au

» comptant, et pourvût même aux besoins des
» troupes coalisées; mais, rentrés à Paris, ce
» papier n'en eût pas moins été annullé, comme
» provenant d'une assemblée de rebelles. Contre
» mon avis, le baron de Breteuil a fait créer
» des *bons royaux*, dont personne n'a voulu;
» et les princes n'ayant pu subvenir à l'entre-
» tien de leur armée, non plus qu'à celle du
» roi de Prusse, ce monarque a traité avec la
» Convention et nous a abandonnés. Dans ce
» moment les princes français sont à Liége, où
» leur détresse les force de licencier tous les
» braves qui ont volé à leur secours. En vain
» le comte d'Artois me presse de le joindre; je
» m'occupe ici plus utilement de ses intérêts.
» Je lui ai déjà fait passer trois millions en assi-
» gnats, parfaitement imités. Cette somme a
» fait subsister l'armée royale pendant quinze
» jours dans le pays de Liége et de Stavelot.
» J'en fais fabriquer de nouveaux; dès que
» cette opération sera terminée, je m'occuperai
» de la Bretagne; j'en ai reçu l'ordre spécial du
» comte d'Artois. Nous avons obtenu l'autori-
» sation de Monsieur, et maintenant l'intention
» du comte d'Artois est de diriger seul ce qui
» est relatif à cette province. Les deux princes
» vont se séparer; ils ne doivent plus rien at-
» tendre de l'Europe, et il ne leur reste qu'à

» soulever l'intérieur. Nous réussirons moyen-
» nant mes projets de finances. Il faut aussi
» que d'un bout de la France à l'autre on suive
» le plan de la Rouarie. Déjà l'on s'en occupe
» sur différents points : les ordres, les commis-
» sions sont expédiés. L'on n'opposera plus au
» comte d'Artois la volonté de Louis XVI, qui
» ne sortira du temple que pour aller à l'écha-
» faud......C'est la faiblesse de ce malheureux
» monarque qui a tout perdu.....» Ici, Calonne
prononça le nom de Monsieur, et s'arrêta.....
Il fit ensuite un éloge pompeux des qualités du
comte d'Artois, qui devait, disait-il, faire re-
vivre Henri IV, et se montrer en France à la
tête du parti des Bourbons, aussitôt qu'on aurait une place de sûreté. « Je viens, ajouta-t-il,
» d'expédier à la Rouarie l'ordre de redoubler
» de zèle, et d'éviter surtout un éclat avant
» d'être sûr du succès ; j'ai la promesse d'être
» secondé par le gouvernement britannique.
» La Rouarie aurait déjà reçu de Jersey des
» munitions de guerre, sans Botherel, qui,
» faute d'accord, en a suspendu le départ. Je
» sais que les chefs des émigrés de Bretagne ne
» croyant pas la Rouarie d'une noblesse assez
» illustre, lui ont vu conférer avec peine le com-
» mandement de la province ; mais il lui était
» dû ; nous n'avons d'ailleurs besoin que d'un

» homme audacieux..... Restez à Londres,
» ajouta Calonne, et quand il en sera temps,
» vous passerez en Bretagne. »

Latouche transmit une partie de ces détails
à Danton ; mais ce dernier n'était déjà plus
ministre, et ce fut Garat qui reçut sa correspondance.

En même temps Fontevieux, qui s'était rendu
auprès du comte d'Artois, tournait habilement
les vues de ce prince du côté de la Bretagne et
de la Normandie. Il insistait pour faire filer
vers l'Angleterre et les îles de Jersey et de
Guernesey, tous les émigrés qui pourraient
entreprendre ce voyage. D'après le système
de l'ex-constituant Malouet, il proposait de
réunir à l'intérêt des princes tous les partisans
du régime constitutionel de 1791, qui se trouvaient alors dans l'intérieur de la France ; il
montrait enfin combien, avec la certitude d'a-
voir Saint-Malo, Cancale et le fort de Château-
neuf, il était facile de conserver le Clos-Poulet
en cas d'échec. Le zèle avec lequel Fontevieux
s'acquittait de sa mission lui avait valu la confiance du comte d'Artois. Ce prince fit tout
dépendre de l'arrivée de Calonne. Il ne se dissimulait point l'état précaire de son parti, et le
peu d'espoir que donnait la conduite du duc de
Brunswick, généralissime des coalisés. Il sus-

pendit la réponse que lui demandait la Rouarie
jusqu'au retour du comte de la Palisse, qu'il
envoya pour presser l'arrivée de Calonne. Ce
dernier était arrêté à Londres, pour dettes. Le
prince, dans une seconde conférence avec
l'émissaire breton, lui parla des difficultés
d'obtenir des secours pour seconder l'insurrection., Il fut enfin décidé qu'on s'armerait en
Bretagne, aussitôt que les émigrés auraient
gagné ,l'Angleterre et l'archipel normand.
Fontevieux, porteur de cet ordre, arrive à
Londres, quelques jours après l'entrevue de
Calonne avec Latouche. Calonne lui remet des
dépêches et de faux assignats pour la Rouarie,
auquel il marque de temporiser encore; vu
qu'on agirait en grand dans le mois de mars.
Il ajoutait qu'il espérait rejoindre bientôt les
princes et rapporter des ordres plus précis.

Le 24 janvier 1793, Latouche, véritable
Protée politique, revint du pays de l'émigration, apportant la nouvelle que tous les plans
étaient repris pour le mois de mars suivant, et
qu'à cette époque la descente sur les côtes occi-
dentales, et la levée de bouclier dans les départements de la ligue, devaient se faire simultanément avec l'invasion de la France par les
puissances belligérantes.

.Son rapport détaillé coïncidait avec les ren-

seignements contenus dans la correspondance
de Morillon, sur la situation politique des départements d'Ille et Vilaine, des Côtes du Nord
et de la Manche. Ces données positives ne laissèrent plus aucun doute dans l'esprit des gouvernants républicains, sur le complot formé
dans l'intérieur, de concert avec les émigrés.
Lebrun, alors ministre des affaires étrangères
et rapporteur de l'affaire de Bretagne, présenta
au conseil exécutif un mémoire détaillé sur
tous les renseignements recueillis à ce sujet. Il
demanda qu'il fût pris des mesures immédiates
pour faire arrêter tous les chefs connus, et saisir
leurs papiers. Le 3 février, des commissions
furent expédiées pour l'arrestation des principaux conjurés; mais Garat, alors ministre de
la justice, ayant observé que le conseil n'avait
pas le droit de lancer des mandats d'arrêt, on
en référa au comité de sûreté générale de la
Convention. Le comité s'assembla le 6. Lebrun
fit son rapport. Bazire, ami de Morillon et
membre du comité, observa qu'il n'était pas
impossible de porter la Rouàrie à appeler le
comte d'Artois pour se mettre à la tête des
émigrés dans la descente projetée, tandis que
les républicains seraient en mesure de s'assurer
de la personne de ce prince, de celle de Calonne
et de plusieurs émigrés marquants, qui seraient

infailliblement à sa suite. Il ajouta que le parti breton n'était pas éloigné d'appeler le frère de Louis XVI, et qu'on pourrait l'y déterminer. Si cette affaire eût été bien conduite, le succès en devenait probable; mais le conseil exécutif, plus timide que les comités, y trouva quelques dangers, et le ministre Lebrun, qui en eût été personnellement responsable, ne se sentit pas le courage de l'entreprendre. Après une mûre délibération, l'on convint de se borner à l'arrestation des chefs contre lesquels on avait acquis assez de preuves. Le comité décida que le conseil avait très-bien fait de s'abstenir de lancer des mandats d'arrêt qui lui étaient interdits par la loi; il en décerna le lendemain contre les chefs connus et leurs complices, nomma Morillon et Barthe ses commissaires d'exécution, avec ordre de transférer à Paris les coupables, saisis de leurs papiers et de toutes les pièces de conviction. Comme on prévoyait les dernières convulsions de leur fureur, au moment de ce coup d'état, Morillon demanda sept mille hommes, qu'on lui promit; il en régla le mouvement, de concert avec les ministres Lebrun et Pache. Rempli de confiance dans ce qui venait d'être décidé, il se rendit de suite en Bretagne, pour être à portée de recevoir les renseignements nécessaires, et remplir avec exactitude toutes ses instructions.

Tout avait changé de face en Bretagne : les tergiversations des princes, et la nouvelle du supplice de Louis XVI avaient consterné les conjurés. L'impétueux la Rouarie, dont la raison avait jusqu'alors suffisamment guidé les passions, n'avait plus été maître de se contenir. Il venait d'expirer dans des accès de rage. Les circonstances de sa mort, l'effet qu'elle produisit dans son parti, et les évènements qui en furent la suite, méritent d'être consignés dans cette histoire.

Vivement poursuivi après le 10 août, dénoncé publiquement dans les affiches de Rennes et à la société populaire de cette ville, forcé par les ordres contradictoires des princes de passer l'hiver sans rien entreprendre, impatient d'atteindre le mois de mars, errant et fugitif, exposé aux atteintes d'une saison toujours rigoureuse dans ces climats, la Rouarie, dont la santé s'altérait, éprouva le besoin du repos. Il cherchait un toit hospitalier où il pût, à l'abri des républicains, méditer sa grande entreprise et en préparer le succès. Mais la Rouarie ne pouvait guères trouver de retraite assurée que chez un membre de l'association. Il choisit le château de Laguyomarais, à une lieue de Lamballe, comme point central. Il s'y présente un soir sous le nom de Gosselin, accompagné de Saint-Pierre, son domestique, et du fidèle Loisel qui ne le quittait pas. La Rouarie n'était *Gosselin* que pour les personnes étrangères à la conspiration. D'abord Saint-Pierre tombe malade; la Rouarie seul le soigne. Saint-Pierre guérit, et le 16 janvier, la Rouarie tombe malade à son tour. Le deuxième jour, la famille Laguyomarais, qui redoute les visites domiciliaires, lui fait dire par Loisel qu'il serait prudent de quitter le château. La Rouarie part; mais, succombant bientôt sous le poids du mal, il s'arrête; il est forcé d'entrer dans une chaumière; deux heures après on le ramène au château. La maladie fit des progrès alarmants. Le médecin Taburel trouva la Rouarie en proie à une fièvre putride et à des accès délirants; le supplice de Louis XVI, qu'il venait d'apprendre, avait achevé de troubler sa raison. Le malheureux la Rouarie voyait son roi arraché des bras de sa famille, traîné à l'échafaud. Ce spectacle d'horreur lui arrachait d'affreux gémissements, et le rendait furieux. En proie au délire, il s'exhalait en imprécations contre la France, contre ses concitoyens. Taburel annonça que le malade était en danger; l'alarme se répandit dans le château. En cas de mort, que faire du cadavre? Cette idée trouble Laguyomarais et sa famille. On cherche des expédients. Madame Laguyomarais s'adresse à Périn, son jardinier, et lui témoigne ses inquiétudes. Périn, cédant aux instances, promet ses services. Taburel et le chirurgien Morel sont congédiés, comme n'inspirant point assez de confiance.

Le 30 janvier, après quatorze jours de maladie, la Rouarie expire vers les quatre heures du matin. Son cadavre, enlevé mystérieusement, est porté au clair de la lune dans un bois voisin du château; on le dépose ensuite dans une fosse commencée par le jeune Láchanvenais, précepteur des enfants de Laguyomarais, et qu'achève le jardinier Périn. Le chirurgien Masson fait au cadavre plusieurs incisions, dans lesquelles on verse de la chaux vive; la fosse en est ensuite comblée et recouverte de terre.

Le même jour, Saint-Pierre et Loisel disparurent. Les chefs de l'association, inconsolables de la perte d'un homme dont le caractère et les talents étaient si nécessaires au parti, gardèrent sur cet évènement le plus profond silence, pour ne pas décourager les princes et les royalistes bretons. Pendant la maladie de la Rouarie qu'on avait tenue secrète, ils avaient eu la précaution de lui faire signer

beaucoup d'ordres en blanc (1), dans la vue
de cacher plus long-temps sa mort. Au milieu
des craintes qui les agitent, dans la fluctuation
de leurs pensées, ils décident que tous les papiers de la Rouarie seront transportés chez Désilles père, à la Fosse-Ingant. Laguyomarais
les y porte lui-même, et les met dans un bocal
de verre qui est enterré à six pieds de profondeur, dans un des carrés du jardin.

Mais, qui pouvait remplacer la Rouarie? Nul
en Bretagne ne l'eût osé. Les conjurés jetèrent
les yeux sur Malseigne, militaire intrépide,
émigré depuis les troubles sanglants de Nancy,
où il s'était fait remarquer par une résistance
courageuse.

Il n'y avait point à balancer : l'association
voulait cacher la mort de la Rouarie jusqu'à
l'arrivée de Malseigne. Morillon sentit qu'il
fallait tout dévoiler, le moment étant venu de
s'emparer des chefs, de saisir leurs papiers.
Mais il était sans forces; il craignait les dernières convulsions du parti; les sept mille hommes
qui devaient protéger ses opérations n'arrivaient pas. Beurnonville, porté au ministère de

---

(1) Voyez, à la fin du volume, les *Pièces justificatives*, N°. V.

la guerre, n'exécutait point les engagements pris par son prédécesseur, et Lebrun, auquel Morillon écrivait dans les termes les plus pressants, laissait sa correspondance sans réponse. Abandonné à lui-même, et calculant tous les maux que l'indifférence du ministère allait causer, si Malseigne se montrait avant qu'il eût frappé de grands coups, Morillon se décide à braver la rage des conjurés, avec le faible secours de quelques républicains, tels que Cadenne, lieutenant de la gendarmerie, Bellanger, fils du commissaire national, et plusieurs volontaires des communes de Saint-Malo et de Saint-Servan. Persuadé d'ailleurs que la publicité suffit pour anéantir une conspiration, et que s'il expose sa vie et celle de ses amis, dans les premiers moments d'un combat inégal, ce ne sera pas du moins sans fruit, il en prend la ferme résolution, et se porte de suite à La-guyomarais et à la Fosse-Ingant. Là, s'environnant d'un grand nombre de témoins, et assisté de Renoul, juge de paix du canton de Saint-Servan, il appelle hardiment le public à ses opérations, et fait exhumer avec éclat le cadavre de la Rouarie, que la chaux n'avait pas encore dévoré. L'association, interdite par tant d'audace, croit que Morillon a des forces : elle n'ose le troubler. Morillon se hâte de faire pro-

clamer la mort de la Rouarie et les circonstances qui l'ont accompagnée ; il instruit les
patriotes des projets médités par les conjurés,
leur dévoile l'existence d'une conspiration,
dont les moyens sont détruits, et les principaux chefs entre les mains de la justice. Thérèse Moelien, cette femme courageuse, dé-
positaire des secrets de la Rouarie qui, en
mourant, lui avait confié mille louis en or et
la liste des conjurés, fait trève à sa douleur,
brûle cette liste la veille de son arrestation, et
parvient à soustraire l'argent. Désilles, caissier
de l'association, également averti de l'arrivée
des commissaires, se sauve de la Fosse-Ingant,
et va se cacher à Jersey, avec Prigent et Charles
Bertin, laissant sa famille éplorée, en butte à
des coups inévitables. Tinténiac, alors en tournée, Boishardy, Labourdonnaye, Talmont et
les autres chefs militaires de la conjuration, la
plupart dans leurs arrondissements respectifs,
hors des atteintes de Morillon, se tinrent sur
leurs gardes ou se cachèrent ; d'autres émigrè-
rent. La foudre ne menaçait que très-peu de
conjurés.

Morillon savait que les papiers de la Rouarie
étaient enfouis dans le jardin de la Fosse-Ingant ; il s'y présente, impatient de parvenir à
cette précieuse découverte, et fait amener

devant lui les demoiselles Desille. Elles arrivent tremblantes : cinq carrés du jardin sont fouillés sans succès. Les travailleurs découragés allaient abandonner leurs recherches, Morillon s'obstine ; à l'approche du sixième carré les demoiselles Desille pâlissent, et font un mouvement involontaire qui n'échappe point à l'ardent commissaire, dont les yeux étaient fixés sur ces femmes timides. A l'instant l'endroit suspect est fouillé ; on enlève quelques arbustes qui le couvraient et on trouve à six pieds sous terre le bocal hermétiquement fermé. Les jeunes Desille tombent évanouies, et Morillon triomphant contemple sa proie et ses victimes ! On procède à l'ouverture du bocal en leur présence, et devant Picot-Limoelan, beau-frère de Desille et membre de l'association. Dès-lors toute la conjuration fut matériellement dévoilée ; mais la liste complète des conjurés était anéantie, grâce à la prévoyance de Thérèse Moelien. Cette zélée royaliste ne se doutait pas qu'en sauvant quelques individus de son parti, elle sauvait peut-être la république d'une attaque générale. Si cette liste eût été divulguée, la nécessité, le désespoir auraient armé tous les conjurés : d'abord déconcertés par la découverte de la conspiration, ils se rassurèrent bientôt, voyant qu'ils restaient inconnus ; n'étant pas

d'ailleurs forcés de se défendre, la plupart se
cachèrent pour ne point éveiller le soupçon, et
le mouvement insurrectionnel fut incomplet.

Immédiatement après la découverte du bocal mystérieux, vingt-six individus, la plupart
complices de la Rouarie, sont arrêtés par ordre
de Morillon. Le bruit de ce coup d'état le pré-
cède à Rennes et y sème le trouble. Des partisans secrets de la conjuration l'attendent à son
passage par cette ville, où ils avaient un comité ;
ils méditent d'enlever les prisonniers et de tuer
Morillon. Les paysans soulevés se portent en
foule sur son passage ; les routes en sont couvertes. De toutes parts se forment de nombreux
rassemblements ; Morillon arrive à Rennes à
travers mille obstacles ; l'administration départementale d'Ille et Vilaine le requiert de se
mettre à la tête du peu de forces dont elle
peut disposer, pour conjurer l'orage. Morillon
se porte partout inférieur aux insurgés, et partout il les repousse jusqu'à ce qu'enfin dégagé
par Beysser, fait récemment général, il reste
uniquement occupé de la translation de ses prisonniers. Il parvint à les traduire à Paris devant le tribunal révolutionnaire, nouvellement
institué, et qui bientôt devait exterminer et
royalistes et républicains.

Les prévenus furent jugés révolutionnairement, mais avec une apparence de formes régulières, et après des débats prolongés et solennels. Tous se renfermèrent dans un système de dénégation absolue : mais les preuves étaient évidentes. Sur vingt-sept accusés, douze furent condamnés à mort, conformément à la seconde partie du code pénal.

La même condamnation frappait à la fois Laguyomarais et sa femme, Thébault-Lachauvenais, Picot-Limoelan père, Angélique Desille, femme Déclos-Lafauchais, Maurin-Delaunay, Loquet de Grenville, Grout de la Motte, Thérèse Moelien, Georges Fontevieux, dit le Petit, Vincent, interprète de langue anglaise, et Pontavice, arrêté à Paris.

Le mâçon et le jardinier Périn qui avaient indiqué à Morillon le cadavre de la Rouarie, ne furent condamnés qu'à la déportation.

Tous écoutèrent leur sentence avec calme, et marchèrent au supplice avec fermeté, refusant l'assistance des prêtres constitutionnels, qu'ils regardaient comme des *intrus*. Tous s'embrassèrent au pied de l'échafaud, et la plupart crièrent *vive le Roi*. Angélique Desille, condamnée pour sa sœur, ne voulut point éclairer le tribunal sur sa méprise, et périt avec courage. Pontavice mourut le dernier. En treize minutes, le même fer trancha douze têtes.

6..

Le peuple, déjà accoutumé aux échafauds, s'étonna cependant de la promptitude de l'exé-cution et du nombre des victimes.

Morillon récompensé d'abord par de nou-veaux pouvoirs (1), voulut ensuite jouir avec audace du fruit de ses rapines et de ses vexa-tions. Son odieuse conduite ayant été dévoilée, il suivit de près sur l'échafaud ses nombreuses victimes.

Il est un rapprochement que l'histoire ne doit point négliger: la découverte des papiers de la Rouarie eut lieu le 3 mars, et sept jours après une partie de la Bretagne, l'Anjou et le Poitou étaient en insurrection pour la royauté.

L'ombre de la Rouarie planait sur la Bre-tagne au moment où toute la Vendée s'insur-geait, et l'on vit une multitude de paysans bre-tons attaquer à la fois et le même jour le Faouet, Guéméné, Pontivy, Lominé, Aurey, Vannes, Roche-Bernard, Ponchâteau, Savenay, Oudon et Guerande. Les ouvriers des mines de Mon-trelais se soulevèrent; Piron de Lavarène près Oudon et Scbetou se mirent à leur tête. Oudon fut envahi; mais les Nantais unis aux Angevins dégagèrent la rive droite de la Loire, et dissi-

(1) Voyez, à la fin du volume, les *Pièces justifi-catives*, N°. VI.

pèrent les insurgés. Piron et Schetou ayant
échoué de ce côté, passèrent sur la rive gauche.
A Savenay, quelques patriotes succombent;
ceux de Nantes revolent, mais trop tard, à leur
secours. Avec ses seuls moyens la ville de Nantes
secourt et conserve Ancenis, Nort, Mauves,
Coueron, Savenay, Guérand et le Croisic.

Mais la rive gauche de la Vilaine, jusqu'aux
portes de Nantes, était en pleine insurrection;
les paysans forçaient les voyageurs à arborer
la cocarde blanche. La ville de Fougères, foyer
d'une brûlante démocratie, fut investie par 3
mille paysans royalistes, marchant sur deux
colonnes, avec le projet de la mettre au pillage
et de la brûler. Rennes se vit aussi à la veille
d'être la proie des insurgés; 500 révoltés marchèrent sur cette ville sans oser l'attaquer : les patriotes y étaient en armes; la générale y battait
à chaque instant, et des détachements nombreux en sortaient successivement pour combattre les royalistes. A Bain, plusieurs volontaires sont faits prisonniers; à Pacé, quarante
succombent; à Mordeilles, les insurgés sont défaits. 4000 paysans que Dubobril Dumoland dirige en secret, attaquent Montfort; cent cinquante patriotes de Rennes et trois brigades de
gendarmerie les dispersent. Montauban, Saint-
Aubin Baubigné, Saint-Aubin Ducormier sont

le théâtre de combats sanglants ; Dinan est en pleine insurrection ; une force imposante sauve Vitré du pillage ; Rhédon est débloqué ; Vannes, chef-lieu du Morbihan, est attaqué par 7 mille Morbihanais que dirigent les frères de Silz ; le général Petit-Bois les repousse à la tête de douze cents hommes ; il leur enlève le château de Rochefort, où étaient réunis des moyens de défense : deux cents Bretons y sont tués. En même temps Pontivy se soulève ; vingt patriotes y sont massacrés ; le lendemain, 3 mille insurgés s'y portent sur trois colonnes : ils sont repoussés. Les troubles s'étendent jusque dans les campagnes qui avoisinent Brest. Blabenec s'insurge ; les Dubodyès y souflent le feu de la révolte ; mais le calme est bientôt rétabli, et le général Canclaux, qui commandait dans le Finistère, peut conduire un corps de douze cents hommes vers la Loire. Dans les districts de Blin, Roche-Bernard et Guérande, les insurgés massacrèrent les autorités et brûlèrent les papiers des administrations. Bodinet, maître des postes, souleva Pont-Château, attaqua la Roche-Bernard ; et fut tué au moment où il opérait sa jonction avec les Dubernard qui étaient à la tête des insurgés de cette ville. Un trait d'héroïsme marqua la mort de Sauveur, président du district : ce patriote intrépide est d'abord mutilé, puis jeté dans un brasier ardent, où il expire pressant sur ses lèvres sa médaille civique. La Convention rendit hommage à ce martyr de la révolution : elle décréta que la ville de la Roche-Bernard se nommerait désormais la Roche-Sauveur, et que ce nom serait inscrit au Panthéon français.

Peu de chefs d'insurgés osèrent, à cette époque, paraître à découvert. Si quelques-uns se montrèrent un moment, espérant que l'insurrection pourrait se consolider, désabusés bientôt, ils se replongèrent dans les ténèbres : excepté Boishardy du district de Lamballe, dont le nom fut cité, mais qui échappa aux recherches, excepté Caradeuc et les Dubernard, qui étant tombés dans les mains des patriotes, montèrent à l'échafaud, les autres chefs restèrent inconnus. Des rapports secrets indiquèrent Laberillais, Gérard et Mercier le jeune, appelé depuis Mercier-la-Vendée, comme cherchant à soulever le pays renfermé entre l'embouchure de la Loire et le Morbihan.

La Convention nationale, effrayée, se hâta d'envoyer des commissaires en Bretagne : elle choisit Billaud de Varennes et Sevestre : le premier si fameux par sa sombre énergie. Ils trouvèrent les campagnes aux prises avec les villes, plus de cent communes soulevées, aucun ré-

giment complet. Mais les patriotes, quoiqu'en
petit nombre, se groupaient et déployaient le
plus grand courage. On vit la garde nationale de
Rennes se porter avec un zèle infatigable partout où le danger nécessitait des secours, et celles
de Fougères, Saint-Malo, la Guerche et Dinan,
se distinguer par des efforts dignes d'éloge. La
tiédeur et la négligence qu'on reprochait aux
administrations furent rachetées par leur réveil
et leur dévoûment. Les insurgés, immédiatement attaqués à la réquisition des corps administratifs, furent atteints et dispersés avant
qu'ils eussent pu réunir leurs colonnes pour
former une armée. Que pouvaient-ils entreprendre sans chefs inexpérimentés? Quels succès pouvaient-ils obtenir en agissant partiellement et sans aucun ensemble? La Rouarie n'é-
tait plus; l'impétueux Beysser, qu'animait la
présence des commissaires de la Convention,
brûlait de se signaler. Il imprimait à ses opérations un mouvement rapide qui déconcertait
les insurgés : cependant Rhédon allait tomber
en leur pouvoir; les commissaires conventionnels n'avaient trouvé dans ses murs que vingt-
deux patriotes qui eussent voté pour se défendre. Les Bretons étaient déjà maîtres des postes
d'Auquefer et de Saint-Pereux, réputés im-
prenables. Beysser les attaque, et emporte ces

deux positions avec des troupes peu nombreuses, mais pleines d'ardeur et de confiance.

En moins de trois semaines, ce général révolutionnaire, poursuivant ses succès, fit rentrer dans le devoir toute la rive gauche de la Vilaine jusqu'aux portes de Nantes. Les campagnes étaient aussitôt désarmées que soumises ; on leur imposait l'obligation de payer, dans un court délai, toutes les contributions arriérées, et on les forçait à fournir leur contingent pour le recrutement national ; de sorte que sous ce point de vue leur sédition tourna au profit de la république. De cette époque, date en Bretagne l'emploi des mesures dites *révolutionnaires*, ressources toujours extrêmes qui ne pouvaient qu'aggraver les maux de la guerre civile.

Ainsi les commissaires conventionnels, préludant au régime de la terreur, ordonnèrent la démolition des châteaux, l'arrestation des prêtres et des nobles.

Le paysan épouvanté ne se montrait plus dans les villes ; et, ne pouvant les attaquer de vive force, il s'en vengeait en désertant leurs marchés pour les priver de subsistances.

Le 5 mai, les commissaires parurent à la tribune de la Convention nationale, pour rendre, compte de leur mission. Ils dénoncèrent le conseil exécutif et les ministres.

« On a peine à croire, dirent-ils, comment,
» le mouvement de soixante bataillons ayant été
» arrêté, dès le 5 janvier, pour la formation de
» l'armée des côtes, le ministre Beurnonville a
» constamment refusé de consommer cette me-
» sure. Ce n'est que vers le 15 du mois de mars
» qu'il s'y est déterminé, et encore les soixante
» bataillons ont-ils été réduits à quatorze. Ce-
» pendant, à cette époque, les insurrections me-
» naçaient d'un embrasement total, depuis les
» bords de la Vilaine jusqu'aux rives des Deux-
» Sèvres : cependant le ministre des affaires
» étrangères avait instruit, depuis plus de quatre
» mois, le conseil exécutif, de la conjuration
» de la Rouarie ; il avait été chargé de prendre
» toutes les mesures capables de l'étouffer dans
» son origine ou de l'arrêter dans son explo-
» sion, et cependant vos commissaires ont trouvé
» plus de cent communes soulevées, et pas un
» régiment complet. Certes, on découvre ici
» une négligence bien coupable ; et si les hom-
» mes qui ont compromis si imminement le salut
» public, ont encore l'art de se soustraire au
» bras vengeur de la justice, c'est que la res-
» ponsabilité ne sera jamais qu'un vain mot

» inventé pour endormir et abuser le peuple. »

Cette harangue accusatrice, soustraite aux journaux du temps parce qu'elle attaquait le parti qui dominait alors dans la Convention et dans le conseil, décelait déjà combien la guerre civile servirait de prétexte aux récriminations et aux violences du parti démocratique.

Les commissaires terminèrent par une pompeuse apologie des sociétés populaires : « ardent » foyer de la liberté, si utiles à la révolution, » si terribles aux despostes. »

Les démocrates en conclurent que c'était aux sociétés patriotiques, aux gardes nationales et aux mesures révolutionnaires, qu'étaient dus leurs triomphes et la compression des royalistes de Bretagne.

Ainsi fut étouffée, dans cette province, pour renaître bientôt de ses cendres, une vaste conspiration qui devait entraîner tout l'occident de la France.

LIVRE III.

Combat de Bressuire. — Soulèvement des *taxateurs*. Explosion du 10 mars. — Succès des Vendéens. — Caractère de leurs chefs. — Massacre de Machecoult. —Première organisation insurrectionnelle.

Tandis que la Rouarie organisait en Bretagne la guerre civile, on s'était préparé à la résistance sur la rive gauche de la Loire : presque tous parents ou alliés, maîtres encore de leurs châteaux, inaccessibles à l'action révolutionnaire, les nobles du Poitou et de l'Anjou se confédéraient en secret. La plupart n'étaient qu'entraînés ; quelques - uns connaissaient le plan de la Rouarie et le secondaient puissamment.

La chute du trône acheva d'entraîner la Vendée. Le sang y coula bientôt en abondance, et avant même l'explosion générale, les forêts de Bressuire furent le théâtre d'un combat meurtrier livré sous les bannières du double fanatisme de la religion et de la liberté. Les prêtres opposèrent à leurs persécuteurs des moyens surnaturels : à l'aide de prestiges, ils émurent les esprits déjà disposés à

l'enthousiasme et au merveilleux. On ne parlait que de miracles : ici, la Vierge avait apparu
en personne pour sanctifier un autel provisoire
élevé dans les bois ; là, c'était le fils de Dieu
qui était descendu lui-même des cieux pour
assister à une bénédiction de drapeaux. A Chemillé, on avait vu des anges parés d'ailes brillantes et de rayons resplendissants, annonçant,
promettant la victoire aux défenseurs de l'autel
et du trône.

Un arrêté sévère de l'administration départementale des Deux-Sèvres, contre les prêtres
insermentés, excita la fureur des pieux habitants du Poitou : ils se préparèrent au combat ;
des croix, des crucifix leur furent distribués
pour les rendre invulnérables. Huit mille paysans du district de Chatillon se soulevèrent à
la fois, il leur fallait un chef : Delouche, maire
de Bressuire, qui fomentait sourdement la révolte, n'était point assez courageux : Gabriel
Baudry d'Asson, gentilhomme, ancien militaire, fut choisi. Dès l'origine de la révolution
il avait été nommé commandant de la garde
nationale du territoire de Brachain près la Chataigneraye, où il exerçait une grande influence.
A son premier penchant pour les idées libérales
avait succédé une haine implacable pour la révolution, depuis qu'elle abattait et la noblesse

et la royauté : son caractère fougueux et entre-
prenant était connu. Au premier cri d'insurrection, les plus hardis se portent en foule au
château de Brachain, arrachent Baudry du sein
de sa famille et le proclament leur chef. On vit
depuis, dans cette guerre; les nobles Poitevins
suivre l'exemple de Baudry, et comme lui se
faire arracher violemment de leurs châteaux
pour être élus chefs de révolte ; sorte d'élection
populaire qui, pour combattre la démocratie,
en consacrait les principes. Bientôt les insurgés, armés de bâtons, de faux, de fourches et
de fusils de chasse, marchent au combat sur
plusieurs colonnes, en récitant des prières fer-
ventes. En un instant, Chatillon et Bressuire
sont cernés par ces furieux, qui croyaient que
la prise de ces deux villes intimiderait la France
entière, et ferait révoquer les décrets qu'ils
foulaient aux pieds. Après avoir dévasté Chatillon et brûlé les papiers du district, ils se portent sur Bressuire ; mais le tocsin patriotique
avait déjà répondu à celui de la révolte ; les
gardes nationales de Parthenay, Thouars, Niort,
Saint-Maixant, Chollet, Angers, Nantes, Saumur, Poitiers, Tours, celles même de la Rochelle et de Rochefort s'étaient mises en marche
par nombreux détachements pour combattre
les rebelles. A la nouvelle de ce soulèvement,

la capitale, les provinces, le Corps législatif, les chefs militaires, tout prit l'alarme, et les routes se couvrirent de gardes nationales, seules troupes alors disponibles : le rendez-vous général fut à Bressuire. Cette ville, pressée chaque jour vivement par de nouvelles attaques, était vaillamment défendue par quelques compagnies de chasseurs, de grenadiers de Thouars et d'Airvaux, et par une poignée de citadins patriotes. Cependant elle allait succomber, lorsqu'on vit flotter au loin les drapeaux tricolors des gardes nationales combinées. Ce fut le 24 août que les deux partis s'attaquèrent avec acharnement sous ses murs; le combat ne fut pas long. En vain les insurgés formèrent une colonne serrée : mal armés, pressés de toutes parts, il furent entamés, mis en déroute, et se sauvèrent dans le plus grand désordre. Leurs chefs divisés, incapables d'un plan vaste, ne songèrent, dès le commencement de l'action, qu'à éviter la fureur des patriotes : six cents insurgés trouvèrent la mort aux portes de Bressuire; les blessés se traînaient dans les bois, où chaque jour on trouvait des cadavres. Les patriotes n'avouèrent qu'une perte de soixante hommes tués ou blessés : on eut à leur reprocher d'avoir souillé la victoire par des cruautés; des femmes et même des enfants furent égorgés; des membres sanglants mis au bout des baïonnettes, et portés en triomphe. Ces horreurs, malheureusement inséparables des guerres civiles, et dont la capitale n'avait que trop donné l'exemple, furent commises par quelques scélérats étrangers à la saine majorité de l'armée. Quelques Vendéens faits prisonniers se signalèrent par une fermeté invincible et par un mépris stoïque de la mort : vainement leur offrit-on le pardon et la vie, à la seule condition de crier, *Vive la nation ! Vive la liberté !* Ils refusèrent, se mirent à genoux sans faire paraître la moindre émotion, et ne demandèrent d'autre faveur que celle d'être, après leur mort, couverts d'un peu de terre, pour échapper à la voracité des bêtes féroces.

Delouche, maire de Bressuire, se sauva et fut arrêté à Nantes. Baudry, proscrit, caché d'abord avec son fils dans des champs de genets, accablé de soif et de faim, erra longtemps la nuit sans guide, et se retrouvant près de son château n'osait y rentrer. Poursuivi par les gardes nationales, il pratiqua, sous terre, dans ce même château, un trou profond où il s'ensevelit avec son jeune fils, ne recevant les rayons du jour que par une étroite ouverture, et n'ayant pour aliments que du pain d'orge et de l'eau que lui apportait, pendant la nuit, une servante affidée ; ils restèrent pendant six mois cachés dans ce tombeau, sans aucune communication extérieure : voués à la mort, ils entendaient souvent les gardes nationales faire, dans le château, les perquisitions les plus exactes, marcher sur leurs têtes et menacer de tout incendier. Baudry serrant son fils contre son sein fortifiait son courage : ce ne fut qu'au moment de l'explosion générale qu'il sortit de sa prison pour reprendre les armes et s'exposer à d'autres dangers.

Le combat de Bressuire aurait pu terminer la guerre civile : il n'eût fallu que frapper quelques chefs, couvrir le reste d'une prudente amnistie, et placer dans chaque canton une force capable de contenir les mécontents ; mais dans ces temps d'anarchie nul ne voulait obéir : départements, districts, clubs, commissaires civils, commissaires de la législature, généraux, officiers et même simples soldats, tous voulaient commander ; tant l'esprit révolutionnaire de la capitale s'était déjà propagé dans l'armée.

Dès que l'insurrection parut étouffée, les patriotes abandonnèrent le théâtre de la guerre. Chacun, jaloux de revoir ses foyers, courut y porter la nouvelle de son triomphe. A peine laissa-t-on dans Bressuire une faible garnison ; mais il y fut envoyé deux commissaires du conseil exécutif, Xavier Audouin, et Loiseau-

Grand-Maison, qui, au lieu de prendre des mesures efficaces, firent des tournées, prêchèrent l'égalité, établirent des sociétés populaires, et inondèrent les Deux-Sèvres de missionnaires républicains, avec la prétention de *conquérir au patriotisme* ce département, naguère insurgé. « Les cultivateurs égarés, » dirent-ils dans leur rapport, viennent les » dimanches entendre les commissaires à Bres- » suiré. Cette réunion donne lieu à une fête » qui commence par une messe et le *te deum.* » Cette fête est répétée à six lieues de rayon, » où il n'est pas une maison qui, ayant arboré » le signe du royalisme, ne déploie les cou- » leurs nationales. A Châtillon, même scène. » Les commissaires attribuaient donc à une conversion sincère, ce changement qui n'était dû qu'à la crainte. Ils devaient aussi parcourir la Vendée, lorsqu'un courrier extraordinaire les rappela. Ils y passèrent néanmoins, mais sans caractère public, et firent pressentir dans leur rapport, d'ailleurs insignifiant, que de nouveaux troubles éclateraient dans ce département, où le fanatisme régnait dans toute sa force.

Ils rendirent un témoignage éclatant au patriotisme du chef-lieu des Deux-Sèvres.

« A Niort, dirent-ils, l'esprit public est ex-

» cellent, les corps administratifs pleins de
» civisme, et les dames mêmes sont patriotes;
» elles ont formé dans la maison commune un
» atelier où l'on travaille à l'équipement des
» armées. Cette ville ne cesse de faire des sa-
» crifices pour la liberté; la présence des com-
» missaires civils y a développé cet élan patrio-
» tique. »

Trop ignorants sur les localités, sur les manœuvres employées par les ennemis de la révolution, les commissaires ne firent que pallier
le mal, dans l'impuissance d'ailleurs d'étouffer
le germe de la révolte. Leurs harangues patriotiques pouvaient-elles balancer l'effet des
sermons, des instructions pastorales et des
plans insurrectionnels? Pouvaient-elles effacer
l'impression des cruautés commises à Bressuire
après la victoire? Pouvaient-elles détruire, dans
l'esprit du clergé et de la noblesse, le sentiment
de toutes les pertes que la révolution leur faisait éprouver? Cependant, les commissaires
crurent avoir pacifié les Deux-Sèvres.

Le tribunal criminel établi à Niort instruisit
le procès des fauteurs de la révolte. On ne
craignit pas, alors de proposer à la Convention
nationale, qui venait d'ouvrir sa session, une
amnistie générale que le parti populaire eut
de la peine à lui faire rejeter. Le tribunal cri-

minel y suppléa. Quelques hommes obscurs furent seuls condamnés à mort; et presque tous les prévenus, au nombre de trois cents, parmi lesquels figuraient plusieurs nobles, furent acquittés et mis en liberté.

Pendant cette crise, l'Assemblée nationale voulant frapper les prêtres insermentés, décréta leur exil de l'empire, sous peine de déportation à la Guyane. Cette loi sévère, à laquelle les ecclésiastiques se soumirent sur presque tous les points de la France, fut généralement éludée dans le Poitou et en Bretagne. La plupart des prêtres insermentés s'y cachèrent, ou se mirent dans le cas de la réclusion, espérant s'y soustraire bientôt par la révolte.

La Convention nationale, maîtresse de tous les pouvoirs, était alors dominée par le parti qui, ayant abattu le trône, essayait en vain de gouverner. Sans cesse entravé, ce parti devenu modéré, luttait en vain contre l'exagération des démocrates, tandis que l'autorité exécutive, sans force, laissait flotter les rênes du gouvernement.

Dans l'intervalle de la révolte de Bressuire et de l'explosion générale de la Vendée, on vit éclater vers la Loire, une rébellion d'un caractère mixte, et qui, par cela même, ne causa qu'une commotion instantanée, mais tellement vive, qu'elle mérite d'être consignée dans cette histoire.

La cherté, la disette des subsistances en furent ou le prétexte, ou le motif réel. Ce soulèvement, qui avait pour objet la demande de la taxation des denrées *au maximum*, prit naissance en novembre à Saint-Calais, dans la Sarthe, et se propagea promptement dans Loir-et-Cher, Eure-et-Loire, et Indre-et-Loire. Les habitants de Saint-Calais, rassemblés en tumulte, marchèrent sur Vendôme avec de la cavalerie, précédés de leurs autorités constituées : ils entraînaient sur leur passage habitants et magistrats, et taxaient les grains à bas prix. Égarés par des scélérats, ils massacraient tout ce qui opposait de la résistance. Malheureusement la disette était en même temps réelle et factice. On citait des faits déplorables; les pauvres du district de Romorantin se nourrissaient de son trempé dans de l'eau. Une malheureuse femme du village de l'Hôpital, après des démarches inutiles pour se procurer des grains, avait égorgé son enfant pour ne pas le voir périr faute de nourriture. La nouvelle de ces désordres occasionna une vive discussion dans la Convention nationale; Barrère les attribua tous à la désorganisation du corps politique, qu'il rejeta sur les commissaires du pouvoir exécutif. Il les fit rappeler. La Convention en nomma d'autres, qu'elle prit dans son sein, et qu'elle envoya dans les départements agités, pour y ramener la tranquillité et l'abondance. Lecointre, Maure et Biroteau se transportèrent sur-le-champ dans Eure-et-Loire, où la révolte faisait des progrès alarmants. En arrivant à Chartres, ils se rendent au lieu du rassemblement, où se croyant forts de leur qualité de mandataires du peuple, ils convoquent les révoltés au champ de Mars. Maure, doué d'un organe éclatant, veut exposer l'objet de sa mission : aussitôt les épithètes d'*endormeur*, de *charlatan* couvrent sa voix. Les députés sont séparés violemment, et chacun d'eux croit son collègue victime de la fureur du peuple. Biroteau voit déchirer ses vêtements; un fer meurtrier est suspendu sur sa tête. Maure ne dut son salut qu'à des compagnons charpentiers. Il leur fit un appel, en criant *à moi les enfants du père Soubise*. A l'instant, tous volent à son secours, écartent les plus furieux avec les instruments de leurs travaux, et lui servent désormais de gardes. Les trois commissaires, traînés au marché public à travers les haches, les faux, les piques, les baïonnettes, sont contraints, pour sauver leurs jours, de signer une taxe des denrées;

puis ils viennent immédiatement en rendre
compte à la Convention, indignée de leur faiblesse. « Parmi cette foule d'hommes égarés,
» dirent-ils, les prêtres ont été les plus achar-
» nés à nous poursuivre, pour se venger d'un
» décret sur la religion catholique : quelques-
» uns demandaient la loi agraire. »

– A ces récits désastreux, une consternation
profonde se répand dans l'assemblée, il se fait
un moment de silence auquel succède un mouvement convulsif qui agite à la fois tous les députés; chacun veut parler, on se presse à la
tribune; une phrase est commencée, des cris
l'interrompent : enfin Pétion parvient à fixer
l'attention en improvisant ce discours :

« Nos ennemis sont repoussés loin de notre
» territoire et ne déchirent plus notre sein, et
» cependant c'est pour ainsi dire au milieu de
» la paix que nous voyons se rallumer les hor-
» reurs de la guerre civile. Le peuple n'a donc
» pas de plus grand ennemi que lui-même?
» C'est dans le département le plus tranquille,
» le plus riche en grains, qu'on voit s'élever le
» monstre de l'anarchie. Les propriétés sont dé-
» vastées, les lois méprisées, les représentants
» de la nation insultés, au nom de la nation
» même....... vos commissaires avilis: vous n'a-
» vez plus de pouvoir! il faut le reprendre; il

» faut envoyer contre ces hommes égarés par
» des agitateurs, une force armée suffisante
» pour en imposer et épargner le sang..... »

L'impétueux Danton sembla oublier les maximes révolutionnaires, et s'écria d'une voix de
Stentor :

« Toute la France a les yeux attachés sur
» vous, la moindre de vos actions ne peut lui
» échapper : on vous a présenté, sur le culte ca-
» tholique, un projet de décret, dicté, il est
» vrai, par la sagesse et la philosophie; mais la
» sagesse et la philosophie effraient le peuple
» qui tient encore à ses préjugés; le pauvre, vic-
» time des vexations du riche, se consolait par
» la pensée qu'il serait vengé dans l'autre
» monde : si vous lui ôtez cette consolation,
» vous lui donnez vous-même le signal de la
» rébellion : laissez-lui ses préjugés, et ne pre-
» nez de grandes mesures, que lorsque le flam-
» beau de la philosophie aura pénétré jusque
» dans la chaumière. »

Le farouche Robespierre dit qu'il voit, dans
Louis XVI, la cause de tous les désordres : Louis
jugé, les désordres, selon lui, devront disparaître !...

Tandis que la Convention s'agitait, et que
de vaines harangues y tenaient lieu de mesures
efficaces, les villes d'Alençon, de Bellesme et

de Mortagne faisaient marcher leur garde nationale avec du canon pour combattre les *taxateurs*. Six cents furent enveloppés, vingt-deux des plus coupables saisis et mis en arrestation. La révolte d'Eure et Loire n'en gagnait pas moins de proche en proche. Maîtres de Vouvray, Mont-Louis, Château-Renard, Amboise, les taxateurs formèrent une masse de 10 mille hommes environ; ils brûlaient sur leur passage les maisons des patriotes, et se dirigeant sur Tours, ils semblaient vouloir tendre la main à la Vendée. Quatre cents citoyens de cette ville résistèrent et la défendirent contre les révoltés qui ne purent s'en emparer. Déconcertés bientôt par l'arrivée des gardes nationales environnantes, les insurgés se dispersèrent en un instant. Ainsi fut étouffée aux portes de Tours cette sédition alarmante, dont les véritables moteurs n'ont jamais été connus. La cherté des denrées et le recrutement servirent de prétexte aux ennemis du système républicain pour chercher à le détruire.

Le 10 février, la Convention nationale annulla les taxes arbitraires imposées par les taxateurs, et décréta après une vive discussion l'abolition de toutes les procédures commencées sur les insurrections occasionnées par les subsistances jusqu'au 21 janvier, jour de l'exé-

cution de Louis XVI. Elle ordonna en outre la
mise en liberté de tous les individus incarcérés
pour faits relatifs à la taxation arbitraire des
denrées.

Cependant le bruit du supplice de l'infortuné
Louis XVI retentissait dans les sombres campagnes de la Vendée. Le Poitevin encore indécis en frémissait de rage ; les premiers essais de
Baudry, quoique malheureux, avaient donné
aux autres cantons l'éveil de la révolte que
provoquaient de plus en plus les excès révolutionnaires. Les maisons riches dévastées, les
châteaux pillés et livrés aux flammes, les propriétaires paisibles des campagnes exposés à des
spoliations patriotiques, les ministres du culte
persécutés, les nobles les plus riches et jadis
les plus puissants menacés dans leur liberté
individuelle. Que fallait-il de plus pour susciter
des ennemis à la révolution, et donner des successeurs à Baudry ? Aussi parurent bientôt des
chefs plus habiles qui surent profiter des circonstances et des dispositions de la multitude.
La fermentation était à son comble : chaque
jour nouveaux miracles, nouvelles apparitions,
nouveaux sujets de terreurs, d'adoration et de
pèlerinage. Un homme d'un grand caractère
parut, digne émule de la Rouarie ; mais plus
adroit, il sut long-temps s'envelopper d'une

sage obscurité pour n'éclater qu'à propos. Gigot d'Elbée joignait à un physique agréable les talents nécessaires à un chef de parti. Il s'exprimait avec grâce; son éloquence douce et persuasive savait varier les formes, les tons, selon les circonstances. Né d'une mère saxone, il avait passé très jeune en Saxe pour y servir dans les troupes électorales. De retour en France, il fut nommé à une lieutenance dans le régiment Dauphin, cavalerie; mais n'ayant pu y obtenir une compagnie qu'il sollicitait, il se retira mécontent dans sa terre près de Beaupréau, où il jouissait d'une grande considération et d'une confiance qu'il sut augmenter pendant la révolution, en formant des liaisons locales qui lui ménagèrent dans le pays l'influence nécessaire pour diriger la multitude. Ainsi que la Rouarie, d'Elbée avait condamné comme intempestives les premières tentatives d'insurrection. Navré de la défaite de Bressuire, il ne cessait de recommander l'exécution du grand plan, d'après lequel on devait éclater à la fois sur tous les points. Tinténiac, envoyé de la Bretagne dans le Poitou par la Rouarie et les princes français pour y concerter les mouvements des deux provinces, repassa en Bretagne avec l'assurance d'un parfait accord, et arriva au moment où la Rouarie dénoncé, poursuivi

et caché venait d'expirer. Le bruit de sa mort
ayant été étouffé dans le Poitou comme dans
la Bretagne, d'Elbée inquiet du silence des confédérés de la rive droite, fit passer dans les
différents cantons des avis propres à modérer
l'impatience générale ; mais les esprits étaient
dans un tel état d'irritation, que la moindre
étincelle pouvait déterminer l'explosion générale. D'Elbée qui prévoyait les inconvénients
d'une ardeur irréfléchie, était bien décidé,
ainsi que les principaux confédérés, à ne se
montrer que lorsque la révolte aurait pris un
caractère imposant. Le moment du recrutement qui coïncidait avec le plan médité, parut
favorable : il fut choisi.

La Convention nationale avait décrété une
levée extraordinaire de 300 mille hommes ;
le 10 mars était le jour fixé pour l'exécution de
cette loi. Ce même jour vit la révolte gagner
comme un vaste incendie la presque totalité
du département de la Vendée, partie de Maine
et Loire, des Deux-Sèvres et de la Loire-inférieure.

Le tocsin sonna, et fit soulever spontanément les habitants de 900 communes ; en vain
les sages veulent différer pour avoir le tems de
se procurer des armes : déjà chaque chaumière
est un atelier, le fer retentit sous les coups

redoublés du marteau, et les instruments du labourage grossièrement façonnés, se changent en piques et en épées. Des bâtons ferrés, des fourches, des haches et des fusils de chasse furent les premières armes des Vendéens. Des faux emmanchées à rebours servirent de sabres à une cavalerie montée sur des chevaux sans selle, et conduits par un licou.

Les efforts des insurgés dirigés d'abord du centre à la circonférence, tendaient à franchir la barrière de la Loire qui les séparait des Bretons soulevés en même tems. On n'a vu jusqu'ici que les tentatives impuissantes de ces derniers, maintenant on verra comment triomphèrent les Vendéens; soit par leur ensemble et leur masse, soit par leur inconcevable énergie.

Déjà le tocsin sonnait de toutes parts, lorsque, le 11 mars, près de 3 mille insurgés du district de St.-Florent se portèrent au chef lieu en demandant à grands cris l'exemption de la milice nationale; ils étaient animés par Laurent Fleury de St.-Florent, et André-Michel, dit Chapelle, qui venaient de parcourir le district pour soulever les jeunes gens. Les administrateurs employèrent inutilement les moyens de la persuasion; des huées couvrirent leurs voix : il fallut songer à se défendre. Tessiex du Clauzeau, commissaire particulier du gouvernement se mit, ainsi que les administrateurs, à la tête de la gendarmerie et d'une poignée de patriotes que la terreur avait réunis. Les deux partis furent bientôt en présence sur la place même de St.-Florent; il y eut encore d'inutiles pourparlers. Quelques coups de fusils tirés sur trois hommes écartés du gros du rassemblement, furent le signal. Le feu s'engagea de part et d'autre. Quatre hommes furent tués des deux côtés, et il y eut plusieurs blessés. On se sépara vers midi, après une demi-heure de combat. A trois heures, les insurgés reviennent à la charge avec plus d'impétuosité; les patriotes moins nombreux fuyent et se dispersent; le district est envahi, les papiers sont brûlés, et les assignats partagés entre les vainqueurs, qui passent une partie de la nuit à chanter leur victoire. Ils allaient se disperser n'ayant encore aucun chef apparent, et peut-être l'insurrection se serait-elle assoupie si le bourg de Pin en Mauge, entraîné des premiers dans la révolte, n'eût renfermé dans son sein une de ces têtes exaltées, une de ces âmes ardentes qu'électrisent le danger et les orages politiques. Cathelineau, fileur de laine, qui avait fait, quelques années auparavant, le commerce du lin dans les foires et marchés; tel était

l'homme que d'Elbée sut discerner et mettre
en œuvre. Sous l'habit d'un voiturier, Cathelineau cachait une âme élevée, un cœur intrépide. Indigné de voir une si haute entreprise
sur le point d'avorter faute d'ensemble, et sans
en calculer les chances, sans comparer ses
faibles moyens aux ressources immenses de ses
ennemis, sans sonder la profondeur de l'abîme
où il entrenait ses concitoyens, on le vit parcourir les rues et les cabarets de Saint-Florent,
rassembler les plus braves, en former un noyau
d'environ trois cents, et se mettant à leur tête,
se porter sur Jallais défendu par les républicains. La municipalité de Châlonne y avait envoyé un détachement de sa garde nationale,
que devait commander le capitaine Bernard,
et qui le fut à l'insu de l'autorité, par le médecin Bousseau. Ce commandant divisa sa troupe
en trois pelotons, qu'il disposa sur les hauteurs
du château dans un retranchement défendú
par une pièce de six appelée le *missionnaire* :
il laissa trop peu de monde pour la manœuvrer.
Des cris confus annoncent les insurgés ; les
républicains se mettent en défense ; le boulet
part et ne blesse personne. A l'instant Cathelineau commande le pas de course, et en dix
minutes franchit le coteau à la tête des siens.
Les patriotes sont ou blessés ou faits prisonniers

avec leur chef. Armes et munitions, tout tombe
au pouvoir des Vendéens. Le *missionnaire* si
glorieusement enlevé fut leur première pièce
de canon. Ce combat n'était que le prélude
d'une victoire plus importante. Sans donner à
sa troupe le tems de respirer, Cathelineau marcha sur Chemillé, à deux lieues de Jalais.
Deux cents républicains et trois coulevrines
défendaient cette ville qui semblait à l'abri
d'un coup de main. Le 14 mars, Cathelineau
l'attaque : les républicains cherchent à l'intimider par un feu soutenu. Sans s'amuser à ri-
poster avec la pièce conquise à Jalais, Cathelineau se précipite avec intrépidité sur ses adversaires. Après une demi-heure de combat
Chemillé est emporté ; les trois coulevrines,
les munitions, beaucoup de fusils et près de
deux cents prisonniers tombent au pouvoir du
vainqueur. Tel fut, dans l'Anjou et le Haut
Poitou, le résultat des trois premiers jours de
l'insurrection. Dès-lors Cathelineau vit grossir
son armée d'une foule de mécontents qui attendaient le succès pour se déclarer. Ce corps
d'abord si faible, comptait deux jours après
plusieurs milliers de combattants enhardis par
ces avantages, et que l'enthousiasme unissait
par des liens plus forts que ceux du devoir et
de la discipline.

Cette révolte soudaine fut d'abord attribuée au recrutement qui ne servit tout au plus que de prétexte à quelques communes éloignées ou environnantes, étrangères à la confédération et qui s'y réunirent ensuite. Les mouvements occasionnés par la levée des 300 mille hommes avaient un tout autre caractère, et furent facilement appaisés à Caen, au Mans, à Angoulême, à Clermont-Ferrand et à Grenoble. Il y eut à la vérité quelque résistance accompagnée de propositions conciliatrices, faites par des hommes qui n'ayant pas le secret de l'ensemble, se méprenaient sur les véritables motifs de l'insurrection. Tel fut le soulèvement qui éclata sur la rive droite de la Loire aux portes de Nantes, entre cette ville et la Vilaine. 20 mille paysans armés à la fois et conduits par Richard-Duplessis et Premyon-Morin, se rassemblèrent en tumulte au bourg de Saint-Etienne-de-Montluc pour se donner un chef. Leur choix tomba sur Gaudin-Laberillais, ancien lieutenant-colonel du régiment d'Armagnac. Cet homme découragé depuis la mort de la Rouarie, hésite long-temps; il accepte enfin, mais il veut parlementer avant de combattre, et adresse, le 14 mars, aux corps administratifs de la Loire-Inférieure, en qualité de médiateur de 21 paroisses révoltées, un manifeste portant en substance qu'il n'y aurait plus de tirage de milice, qu'il ne serait jamais pris de chevaux aux cultivateurs que de gré à gré, que les impôts seraient répartis avec justice et sur des bases proportionnelles, que les Directoires de départements n'attenteraient plus à la liberté des citoyens en faisant marcher contre eux la force armée qui serait désormais à la seule réquisition des tribunaux et des juges de paix; que la liberté des cultes serait maintenue, et que tout prêtre jouirait de la tranquillité que la loi doit lui assurer; que les églises leur seraient ouvertes pour la célébration de l'office divin, et que chacun en payant son ministre serait libre de le choisir.

A la réception de ce manifeste, l'administration départementale demanda trois jours. C'était pour gagner du temps et se préparer à la résistance. Pressé sur les deux rives du fleuve, Nantes aurait pu être envahi si Laberillais eût agi au lieu de négocier; son caractère incertain sauva cette ville. N'ayant pas le courage de s'engager dans une guerre intestine, il harangua les insurgés pour les déterminer à se soumettre malgré l'opposition de Richard-Duplessis dont l'ardeur égalait l'intrépidité. Celui-ci accuse publiquement Laberillais, lui reprochant de manquer aux devoirs que la croix de Saint-

Louis, dont il était décoré, lui imposait. Richard s'empare alors lui-même de l'autorité ; mais le courage seul ne pouvait suppléer à la capacité et à la considération. Il fallait à cette multitude un chef plus marquant, plus expérimenté. Richard parvint néanmoins à réunir les insurgés dans le village de Sautron. Il était secondé par Premyon-Morin, et Charette-du-Kersaut chargé de parcourir les campagnes pour soulever les paysans, dans la vue d'attaquer Nantes ; mais leurs efforts réunis ne purent balancer l'effet des exhortations de Laberillais. Au lieu de se recruter, cette troupe diminuait chaque jour, et les Nantais profitèrent de l'incertitude de ses mouvements pour prendre l'offensive. En vain Richard eut recours aux ministres de la religion : plusieurs prêtres vinrent officier en plein champ au milieu des insurgés. Le curé de Chollet, caché aux environs de Nantes, employa toutes les ressources du fanatisme pour rappeler la masse des paysans aux combats. Il était trop tard. Richard-Duplessis n'avait qu'une poignée d'insurgés lorsqu'il fut attaqué par la garde nationale de Nantes. Trois coups de canon suffirent pour les disperser. Les républicains entrèrent à Sautron sans y commettre de désordre, ce qui acheva de déterminer la soumission des campagnes. Richard parvint à former un troisième rassemblement à Cordemais; il fut encore dissipé faute de secours et de liaison. Réduit à se cacher sous des habits de paysan, il parvint à sauver sa tête, mise à prix par les Nantais, et passa ensuite dans la Vendée pour se réunir à Lescure dont il devint l'adjudant-général. Laberillais eut un tout autre sort; son caractère faible et incertain causa sa perte. Il voulut se rapprocher des patriotes et sollicita une conférence avec les autorités pour se justifier. Arrivé à Savenay, il est saisi, garotté et conduit à Nantes, où il est jugé et acquitté. Quelques révolutionnaires altérés de sang en frémirent de rage. L'un d'eux produisit un ordre souscrit par Laberillais en sa qualité de chef des insurgés de Montluc. La loi était formelle; de nouveaux juges lui en firent l'application et il fut conduit à la mort victime de son indécision; tant il est vrai qu'il est plus sûr dans les orages politiques de prendre une résolution extrême, que de flotter entre deux partis opposés.

Tandis que sur la rive droite de la Loire les insurrections s'appaisaient, soit par l'incertitude des chefs, soit par le défaut d'énergie et de persévérance des paysans bretons, la généralité de la Vendée se soulevait franchement aux cris de *vive Louis XVII*, *vive le régent de France*, *vive la religion catholique et romaine!*

Pour signe de reconnaissance ; les insurgés du Bas-Poitou portaient une image en médaillon consacrée à la Vierge Marie, et entourée de chérubins sortant des nuages. Au plus fort de la mêlée, de nouveaux Moises restaient près d'eux en prières. Souvent leurs prêtres célébraient la messe sur le champ de bataille, après le combat.

Moins sanguinaires, mais non moins superstitieux, les insurgés de l'Anjou et Haut-Poitou se couvraient de chapelets, de scapulaires, et plaçaient des crucifix sur leurs pièces de canon.

Le temps se perdait rarement en vaines délibérations. Les plus hardis attaquaient et combattaient les républicains avec fureur.

Le 15 mars, Cathelineau marcha sur Chollet, et fut joint par un corps d'insurgés que commandait Stofflet. Cet homme intrépide, né à Lunéville, avait été soldat pendant seize ans. Retiré à Maulevrier, il y était garde-chasse du marquis de ce nom, grand propriétaire, alors émigré. Dévoué à d'Elbée, Stofflet avait dès le 11 mars rallié une cinquantaine de forgerons de Maulevrier. Sa troupe s'étant successivement grossie, formait le 15 une division redoutable, qui, renforçant celle de Cathelineau, le mit en état d'attaquer Chollet. Cette ville n'avait qu'une faible garnison, hors d'état de résister long-temps à une masse victorieuse; les républicains en défendirent les approches. Enfoncés dès le premier choc, ils s'y réfugièrent. Les vainqueurs entrèrent pêle-mêle avec eux, la saccagèrent, et y trouvèrent des ressources immenses. Le marquis de Beauveau, procureur syndic du district, fut tué dans la mêlée. La prise de Chollet, en rehaussant la réputation des insurgés, entraîna la Vendée entière. Ce fut alors que la guerre changea de face. D'Elbée, qui s'était tenu derrière le rideau, parut enfin parmi les royalistes victorieux. Secondé par Cathelineau et Stofflet, il s'empara de Vihiers, qu'il évacua le même jour, n'emmenant pour trophées que des charriots chargés des papiers du district, destinés à faire des cartouches. Les républicains, après avoir perdu leur artillerie et quelques hommes, se replièrent sur Doué, puis sur Saumur. La consternation était générale parmi eux; elle augmenta encore par l'explosion du magasin à poudre d'Angers, attribuée à la trahison. On vit paraître alors à découvert, sous les drapeaux de la révolte, d'autres chefs vendéens. Le jour même de la prise de Chollet, les insurgés du district de Saint-Florent, qui n'avaient pas suivi Cathelineau, se portèrent au château de la Baronnière, où résidait Artus de Bonchamp, ancien capitaine dans le régiment d'Aquitaine, militaire depuis l'âge de quatorze ans, ayant fait la guerre dans les Grandes-Indes. Ils le proclamèrent leur chef. Humain et généreux, autant qu'on peut l'être au milieu des fureurs de la guerre civile, Bonchamp s'occupa constamment d'en adoucir les maux. Militaire éclairé, mais sans ambition, et ennemi de l'intrigue, il ne se soutint que par son propre mérite, et n'obtint jamais la suprématie que lui disputa sans cesse d'Elbée, dont le caractère bouillant et emporté contrastait avec la douce modération de son rival. Bonchamp sut néanmoins conserver le rang qui convenait à ses talents et à son caractère. Ses conseils furent toujours réclamés dans les occasions importantes; mais trop peu suivis.

Tandis que l'insurrection se régularisait dans le pays de Mauges et dans l'Anjou méridional, elle se développait dans la basse Vendée, où des chefs sanguinaires commandaient à un peuple inhumain. Elle éclata d'abord dans le pays de Retz. Dès le 8 mars, les paysans s'étaient ameutés dans la paroisse de Chauvé, sous pré-

texte de prières publiques. Bientôt secondés
par les habitants du Port Saint-Père, de Bou-
guenais, de Bouais et de Brains, ils prirent
pour chef Danguy de Vue, propriétaire du
château de Vue, à l'entrée de la forêt de
Princé. Ripault la Cathelinière et Flamingue
fils suivirent Danguy comme chefs secondaires.
Le même jour, les insurgés marchèrent sur
Paimbœuf, où ils avaient des intelligences : ils
attaquèrent trop tard, et furent repoussés.
Danguy blessé se cacha, fut découvert, conduit à Nantes, et mis à mort. La Cathelinière
prit le commandement des royalistes du pays
de Retz. Guérin le suivit.

Le nombre des insurgés augmentait chaque
jour. Quinze cents paysans se portent à Brains,
chez Lucas-Championnière, qu'ils nomment
commandant, pour aller s'emparer du poste
du Pellerin. On y entre sans peine ; le village
est pillé. Deux pièces de canon de fer enlevées d'un navire sont conduites au Port Saint-
Père. Les paysans s'emparent également d'une
barge qui descendait le fleuve. Ils y trouvent
des gazettes qui annonçaient la défection de
Dumourier. Cette nouvelle répandit la joie
parmi les insurgés ; ils ne doutèrent plus alors
du renversement de la république. Lucas-Championnière devint un des principaux officiers

de la Cathelinière, s'attacha ensuite à Charette, et fut un des chefs les plus distingués du Bas-Poitou.

Dès le 10 mars, les patriotes de Machecoult effrayés par le tocsin des communes rurales, et par les rassemblements qu'ils apercevaient au loin, s'étaient mis sur la défensive. Le lendemain, les insurgés des environs, commandés par les frères Hériault et Léger, Paigné, homme d'affaire de M. de la Platrière, Berthaud et Boursault de Saint-Lumine de Grand-Lieu, pénétrèrent par toutes les issues de la ville, en poussant le cri de *vive le Roi!* Cent hommes de la garde nationale, placés à l'une des extrémités, marchèrent à leur rencontre, ayant à leur tête Maupassant, ex-député à la Constituante, et commissaire du département pour le rétablissement de l'ordre : la gendarmerie était à cheval. Bientôt débordés par cette multitude d'insurgés, les patriotes fuient : il ne reste plus avec le commissaire que cinq hommes, qui sont ainsi que lui massacrés sur-le-champ. Malheur à ceux qui tombaient au pouvoir des rebelles. Les femmes criaient *tue, tue;* les vieillards eux-mêmes assommaient, et les enfants chantaient *victoire.* Un Vendéen courait les rues avec un cor de chasse; quand il apercevait un patriote, il sonnait la *vue,*

c'était le signal d'assommer; puis il revenait
sur la place sonner *l'allali :* les enfants le suivaient, en criant *victoire ! vive le Roi!*

Le curé constitutionnel de Tort périt de
coups de baïonnettes dans le visage. Le patriote Pinot et son jeune fils ayant refusé de
crier *vive le Roi*, furent assommés. Ils tombent,
et en rendant le dernier soupir, font entendre
les mots *vive la Nation*. Pagnot, juge de paix,
meurt en poussant le même cri.

Quarante-quatre républicains furent égorgés;
les 11 et 12 mars, à peu près autant furent
jetés dans les cachots. Un comité royal présidé
par Souchu, ancien receveur des gabelles,
souillait ainsi la victoire, et ordonnait les massacres. De semblables exécutions étaient imi-
tées au camp vendéen de Guïové, près la route
de Paimbœuf. A Legé et à Montaigu, tout ce
qui tenait à la révolution fut impitoyablement massacré. On dressait des listes de pros-
cription. Quelques patriotes rachetèrent leur
vie à force d'argent, et s'acharnèrent ensuite
contre leur propre parti; plusieurs en devinrent même les bourreaux ; mais il ne suffisait pas d'égorger, il fallait vaincre. Les insurgés ayant à leur tête La Roche St.-André
l'aîné marchèrent sur Pornic ; St.-André prit
en passant la division de Cathelinière, alors

à Bourgneuf. Pornic fut pris à quatre heures du soir, et repris à six heures et demie par les républicains, que commandait le prêtre Abline. Les insurgés, au nombre d'environ six mille, n'avaient que sept à huit cents fusils, point d'ordre, nul ensemble dans l'attaque, se livrant au pillage, s'enivrant de vin et d'eau de vie; aussi les républicains les surprirent-ils sans défense. Dans l'action, St-André pressé par trois gendarmes en tua deux, et son pistolet lui ayant crevé dans la main, il passa son épée au travers du corps du troisième; mais voyant que les Vendéens étaient ivres et ne combattaient plus, il s'écria : *sauve qui peut!* à l'instant tous fuient et se dispersent. Baudouin de Ste.-Pazanne était à cette affaire; Flamingue fils y fut tué. Arrivé à Machecoult, St.-André trouva Souchu occupé à dresser un procès - verbal pour le faire fusiller comme ayant lâchement abandonné son poste. Les esprits étaient tellement aigris par les insinuations de Souchu, qu'il était impossible de faire entendre la vérité. Il fallut fuir pour éviter la mort; St.-André se cacha dans l'île de Bouin : ainsi lui échappa le commandement. Attaché à sa cause, il reparut depuis sur d'autres points de la Vendée, mais non comme chef principal. Il fallut le remplacer. Les insurgés se portèrent en foule chez Athanase Charette de la Contrie, lieutenant de vaisseau, alors à Fond de Close, chez sa femme, près la Garnache. Ils le proclamèrent tumultuairement leur chef. Charette les passa le même jour en revue, et employa quatre jours à les organiser, et à former sa cavalerie, qui ne fut d'abord que de cent chevaux : Il eut pour officiers, dès l'origine, les trois frères Laroberie, Duchaffaut jeune, neveu du cordon rouge, le chevalier de Laroche-Lepinay et Dargens, fils d'un chirurgien. Le 14, Charette vint à Machecoult, il y jura dans l'église sur l'évangile, en présence des insurgés, qu'il périrait les armes à la main plutôt que d'abandonner son parti, et les fixant fièrement, il leur dit : *Promettez comme moi que vous serez fidèles à la cause de l'autel et du trône...... Oui, oui,* s'écrièrent-ils unanimement en brandissant leurs armes et frappant du pied. On marcha sur Pornic avec la division de Cathelinière ; cette fois Pornic fut pris et livré au pillage. Charette y trouva trois pièces de canons qu'il fit conduire à Machecoult.

A cette époque la puissance de Charette était resserrée dans un cercle étroit : il n'avait sous son commandement que Machecoult, Touvois, la Garnache, Paulx et quelques paroisses environnantes. La partie maritime du district de Challans, Beauvoir, St.-Jean-de-Mont, et toute la côte jusqu'aux Sables-d'Olonne obéissait à Guery de Clauzy, gentilhomme qui fut pris et fusillé un an après. Dabbayes et Guery-Fortinière étaient ses lieutenants. Le marais de Bouin formait une division commandée par Pajot aîné, qui avait exercé jusqu'alors la profession de marchand. L'arrondissement de St.-Philibert reconnaissait pour chef un ancien officier de cavalerie nommé de Couëtus. Le feu de l'insurrection avait aussi gagné le district des Sables-d'Olonne: Joly de la Chapelle Hermié avait formé, avec ses deux fils, entre Lamotte-Achard et Saint-Gilles, une division appelée depuis l'armée des Sables, forte alors de quatre mille hommes. Il était secondé par La Secherie. Savin forma la division de Palluau, et organisa les 2 mille hommes qui la composaient. Pinaud, ancien lieutenant dans le régiment de l'Ile-de-France, souleva Legé, et y commanda. Vrignaux, ancien soldat, forma et organisa la division de Viellevigne : il était lui-même de cette paroisse, d'où son commandement s'étendait sur St.-Sulpice et sur tout le pays qui se trouve entre les grandes routes de la Rochelle et des Sables : les deux frères Gueroult étaient ses lieutenants.

Au premier coup de tocsin Baudry d'Asson reparut : porté aussitôt en triomphe, on le proclama chef d'insurrection ; il étendit son pouvoir sur une partie des districts de Montaigu et de la Chataigneraye. Je dirai ailleurs quel fut le sort de ce premier moteur de la guerre civile, plus imprudent qu'habile chef de parti. Au centre de la Vendée, Royrand, vieillard vénérable, ancien militaire, chevalier de Saint Louis, et propriétaire à St.-Fulgent, fut également entraîné. Ce fut lui qui forma l'armée dite alors armée du centre, qui embrassait la majeure partie des districts de Montaigu, de la Chataigneraye et de la Roche-sur-Yon. Il établit son quartier-général au château de l'Oie. Royrand avait sous lui Verteuil, les Bejari, de Hargues, les deux Sapinaud de la Verie et Villeneuve ; Vrignaux et Baudry d'Asson s'y réunissaient aussi avec leurs divisions. Vers la Loire, Lyrot-de-la-Patouillère, ancien militaire, chevalier de Saint-Louis, avait une division séparée qui occupait une partie de la rive gauche. Il forma les camps de St.-Julien et de Lalloué à deux lieues de Nantes. Désigny père et fils, et Devieux le secondaient. Ce fut à Lalloué que Piron et d'Andigné de Maineuf, qui avait échoué sur la rive droite, firent leurs premières armes. L'un et l'autre acquirent d'abord peu de réputation, ce ne fut que trois mois après que Piron se distingua. Prodhomme, maître d'école au Loroux, qui tenait plus au Haut-Poitou qu'à la Basse-Vendée, se mit aussi à la tête des insurgés de sa paroisse. Telle fut la première démarcation insurrectionnelle de la Basse-Vendée, qui devint par la suite le domaine de Charette : confédération informe à laquelle le hasard et les événements eurent plus de part que les combinaisons d'une tactique prévoyante.

Bientôt Joly menace les Sables-d'Olonne ; les volontaires de cette ville, devenue la place de sûreté des patriotes, marchent au secours de Palluau, où ils sont écrasés par Savin. Au même instant, Légé tombe au pouvoir de Pinaud, pour éprouver le même sort que Machecoult. Saint-Fulgent arborait l'étendart royal, Royrand battait la garde nationale de Fontenay et s'emparait du bourg de Chantonay. Baudry repoussait la garde nationale de la Chataigneraye. Un comité royaliste présidé par le Chevalier de Laroche-Saint-André, s'établissait à Montaigu. Le torrent de l'insurrection forçait les administrateurs et les gardes nationales d'évacuer leurs territoires qui furent bientôt organisés dans le sens royaliste.

Ainsi la basse Vendée et le centre du Bocage se soulevèrent sans obstacles, et devinrent le foyer de la révolte ; dans l'espace de cinq jours, les Vendéens guidés par des chefs expérimentés, s'emparèrent de Saint-Florent, de Jallais, Chollet, Vihiers, Challans, Machecoult, Legé, Palluau, Chantonay, Saint-Fulgent, les Herbiers, Laroche-sur-Yon, menaçant Luçon, les Sables et Nantes même, dont les avant-postes étaient journellement aux prises avec les soldats de la Cathelinière, de Lyrot et de Guery. Déjà la terreur planait sur toutes les villes voisines du foyer de l'insurrection. Dès le 11 mars, les administrateurs de la Loire-Inférieure écrivirent la lettre suivante aux départements environnants.

« Frères et amis, à notre secours ! Notre
» département est en feu : une insurrection
» générale vient de se manifester ; partout on
» sonne le tocsin, partout on pille, on assas-
» sine, on brûle ; partout les patriotes en
» petit nombre, tombent victimes de la fureur
» et du fanatisme des révoltés...... Avez-vous
» des forces à nous prêter, des moyens de dé-
» fense à nous fournir ? Avez-vous des soldats,
» des hommes, du fer ? Envoyez-les nous, ja-
» mais on n'en eut plus besoin...... »

Ce fut à la séance du 18 mars que la Convention nationale reçut de son commissaire Niou, le premier avis officiel de l'insurrection. Cette assemblée, déjà accoutumée aux troubles et aux révoltes, n'en parut pas très-émue. Les administrateurs de la Vendée et des Deux-Sèvres, transmirent aussi quelques détails ; mais telle était leur ignorance, qu'ils présentèrent les rebelles comme étant dirigés par un prétendu Gaston, personnage fabuleux, dont le nom retentit non seulement dans toute la France, mais dans l'Europe entière. On vit même le conventionnel Carra, pendant sa mission à Fontenay, mettre à prix la tête de ce Gaston, *généralissime des Vendéens :* au même moment, Pons (de Verdun) interpellait à la tribune de la Convention son collègue Gaston, de déclarer s'il n'était pas le frère de *ce chef des révoltés.*

A un soulèvement si formidable, la Convention n'opposa d'abord que des moyens législatifs ; elle lança le 19 mars un décret de mise hors la loi, contre tout individu prévenu d'avoir pris part aux révoltes contre-révolutionnaires, ou seulement d'avoir arboré la cocarde blanche ou tout autre signe de rébellion. Décret terrible qui, en suspendant l'institution des jurés, livrait dans les 24 heures à l'exécuteur, pour être mis à mort, tout homme pris ou

arrêté les armes à la main. Il suffisait que le fait
attesté par un seul témoin, eût été déclaré constant par une commission militaire. Cette loi
draconienne contenait en outre des dispositions exclusivement pénales contre les prêtres
et les nobles, et en prononçant la peine de
mort, prononçait aussi la confiscation des biens.
Quoique modifiée le 10 mai, et restreinte aux
seuls chefs et instigateurs de la révolte, cette
même loi fut constamment la base de la législ-
lation républicaine dans la Vendée.

De telles mesures ne pouvaient que provoquer la résistance du désespoir, et désormais
les armes seules devaient décider entre les deux
partis.

LIVRE IV.

Déroute du général Marcé. — Attaque des Sables-
d'Olonne par Joly. — Combat de Thouars et de
Fontenay; prise de ces deux villes par les Vendéens.
—Proclamation des chefs de l'armée catholique et
royale.

Voyons maintenant quelles étaient les forces
alors disponibles pour combattre les Vendéens.

L'armée commandée par le général Labourdonnaye, chargée de la défense des côtes de
l'Océan et de la Manche, depuis l'embouchure
de la Gironde jusqu'à celle de la Somme, et
qui devait être de 42 mille hommes, n'était
tout au plus que de six mille. Le général
Marcé qui, au premier bruit de l'insurrection,
s'était rendu à Saint-Hermand avec des troupes
de Rochefort et de la Rochelle, n'avait sous
ses ordres que douze cents hommes. En vain le
conseil exécutif, par sa délibération du 18
mars, ordonnait au général Labourdonnaye de
rassembler à Nantes 6 mille hommes d'infanterie, deux régiments de cavalerie et une artillerie suffisante; le peu de forces dont pouvait
disposer ce général fut d'abord employé sous

Beysser à combattre les insurgés bretons. Il n'y avait donc à opposer aux Vendéens que les gardes nationales des villes, troupes peu aguerries et sans discipline. Les Nantais méritèrent néanmoins une honorable exception. Dès le 10 mars, ils volèrent aux armes, fournirent de nombreux détachements, s'assurèrent des prêtres et des nobles à Coneron, à Mauves, et à Saint-Philibert. Toute la garde nationale fut sur pied, et forma de nouveaux bataillons.

Les républicains d'Angers marchèrent aussi contre les royalistes. L'administration départementale envoya à Chalonne la garde nationale commandée par Gauvilliers, et la cavalerie sous les ordres de Boisard; mais ces deux chefs agirent sans nul ensemble. Gauvilliers, après avoir réuni à sa troupe la garde nationale de Chalonne, se porta sur Mont-Jean, et dispersa les rebelles; mais au lieu de les poursuivre, il renvoya les Chalonnais. Boisard arrive après l'infanterie, et cherche en vain Gauvilliers. Un convoi, quoique escorté, tombe au pouvoir des Vendéens, en se dirigeant mal adroitement ou avec perfidie sur Jallais, et les insurgés de l'Anjou sont maîtres de munitions de toute espèce. Que faisait alors l'administration départementale? quatre de ses commissaires *cherchaient l'armée*. Boisard et Gauvilliers se replièrent ; les républicains consternés se plaignirent : tantôt les administrateurs répondaient qu'ils n'avaient point donné à l'armée d'Angers l'ordre de rétrograder, tantôt ils avouaient que des circonstances, inutiles à révéler, avaient nécessité la retraite. Tout n'était donc que confusion et désordre ; tout était inexplicable dans cette crise extraordinaire.

La retraite de la petite armée d'Angers sous les ordres de Gauvilliers, avait laissé à découvert la ville de Chalonne, située sur un bras de la Loire, dominée par de petites élevations, et qui, ouverte de toutes parts, ne présentait d'ailleurs aucun ouvrage défensif. Cette ville était menacée ; les gardes nationales des communes voisines volèrent à son secours, et une force d'environ 3 mille hom. se rassembla dans ses murs. Le 21 mars, Bousseau et Lebrun faits prisonniers par Cathelineau à l'attaque de Jallai, furent envoyés à Vial, maire de Chalonne, pour lui remettre la sommation suivante :

« MM. les habitants de Chalonne, MM.
» les généraux de l'Armée catholique romaine
» au nombre de 5o mille hommes, vous en-
» voyent MM. Bousseau et Lebrun pour vous
» engager à vous rendre au nom de Dieu, de
» la Religion et des prisonniers chalonnais. Si

» vous vous disposez à faire résistance, vous
» pouvez compter sur la dévastation de votre
» ville ; si au contraire vous vous rendez, vous
» aurez une grâce entière. Vous nous appor-
» terez vos armes et nous donnerez quatre no-
» tables pour ôtages. Nous allons chez vous au
» nom de l'humanité.

Signés, BARBOTIN, STOFFLET, D'ELBÉE,
BONCHAMP et LECLERC.

A l'instant le conseil militaire s'assemble ; le maire Vial y propose le serment de combattre pour la liberté et de mourir au poste d'honneur. La majorité y adhère par enthousiasme. On fait battre la générale et sonner le tocsin ; mais quel fut l'étonnement des officiers lorsqu'en se rendant à leurs postes, ils virent leurs soldats en pleine défection, se sauver par le pont sur la route d'Angers. Les alarmes perfidement semées par Bousseau qui avait exagéré les forces des royalistes, venaient de frapper l'armée d'une terreur panique. Tous les efforts des chefs pour rallier le soldat furent inutiles ; couchés en joue, menacés de coups de sabre, ils suivirent le torrent. Le peuple s'attroupa et voulut capituler ; le maire seul résista, ne signa point et se sauva à Angers avec quelques républicains. La ville étant abandonnée, Bousseau et les frères Foucault allèrent au-devant des royalistes leur porter la capitulation. Ils arborèrent la cocarde blanche, montèrent en croupe sur des chevaux vendéens et entrèrent sans coup férir dans Chalonne aux cris répétés de *vive le Roi ! Vive la Religion catholique romaine !* Les chefs occupèrent la maison du maire, où ils établirent leur quartier-général et un comité royaliste. Ils firent brûler tous les papiers de la municipalité et enjoignirent aux Chalonnais de livrer leurs armes et leurs munitions de guerre.

Cependant les chefs de la basse Vendée éprouvaient plus de résistance, parce que les Nantais avaient plus d'énergie. Depuis l'évacuation de Clisson par les républicains, la Patouillère menaçait journellement le poste nantais de Saint-Jacques; attaqué dans son quartier-général de Lalloué, il y fut battu, perdit 5 bouches à feu et des prisonniers. Paimbœuf précédemment attaqué par la Cathelinière, avait été défendu avec succès par les habitants et les volontaires marins.

Mais à Machecoult, le sanguinaire Souchu continuait le massacre pendant l'absence de Charette. Priou, ancien vicaire, brûlant de se venger d'avoir été dépossédé par un curé constitutionel, purifia l'église, éleva un autel dans une rue encore teinte de sang, et y fit entendre le *Domine, salvum fac regem.* Jusqu'au 22 avril le sang ne cessa de couler. Pour légitimer les massacres, on supposait des correspondances alarmantes, soit de Nantes, soit de Paris. Une de ces lettres annonça l'égorgement de 'tous les prêtres sexagénaires détenus à Nantes; à l'instant, les plus furieux parmi les Vendéens, enfoncent les prisons et en arrachent les républicains; 80 sont massacrés en un jour. On ne les assommait plus, on les attachait à une corde qui les liait l'un à l'autre par les bras, ce que les insurgés appellaient leur chapelet; puis traînés dans une vaste prairie, placés à genoux au bord d'un fossé profond, ces victimes étaient impitoyablement fusillées. Des assommeurs achevaient ceux qui n'avaient pas reçu de coups mortels. Joubert, président du district, eut les poignets sciés avant que d'être massacré. Il périt sous les coups de fourches et de baïonnettes. On enterra des hommes encore vivants, et le 23 avril, on voyait encore dans cette même prairie, qui servit de tombeau à tant de victimes, un bras hors de terre dont la main acrochée à une poignée d'herbe, semblait celle d'un spectre qui s'était vainement efforcé de sortir de la fosse.

542 républicains de Machecoult et des environs venaient de périr; le juge Boulamard avait

seul échappé. Tant de victimes n'avaient pu assouvir la rage du comité sanguinaire que dirigeait Souchu. Les femmes étaient menacées; Charette en arrivant les fit mettre en liberté. Les chefs sentirent enfin la nécessité de mettre un terme à ces massacres, voulant faire triompher leur parti par des mesures moins odieuses; mais la soif du sang et des vengeances était portée à un tel point, qu'il fallut avoir recours à des moyens surnaturels pour appaiser la fureur de cette soldatesque.

Le vicaire Priou fit allumer des cierges autour de la tombe d'une prétendue sainte: les Vendéens se prosternent, le prêtre pose la main sur la pierre tombale et s'écrie *qu'il la sent se soulever.* Le miracle est proclamé, les prières redoublent, et cette cérémonie mystique est terminée par la recommandation de ne plus tuer que dans les combats et par un appel aux braves, au nom d'un Dieu de paix.

Cependant Labourdonnaye, général en chef de l'armée des Côtes, venait de délivrer la rive droite de la Loire; instruit de la position critique où se trouvait la rive gauche, il fit passer Beysser à Nantes avec un détachement, et fut peu après remplacé par Canclaux. Beysser joignit à sa troupe un détachement de la garde nationale nantaise, et marcha sur Machecoult qui, depuis le 11 mars était au pouvoir de Charette. 1200 Nantais formant la colonne de droite, pénètrèrent d'abord dans le pays de Retz. A leur arrivée le tocsin sonna de toutes parts. Un simple paysan, Pajot, que Charette avait envoyé comme canonnier au Port-St-Père, s'assied sur sa pièce et jure de défendre la place jusqu'à la mort. Sa fermeté qui trouva des imitateurs en imposa aux Nantais qui s'éloignèrent pour occuper Sainte-Pazanne. Lés insurgés s'attendaient à recevoir des secours de la grande armée vendéenne par le chemin de Clisson. C'était au contraire Beysser qui venait attaquer le Port-Saint-Père. Son approche met en fuite l'avant-garde. A peine Pajot a-t-il le tems de réunir 200 hommes. Il s'obstine cependant et veut disputer le passage, dans l'espoir que Charette viendra à son secours. Après une longue résistance et plus de 300 coups de canons tirés par les républicains, le brave Pajot et Lapierre se retirent tous deux blessés; le reste prend la fuite. Charette qui venait d'essuyer deux défaites à Saint-Gervais et à Challans, ne voulut pas quitter son quartier-général de Machecoult pour défendre le pays de Retz.

De son côté, Beysser voulant éloigner les Vendéens des côtes dont ils cherchaient toujours à se rapprocher, avait concerté ses opérations avec le capitaine d'une frégate stationnée dans les parages de Noirmoutiers. Bientôt les côtes furent dégagées. Mais si le comité de Machecoult eut l'initiative des cruautés, l'exalté Beysser eut celle de l'incendie et du pillage. Il parcourut le pays de Retz la torche à la main, brûla une partie du Port Saint-Père, reprit Bourgneuf, Pornic, Noirmoutiers, se saisit de quelques Vendéens, fit arrêter et fusiller le maire de Barbatre, comme ayant eu des intelligences avec les royalistes, et marcha ensuite sur Marchecoult. Dès qu'il parut dans la plaine, la troupe de Charette abandonna la ville, et se dispersa sans combattre. Charette lui-même fit sa retraite sur Legé, avec peu de monde ; son artillerie resta au pouvoir des républicains. S'il eût tenu aussi long-temps que Pajot au Port Saint-Père, les insurgés du pays de Retz auraient marché à son secours. L'abandon précipité de Machecoult fit perdre à Charette la confiance des Vendéens, et le fit accuser de lâcheté. Les paysans de la Roche-Servière, excités par la marquise de Goulene, délibérèrent s'ils ne le tueraient point. Bientôt une humiliation succède à ce danger. Royrand, qui commandait au château de l'Oie, vient à Montaigu, où il reproche publiquement à Charette sa lâcheté, et le menace d'une destitution militaire. On assure même que Charette offrit alors de céder le commandement. Dès ce jour, sa fortune devait changer, soit que l'adversité eût enfin développé son caractère, soit qu'il fût dans sa destinée de braver long-temps tous les dangers.

Beysser trouva Machecoult encore fumant du sang des patriotes. Le lâche Souchu, qui avait ordonné les massacres, abandonna son parti ; et croyant se sauver, il vint au-devant de Beysser avec une grosse cocarde aux couleurs nationales. Les femmes de Machecoult signalèrent sa scélératesse : il fut saisi et garotté. Un sapeur républicain lui coupa le cou sur un billot, avec un coutelas, aux acclamations d'une foule de mères et de veuves éplorées. Ainsi devraient finir tous ces êtres méprisables, qui, dans les révolutions, veulent suppléer au défaut de courage et d'énergie par la haine et la cruauté.

Après avoir fait désarmer plusieurs communes, Beysser se replia sur Nantes, son corps d'armée n'étant point assez fort pour s'engager dans le Bocage.

Les corps administratifs de la Loire-Inférieure crurent que les circonstances légitimaient l'érection d'un tribunal révolutionnaire, pour juger sans appel les insurgés pris les armes à la main. D'abord provisoire, ce tribunal redoutable fut confirmé par la Convention nationale, qui déclara que les Nantais avaient bien mérité de la patrie.

Mais, que pouvaient quelques succès partiels contre la masse innombrable de la Vendée? La résistance courageuse de quelques villes, rendit les grandes défaites encore plus amères; et la déroute du général Marcé fut bientôt le signal de revers encore plus déplorables.

Maîtres de la presque totalité des districts de la Châtaigneraye, de Montaigu, des Sables et la Roche-sur-Yon, Royrand, Joly, Baudry et Vrignaux menaçaient Fontenay, chef-lieu de la Vendée. Un administrateur et un juge de Montaigu venaient d'être massacrés. Les républicains voulurent arrêter le torrent, un détachement de volontaires se porta sur Chantonay, et entra dans la ville. Les Vendéens y arrivèrent le soir, les surprirent et les chassèrent. Les commissaires de la Convention nationale qui étaient auprès du général Marcé, sentirent l'importance du Pont - Charron : le général s'en empara dans la nuit. Le 19 mars il abandonna ce poste, pour aller au devant des insurgés, et s'engagea imprudemment dans le vallon du Laye : à six heures du soir il y fut attaqué. Marcé n'avait que treize cents hommes;

Royrand et Baudry en deux colonnes, l'une sur la hauteur, l'autre sur la grande route, fondirent avec impétuosité sur les républicains, dont l'artillerie ne put servir. Au premier coup de fusil, le désordre se mit dans leurs rangs. Le combat dura trois heures, sans que le général eût fait aucune disposition. La déroute fut complette; on abandonna les blessés. Le salut de l'artillerie fut dû à la bravoure de Boulard, colonel du soixantième régiment de ligne. Une seule pièce tomba au pouvoir des vainqueurs. Les débris de l'armée se réfugièrent à Marans, et la défaite fut telle que les gardes nationales rentrèrent sans ordre dans leurs foyers.

Marcé, coupable d'impéritie, et qu'on accusa unanimement de trahison, parce que la défection de Dumouriez faisait alors voir des traîtres dans tous les généraux malheureux, fut destitué, mis en arrestation à la Rochelle, traduit au tribunal révolutionnaire, et exécuté à Paris quelques mois après.

Tel fut le combat de St.-Vincent, plus connu sous le nom de déroute de Marcé, et dont le succès en rendant les royalistes maîtres d'un terrain immense, enfla leurs espérances, et porta, en même tems, le découragement dans l'âme des républicains. Ce fut Boulard officier

estimable et assez bon tacticien, qui remplaça
Marcé. Baudry et d'autres chefs du Bas-Poitou
se réunirent au château de l'Oie où fut porté
le quartier-général de l'armée du centre; Baudry eut alors à combattre son propre frère, qui
mit sa tête à prix. Ce dernier commandait un
corps de l'armée républicaine.

Le 23 mars, les commissaires de la Convention, de retour des départements révoltés,
firent un tableau alarmant de l'insurrection.
Le conseil exécutif se réunit sur le champ au
comité de défense générale; et après une délibération, il arrêta un ensemble de mesures
d'après lesquelles il devait être formé quatre
corps d'armée, composés de trente-quatre bataillons, de deux régiments de ligne, de deux
de cavalerie et de dragons, des vainqueurs de
la Bastille, de plusieurs compagnies d'artillerie
et de chasseurs, de vingt-quatre bataillons venant de l'armée du Rhin, non compris les contingents des départements voisins et les gardes
nationales en réquisition.

Ces forces devaient former trois armées actives. Tandis que l'une aurait garni la rive
droite de la Loire, l'autre devait agir sur la
gauche; une se serait tenue en réserve à Tours,
et un quatrième corps eût formé un cordon sur
les frontières de la Normandie pour empêcher

toute communication entre les mécontents de ces départements et les districts de la Bretagne alors soulevés.

L'arrêté du conseil exécutif reçut le jour même l'approbation du comité de défense générale, et les ordres furent donnés sur le champ. Le général Berruyer, nommé au commandement en chef de l'armée, partit le lendemain, et fut suivi par d'autres généraux et par les vainqueurs de la Bastille. Un courrier extraordinaire envoyé à l'armée du Rhin porta au général Custine l'ordre de faire marcher sur le champ un détachement vers la Loire.

Toutes ces mesures ne furent point exécutées, le conseil exécutif ayant à surmonter des obstacles qui tenaient à la nature même de l'expédition et aux circonstances où se trouvait la république.

Les revers éprouvés dans la Belgique et sur le Rhin attirèrent sur la frontière du Nord toute l'attention du conseil et de la Convention nationale. Au moment où les ennemis de la France allaient fondre sur son territoire, l'armée semblait approcher d'une dissolution générale par la défection de Dumouriez. L'effroi de Paris, la consternation des départements du Nord, et les progrès toujours croissants des ennemis de la république, semblaient la menacer d'une destruction prochaine et inévitable.

C'est de cette crise déplorable que profitèrent les Vendéens. La marche des différents corps d'armée destinés à les combattre fut entravée. Les commissaires de la Convention eux-mêmes, entraînés par la force des circonstances et les supplications des villes qui se trouvaient en danger sur les frontières, firent rétrograder quelques bataillons de l'armée du Rhin et Moselle, qui se dirigeaient sur la Vendée.

La résistance des Sables-d'Olonne attaquées par Joly et La Sécherie ne put balancer le funeste échec de St.-Vincent. Le 24 mars, les avant-postes vendéens s'étant approchés de la ville, le général Foucault qui y commandait, les repoussa dans une première sortie. Le 27, Joly reparut en force; la garnison sortit et prit position. Un cavalier vendéen se présente en parlementaire. Conduit au conventionnel Gaudin qui partageait le commandement avec le général Foucault, il remit une sommation contenant des promesses si l'on se soumettait, et des menaces en cas de résistance : elle était signée Joly, général de Louis XVII, et adressée aux autorités civiles et militaires. Les républicains renvoyèrent le parlementaire sans ré-

ponse ; l'affaire s'engagea aussitôt. Les royalistes, en deux divisions, marchèrent sur la
ville ; exposés au feu des fortifications, ils se
replièrent, à l'entrée de la nuit, et enlevèrent
leurs morts. Le conventionnel Niou, alors à
la Rochelle, instruit de la situation critique des
Sables, y fit passer un renfort qui éleva la garnison à quatorze ou quinze cents hommes, dont
mille seulement étaient suffisamment armés.
Joly reparut encore le 28, renforcé par la division de Savin. Ses officiers marchaient à la
tête des colonnes : ils s'emparèrent d'abord des
villages environnants, et établirent dans la nuit
leurs batteries à trois cents toises du corps de
la place, à l'embranchement des routes de
Nantes et de Beauvoir. Leur cavalerie chargea,
et fit plier les avant-postes des républicains.
Le 29, à quatre heures et demie du matin,
Joly fit tirer à boulets rouges ; mais les boulets
étaient mal chauffés, et les canonniers inexpérimentés ; une seule maison fut incendiée. En
moins de quatre heures les canonniers républicains démontèrent toutes les batteries des
royalistes, en firent sauter les forges, et mirent
le feu à un caisson, dont l'explosion répandit
la terreur et la consternation parmi les Vendéens. Les assiégés profitèrent de cet évènement pour faire une sortie : elle eut un plein

succès ; trois cents royalistes restèrent sur le champ de bataille, une partie des munitions, des vivres et de leur artillerie tomba au pouvoir des républicains qui, n'ayant point de cavalerie, ne purent les poursuivre. Les Vendéens, au contraire, en avaient une fort bonne ; on la vit, des murs de la ville, sabrer ceux de ses propres fantassins non encore aguéris, qui se sauvaient pour ne point se battre. Le soir même, le commissaire Niou arriva aux Sables sur une frégate, suivi de plusieurs bâtiments de guerre et de transport ; il vit les cadavres et les dépouilles des royalistes, et trouva la maison commune convertie en arsenal ; la municipalité y avait tenu tranquillement ses séances. Niou applaudit au courage qu'avait déployé la garnison avec si peu de moyens. La ville des Sables, si intéressante par sa position, n'a pourtant qu'une population de six mille âmes, et fournit six cents matelots aux vaisseaux de l'état. Le général Boulard y arriva peu après avec sa petite armée constamment victorieuse.

Déjà les royalistes de l'Anjou, maîtres des districts de Chollet, Vihiers, Chalonne, St.-Florent, postes avancés de la rive gauche, éprouvaient le besoin du repos et celui d'une organisation provisoire tendante à régulariser leurs mouvements. Les chefs, qui sentaient la

nécessité de profiter de la faiblesse des corps
républicains pour se préparer à combattre des
forces plus considérables, renvoyèrent les paysans dans leurs foyers, après les avoir ajournés
à la semaine de *la quasimodo*. Des hommes
d'élite formèrent néanmoins un noyau prêt à
agir au besoin. Les diverses dispositions des
républicains ne purent rien changer à ce plan.
Ce fut le 29 mars que le général Berruyer prit
à Angers le commandement des forces républicaines, en remplacement du général Lygonier,
nommé provisoirement par les commissaires de
la Convention. Berruyer arriva presque seul :
sa présence produisit cependant un bon effet;
il réunissait le commandement de tous les petits corps isolés, dont les chefs indépendants ne
mettaient ni ensemble, ni concert dans leurs
opérations. A la voix des commissaires conventionnels, une multitude de volontaires accoururent se ranger sous les drapeaux de la république; mais ces rassemblements étaient loin
d'inspirer de la confiance. Les administrations
avaient accordé à ces volontaires une solde de
40 sols, et même de 3 liv. par jour; de sorte
qu'un ramas d'hommes sans aveu, écume des
grandes villes, éléments de séditions, s'étaient
introduits dans ces nouvelles levées. Des vieillards et des enfants timides en composaient une

partie; enfin, l'inexpérience, l'insubordination et la lâcheté semblaient s'être concertées
pour jeter le désordre dans l'armée, et pour
assurer le triomphe des royalistes.

Berruyer fut suivi, presque immédiatement,
par les gendarmes à pied de la trente-cin-
quième division et par les vainqueurs de la
Bastille : premières troupes venues de Paris,
qui montrèrent dans cette guerre une grande
bravoure. Malheureusement ces révolutionnaires intrépides avaient une ardeur effrénée
pour le pillage. On eût dit qu'ils étaient venus
moins pour combattre que pour dévaster; le
riche à leurs yeux était toujours un *aristocrate*
qu'on pouvait dépouiller sans ménagement,
aussi les messageries de la Capitale s'en retour-
naient-elles chargées du butin, fruit de leurs
brigandages.

Après des peines infinies, Berruyer étant
parvenu à donner aux nouvelles levées une
certaine consistance, forma un plan d'attaque.

Gouvilliers commandant la garde nationale
angevine, occupa sur la rive droite avec une
division de 2400 hommes, les postes d'In-
grande, Varades et Ancenis, pour assurer la
libre communication d'Angers à Nantes, et
pour empêcher les royalistes, maîtres de Saint-
Florent, sur la rive gauche, de passer la Loire

pour se réunir aux Bretons dont la révolte n'était point entièrement appaisée.

Le général Quetineau fut placé aux Herbiers avec une division ; Lygonier à Vihiers ; Boulard aux Sables ; Esprit-Baudry à Challans. Nantes était défendu par sa garde nationale, à laquelle étaient réunies quelques troupes de ligne. Le général en chef Berruyer qui avait sous lui environ 4 mille hommes postés au midi du Layon, porta son quartier-général à Saint-Lambert. Toutes ces forces actives n'allaient pas au-delà de 20 mille hommes ; les dispositions furent faites pour attaquer sur tous les points à la fois.

D'Elbée instruit du projet des républicains, rassembla son armée et se porta le 9 avril en plusieurs divisions à Chollet, et le 11 s'avança vers Chemillé. Le même jour, les deux partis en vinrent aux mains. Gauvilliers passa la Loire et força Bonchamp d'évacuer le poste de Saint-Florent. Lygonier d'abord repoussé par les royalistes, parvint à s'emparer de Vezin, tandis que Chemillé, malgré la plus vive résistance de la part de d'Elbée, était emporté par la colonne de Berruyer. ꝑement poursuivies, les divisions de d'Elbée, de Bonchamp, de Stofflet, de Cathelineau et celle de Berard, firent leur jonction à Beaupréau. Ce mouve-

ment rétrograde tendait à éluder le choc des républicains. Le moment était décisif; les .Ven-
déens manquaient de poudre, leurs levées
étaient incomplettes, 3o mille insurgés, non
encore organisés, se trouvaient resserrés dans
un espace de deux lieues. Bonchamp n'avait que
200 hommes ; d'Elbée commandait une masse
peu aguérie, que le moindre revers eût décou-
ragée. Berruyer ne sut pas profiter de ses premiers succès, et il dédaigna la fortune qui ne
tarda pas à l'abandonner. D'Elbée voulait rester à Beaupréau et attendre ; Bonchamp jugea
les dangers de la position, et opina pour faire
une trouée ; elle se fit sur Tiffauges.

Le 13, l'armée catholique et royale évacua
Beaupréau que les républicains occupèrent.
Les divisions de d'Elbée, de Stofflet, de Cathelineau et de Bérard, formèrent alors ce
qu'on appela depuis la grande armée d'Anjou
et Haut Poitou. A cette époque, elle ne s'élevait guère qu'à 18 mille combattants. Elle passa
par Tiffauges, et marcha sur Chollet que les
républicains avaient repris.

Le 16, d'Elbée se porta en force sur la division de Lygonier, formant l'aîle gauche des
républicains, et qui ayant attaqué à Coron et à
Vezin, fut repoussée jusqu'à Vihiers. A l'aspect
des républicains, Cathelineau fondit sur leurs

bataillons avec une intrépidité qui les étonna. Cernés de toutes parts, pris à dos, en flanc et en tête, les volontaires plièrent et furent vivement poursuivis. Cathelineau en fit un grand carnage. Leur artillerie, leurs munitions, tombèrent au pouvoir des vainqueurs. 167 grenadiers de Montreuil et de Saumur, s'enfermèrent au château de Boisgrosleau; et pendant deux jours et deux nuits résistèrent, sans nourriture, à toute l'armée de d'Elbée. Ils ne se rendirent qu'après avoir épuisé jusqu'à la dernière cartouche.

L'aile droite des républicains, commandée par Gauvilliers, eut le même sort. Ses détachements occupaient déjà Chemillé; Saint-Florent et Montrevault, quand d'Elbée sentit qu'il était temps de s'opposer à leurs progrès. Il rassembla toutes ses divisions, et fut joint par Bonchamp, qui avait campé pendant huit jours à Montfaucon et à Gêté, pour y organiser l'armée à laquelle dès lors on donna son nom. D'Elbée et Bonchamp réunis arrivèrent à Beaupréau le 23 avril, et présentèrent la bataille à Gauvilliers. Les républicains résistèrent d'abord; mais leurs efforts ne purent tenir contre des enthousiastes intrépides, qui, bravant tous les dangers, se précipitaient en aveugles sur les canons et les baïonnettes : ils

cédèrent. Les braves canonniers d'Eure et
Loire se firent tous tuer sur leurs pièces, là-
chement abandondées par l'infanterie. Une
compagnie de la garde nationale de Luynes se
fit hacher presqu'en entier, tandis que toute
l'armée fuyait. Les débris de ce corps évacuèrent
tous les postes de la rive gauche, et repassèrent
la Loire, abandonnant aux Vendéens six pièces
de canon et Plusieurs caissons. Berruyer se
replia sur le pont de Cé, avec sa petite armée,
pour couvrir Angers. Telle fut la journée de
Beaupréau, dont le succès persuada aux royalistes qu'ils étaient invincibles, et consterna
tellement les vaincus, que durant près de trois
mois ils n'osèrent s'avancer dans le pays insurgé, qui se trouva entièrement libre. Les
orateurs vendéens ne manquèrent pas d'exalter
cette victoire comme un gage de la protection
divine, sentant bien l'influence qu'une pareille
opinion pouvait avoir sur des hommes que le
fanatisme avait déjà portés à affronter la mort
avec joie.

Après cet avantage, la plupart retournè-
rent dans leurs foyers, et ne reçurent que le
26 l'ordre de se rendre à Chollet, où était le
rendez-vous général, pour l'expédition projetée contre Bressuire, Argenton et Thouars,
expédition dont Gigot-d'Elbée avait fait adopter

le plan dans un conseil de guerre. Un chef célèbre dans le parti royaliste parut alors sur ce
théâtre de carnage.

La Roche-Jaquelein, fils de l'ancien colonel
du régiment royal Pologne, demeurant à Saint-
Aubin de Baubigné, près Châtillon, s'était mis
à la tête des insurgés de son territoire. Jeune,
d'un tempérament vigoureux, l'œil vif, le
né aquilin, la mine guerrière, il semblait né
pour les combats. Destiné à jouer un rôle
brillant dans l'ancien régime, il crut pouvoir
défendre le trône dans la garde constitution-
nelle de Louis XVI. Le 10 août renversa ses
espérances. Ce fut alors qu'au moment de
quitter Paris, il dit : « Un royaliste n'a plus
» rien à faire ici; j'irai dans ma province, où
» bientôt on entendra parler de moi.» Il émi-
gra, rentra peu après dans le Poitou, et enfin
prit part à l'insurrection. Son coup d'essai fut
une victoire.

Lygonier, pressé par Bonchamp, vaincu
dans plusieurs combats, forcé de se retirer
vers Doué, appela Quetineau à son secours.
Au lieu de prendre le chemin le plus long,
mais le plus sûr, Quétineau se hasarde à travers le pays insurgé, dirigeant sa colonne vers
les Aubiers. Assailli à l'improviste dans ce
bourg par la Roche-Jaquelein, il est surpris :

sa voix n'est plus entendue, le désordre s'empare de ses soldats, et la déroute devient générale. C'en était fait de sa division, si quelques troupes réglées ne se fussent sur-le-champ rangées en bataillon carré, et n'eussent soutenu le feu des royalistes, pendant que les fuyards courraient se mettre à couvert dans Bressuire. La Roche-Jaquelein trouva aux Aubiers plusieurs barils de poudre, conquête d'autant plus précieuse que les Vendéens en manquaient. Il se réunit à Tiffauges, aux autres divisions royalistes, et partagea les munitions qu'il venait d'enlever.

L'échec éprouvé par Quetineau eut des suites funestes; il dérangea le plan des républicains, qui se jetèrent dans de fausses opérations, attribuant ces défaites à la faiblesse de leurs colonnes, à la nature du sol, coupé par des ravins, et qui, fourré dans presque toutes les parties, favorisait singulièrement les surprises, et s'opposait aux communications militaires. Ils les attribuèrent surtout à l'impéritie de leurs généraux, et encore plus à la lâcheté et à la malveillance de la plupart des volontaires. Plusieurs, au moment du combat, mirent bas les armes, et brisèrent leurs fusils. Un seul bataillon du Finistère tint ferme, et montra de l'intrépidité.

La consternation se répandit à Saumur, à Angers et à Nantes. Les réclamations, les plaintes amères arrivèrent de tous côtés à la Convention nationale; chacune de ses séances était troublée par l'annonce d'un nouveau désastre. Alors cette assemblée était elle-même fort agitée; les deux partis qui la déchiraient se portaient des coups terribles. Cet état des choses nuisait nécessairement à la marche du gouvernement, en ôtant au pouvoir exécutif, son influence et son autorité.

Les conventionnels en mission dans la Vendée écrivaient inutilement lettres sur lettres au comité de défense générale : ils exposaient en vain toute la grandeur du péril, demandant avec instance des secours puissants: ils ne recevaient aucune réponse. Eux-mêmes partageaient les passions de la Convention, et se trouvaient également divisés. Cependant ils chargèrent Carra, l'un d'eux, de présenter à l'Assemblée l'état déplorable des départements insurgés, les forces imposantes des insurgés, leurs triomphes, et la nullité des moyens qu'on leur opposait. Carra peignit au contraire cette guerre cruelle comme une légère révolte facile à réprimer; il prétendit que les défaites étaient exagérées : la Convention fut donc trompée sur la véritable situation du pays, et le parti qui dominait alors n'envoya rien. Cependant Labourdonnaye ne cessait d'accuser Bearnonville d'avoir retardé le rassemblement de l'armée des Côtes; Berruyer était tour à tour accusé et défendu, et chaque général cherchait parmi les députés en mission un patronage, sans lequel il croyait ne pouvoir éviter l'échafaud.

Il est certain que Berruyer transmit au ministre de la guerre les rapports les plus détaillés et les demandes les plus énergiques, et qu'il n'obtint pas même une réponse. Lebrun tenait alors le porte-feuille. Ce fait, constaté depuis dans son procès, fit triompher ses ennemis, et le conduisit à l'échafaud.

Les commissaires à Angers prirent enfin le parti d'envoyer un de leurs collègues à Paris, et Berruyer lui-même. On ne renvoya point le général, on promit des troupes, et on fit passer pour tout renfort un grand nombre de députés appartenant à ces mêmes départemens, et qui, par leurs préventions locales, ne firent qu'entraver les opérations.

L'armée républicaine, à cette époque, ne comptait pas quatre bataillons de troupes réglées. Toute sa cavalerie consistait dans le dix-neuvième régiment de dragons, et quelques gendarmes à cheval. Elle n'était donc composée que de gardes nationales en réquisition, la plupart mal armées, et qui étaient successivement remplacées. Il fallait créer des arsenaux, des fonderies, fabriquer des sabres, pourvoir aux subsistances, aux charrois et aux hôpitaux. Les commissaires créèrent tout, et donnèrent l'impulsion.

Un seul général, le brave Boulard, qui commandait la petite armée des Sables, soutenait l'honneur des armes de la République. Avec des forces inférieures il battit les divisions de Joly, de Savin et de Guery-des-Clauzy.

Le 7 avril, ce général se mit en marche, força les postes de la Grossière et de la Motte-Achard où il s'établit, tandis que le colonel Esprit-Baudry, employé sous ses ordres, détruisait les retranchements de la Grève, de la Gachère et du Verron, défendus par une rivière profonde.

Riez ainsi que Saint-Gilles, furent emportés de vive force, et Challans fut vaillamment défendu contre une colonne d'insurgés forcée de se replier en désordre à la Garnache.

Quoique vaincus dans sept combats par Boulard, les insurgés du bas Poitou restèrent maîtres du poste de la Motté-Achard, à trois lieues des Sables-d'Olonne. Quant à cette place, elle était d'autant plus soigneusement gardée, que le colonel Baudry avait saisi une correspondance dans laquelle Charette et Joly laissaient entrevoir avec l'espérance de s'en emparer, quelques vues sur La Rochelle ; mais Boulard pouvait défier et Joly et Charette, les Sables-d'Olonne étaient en sûreté dans ses mains. Cet officier expérimenté se serait signalé, si la mort ne fût venue l'enlever à la république dont cependant il n'était point partisan. Il observa rigoureusement ses devoirs, tout en gémissant en secret sur les malheurs de sa patrie. Officier dans l'ancien régime, ce titre de défaveur le rendit suspect. Placé entre son devoir, comme militaire, ses sentiments et l'injustice des hommes, il succomba sous le poids du chagrin.

A cette époque, la Convention nationale répartit les forces de la République en onze armées. Celle des côtes de La Rochelle s'étendait depuis l'embouchure de la Gironde jusqu'à l'embouchure de la Loire. Carra, Choudieu, Garnier de Saintes, Goupilleau, Mazade et Treilhard en furent nommés commissaires. L'armée des côtes de Brest s'étendait de l'embouchure de la Loire jusqu'à Saint-Malo inclusivement. Les commissaires Alquier, Merlin, Gillet et Sevestre, en eurent la surveillance et la direction.

Le Poitou méridional, appellé la Plaine, etait défendu par une division qu'avaient créée et organisée les généraux Chalbos, Nouvion et Dayas : elle couvrait Fontenay, et eut peu à combattre jusqu'à l'attaque de cette ville. Quelques colonnes d'insurgés se présentèrent sur des points de la plaine, s'emparèrent de Mareuil et de Moutier, d'où Nouvion les déposta. Ils furent également chassés de Beaulieu, et évacuèrent Aisenay. Les attroupements des environs de la Chataigneraye n'étaient point régularisés ; sept à huit cents paysans sans chefs, se réunirent aux environs de cette ville sur les rochers de Chefoix, y restèrent campés pendant trois semaines, vivant de pillage, et poussant sans cesse des hurlements affreux pour effrayer les volontaires postés sur les rochers opposés. Les patrouilles des deux partis se fusillaient fréquemment. Les insurgés tentèrent l'attaque de la Chataigneraye, mais ils furent repoussés.

C'est dans les antres de Chefoix, que s'exercèrent au crime quelques brigands redoutables qui déshonorèrent le parti royaliste, tels que le trop fameux Neau, marchand de sardines à Réaumer ; Meriet, dit comte de Ribard, mendiant de profession des environs de la Chataigneraye, et Vrignaud, long-tems porte-étendard de l'armée catholique et royale, homme couvert de forfaits, qui enfin trouva la mort, mais trop tard, dans son propre parti.

Le poste de la Chataigneraie, trop faible pour déloger les Vendéens de Chefoix, fut renforcé par Quetineau alors posté à Bressuire. Ce général se contenta d'envoyer aux rebelles quelques volées de canon, au lieu de les envelopper, ensuite il rentra tout glorieux à la Chataigneraie, où une ordonnance vint lui annoncer la marche de la grande armée vendéenne sur Bressuire.

Vers la fin d'avril, les divisions de cette armée s'étaient réunies à Chollet, rendez-vous général. Tous les habitants du pays, depuis 18 jusqu'à 50 ans, furent requis de prendre les armes, et une proclamation des chefs vouait à la mort quiconque ne marcherait pas pour défendre la cause du trône et de l'autel. Cette proclamation fut accompagnée d'une espèce de manifeste, ou profession de foi politique adressée aux républicains, dans lequel on remarquait les paragraphes suivants :

« Nous nous sommes soulevés pour combat» tre les principes désastreux avec lesquels » vous avez renversé le trône et l'autel....... » une des lois les plus respectées parmi vous, » c'est celle qui déclare que la souveraineté » réside essentiellement dans le peuple. Et !

» bien, nous formons une partie du peuple,
» nous voulons des lois qui ne soient pas sans
» force et une religion qui soit respectée. Nous
» nous armons contre la tyrannie, et nous se-
» rons secondés par d'autres départements.

 » Ne nous forcez pas à répandre le sang de
» nos frères; pardonnez-nous les excès que
» quelques-uns de nous ont commis dans les
» premiers mouvements de leur vengeance; ou-
» vrez les yeux, et considérez que la France
» autrefois florissante, n'est plus qu'un chaos
» où toutes les vertus sont confondues avec les
» crimes les plus inouis; évitez les malheurs qui
» vous attendent et devenez nos amis. »

 Cependant Quetineau, dont la division s'é-
tait ralliée à Bressuire, inquiet, devenu suspect,
insulté même par une troupe de Marseillais
indisciplinés qui l'avaient joint après sa défaite
aux Aubiers, craignant de se voir enveloppé
dans une ville ouverte et sans défense, prit le
parti de l'évacuer et de se retirer à Thouars.
Le lendemain 25 mille Vendéens occupèrent
Bressuire; puis Argenton-le-Château. La plus
grande partie de la garnison républicaine y
fut massacrée.

 Bernard de Marigny, ancien lieutenant de
vaisseau, Lescure et Donissan, son beau-père,
ne durent leur liberté qu'à l'invasion de Bres-

suire. Mis en prison dans cette ville, par l'administration départementale, comme soupçon-
nés d'avoir fomenté la première révolte, on
avait eu la maladresse de les y laisser.

Laroche-Jacquelein rompit les fers de Lescure dont il était l'ami. Ce dernier, propriétaire de la belle terre de Clisson, près Parthenay, était puissamment riche ; chéri des habitants de ses immenses propriétés ; tous le proclamèrent leur chef ; ainsi le même jour qui le
rendit à la liberté, le vit à la tête d'une armée.
Dans la suite, Lescure commanda toujours une
division dans les cantons de la Flocellière et des
Herbiers jusque vers Parthenay, se réunissant
tantôt à l'armée de d'Elbée, tantôt à celle de
Charelte, suivant les circonstances.

Le 5 mai, Bonchamp, Laroche - Jacquelein,
Lescure et Bernard de Marigny, s'avancèrent
vers Thouars en plusieurs colonnes : la cavalerie commandée par Domagné, gentilhomme
angevin qui, vers le commencement d'avril,
s'était réuni aux insurgés ; et l'artillerie par
Bernard de Marigny.

Thouars, regardé autrefois comme la clef de
l'Anjou et du Poitou, offre une excellente position militaire : bâti sur une colline, le Thoué
guéable sur un seul point l'arrose, et trace autour de son enceinte une ligne courbe, qui le

défend à l'occident et au midi. Quetineau se
hâta de l'occuper et d'y concentrer toute sa
division d'environ six mille hommes. Cette
ville ne pouvait être forcée que par le gué,
situé au-dessous du village de Vrine, et par
deux ponts qu'on avait ordonné de couper.
Quatre cents volontaires de la Vienne gardaient
le gué de Vrine. Quetineau avait rangé le
reste de sa troupe en bataille à une portée de
canon des murs de la ville. A six heures du
matin, les royalistes, qui avaient fait d'inutiles
sommations, attaquèrent sur trois points ; la
cavalerie de Bonchamp passa le gué à la nage.
Pris en flanc, et sans secours, les volontaires
de la Vienne se firent écraser, à l'exception de
quelques lâches qu'on vit fuir en apercevant
l'ennemi. Bonchamp, maître du passage, se
porta en force vers les murs, tandis que par
l'attaque du Pont Neuf La Roche Jcaquelein
tenait en échec le gros des républicains. Ce
pont, qui n'avait point été coupé fut forcé :
alors Quetineau avança pour combattre. Le
feu s'engagea de part et d'autre. La fortune
parut un moment indécise, mais les Vendéens
élargirent leur front, étendirent leurs ailes, et,
se formant en demi-cercle, débordèrent les
républicains. Bientôt ces derniers, ébranlés
de toutes parts, voulant en vain se battre en

retraite, cherchèrent leur salut en fuyant derrière les remparts. Quetineau entraîné se trou-
bla, et au lieu d'ordonner la retraite sur Loudun et Poitiers, il ne donna aucun ordre, et se
réfugia également derrière les murs de la place.
Les Marseillais ne voulurent point partager
la honte des fuyards, ils jurèrent de se défendre, et, se formant sondain en bataillon
carré, ils se précipitèrent, la bayonnette au
bout du fusil, dans les rangs des royalistes,
et trois fois arrachèrent le drapeau blanc qui
flottait sur les remparts. Accablés enfin par le
nombre, tous périrent glorieusement. Les Vendéens poursuivant leur victoire, donnèrent immédiatement l'assaut, et les murs de la ville
furent escaladés avec une intrépidité surprenante. Les plus braves y avaient déjà pénétré,
lorsqu'enfin on arbora le drapeau blanc. Les
républicains mirent bas les armes, et se rendirent à discrétion : la victoire fut complette.
On avait combattu pendant dix heures. Sept à
huit cents morts restèrent sur le champ de bataille ; le général, l'armée, les munitions, 5 à
6 mille fusils, douze pièces de canon, vingt
caissons, tels furent les trophées des royalistes.

Maître de la ville, Bonchamp fit une proclamation qui enjoignait à la garnison, et à tous
les fonctionnaires publics de se rendre dans la

cour du château, sous peine de mort. On obéit;
le district fut sommé de livrer ses archives. Tous
les titres appartenants au clergé et à la noblesse
en furent retirés avec soin, et on brûla le reste.
Les chefs vendéens se transportèrent ensuite
dans les cours du château, où se trouvaient
5 à 6 mille prisonniers; ils les firent désarmer:
les uniformes nationaux furent déchirés. Le
lendemain on fit prêter à tous le serment d'être
fidèles à la religion et à Louis XVII, et de ne
jamais porter les armes contre lui ou ses armées. Après ce serment, on publia que tous
ceux qui voudraient prendre parti dans l'armée vendéenne pouvaient se présenter; plusieurs y passèrent : le reste ayant été divisé par
départements, on en choisit douze de chacun,
qui furent gardés comme otages. Domagné distribua des *laissez-passer* à ceux qui eurent la
liberté de retourner dans leurs foyers. Le fameux évêque d'Agra, qui joua un grand rôle
parmi les Vendéens, dut sa célébrité à la prise
de Thouars. Cet homme, âgé de 35 ans, était
fils de Guillot de Folleville, ancien commandant
de St.-Malo; il avait pris le parti de la révolution,
était devenu curé constitutionnel de Dol en Bretagne, puis s'était rétracté et avait marché contre les Vendéens avec la cavalerie nationale de
Poitiers. Fait prisonnier à Thouars, il demande

à parler aux chefs royalistes, leur déclare qu'il est évêque d'Agra *in partibus;* et qu'il n'a pu parvenir dans la Vendée que sous l'uniforme national. Soit que les chefs vendéens le crussent de bonne foi, soit qu'ils voulussent l'employer comme un instrument dont la politique pouvait se servir auprès de la multitude, ils le reconnurent en cette qualité, et l'admirent bientôt dans leur conseil ; mais ce prêtre avait trop peu de moyens pour influer puissamment dans les affaires de la Vendée.

Les chefs de la grande armée catholique se signalèrent à Thouars, par une modération qui contrastait avec les cruautés commises dans le Bas-Poitou. Aucun citoyen ne fut massacré; il n'y eut ni pillage, ni viol dans cette ville prise d'assaut. L'armée victorieuse se contenta de vivre à discrétion aux dépens des habitants de la ville et des environs, les plus connus par leur attachement à la république ; et ne prit même que les subsistances nécessaires à sa consommation.

Beauvollier l'aîné, ci-devant seigneur de Sammarçoles, près Loudun, après avoir échappé à son arrestation, qu'avait ordonnée le conventionnel Tallien, joignit à Thouars l'armée catholique, dans les rangs de laquelle figuraient déjà deux de ses frères. Il fut accueilli avec transport, et nommé de suite commandant en second de l'artillerie vendéenne, sous Bernard de Marigny. Reconnu par une foule de prisonniers républicains des environs de Loudun, il leur fit rendre la liberté qu'ils réclamaient.

Aucun échec jusqu'alors, n'avait été aussi funeste à la république. La division de Quetineau était une des meilleures de l'armée ; sa défaite laissait dans la ligne un vide immense. Les communications se trouvaient interrompues avec Niort, et l'ennemi pouvait faire impunément des courses dans les districts de Loudun et de Chinon.

Un cri unanime d'indignation s'éleva dans l'armée et à la Convention contre ce général. Il fut accusé d'avoir lâchement livré Thouars. Quetineau avait été l'ami, la créature de Dumouriez, et avait quitté l'armée de ce général pour se rendre à Thouars, afin d'y terminer quelques affaires de famille. On l'y nomma chef de la garde nationale. Un peu d'enthousiasme vint se mêler à cette nomination, et bientôt il reçut du ministre de la guerre, prévenu en sa faveur, le brevet de général commandant la division de Bressuire. Dès ses premières opérations contre les Vendéens, il fit preuve d'incapacité.

Si Quetineau a trahi les républicains, il fut de tous les traîtres le plus inepte. Traité avec égards et distinction par les Vendéens dont il était le prisonnier de guerre; pressé par Beauvollier et Bernard de Marigny de s'attacher aux royalistes, il s'y refusa constamment, allégua son honneur et la nécessité de se justifier aux yeux des républicains; il ajoutait néanmoins qu'il se déciderait un jour pour le parti qui pourrait lui convenir. Mis en liberté sur parole, il se rendit auprès de son général en chef et dans les clubs acharnés à sa perte, provoquant partout l'examen de sa conduite, et se livrant lui-même à ses juges. En vain chercha-t-il à se justifier. Il dit que ses forces avaient été réduites; que sa ligne qui s'étendait de Saumur à la Châtaigneraie, passant par Thouars et Bressuire, avait à défendre quatorze à quinze lieues de pays, sur lesquels il n'avait eu que 4 mille hommes à déployer; il parla de l'inexpérience de ses troupes, ce qui ne put justifier son impéritie. Accusé en outre d'avoir fait prendre à ses soldats le drapeau blanc, de les avoir invités à crier *vive Louis XVII! vive la reine!* d'avoir donné au général ennemi, au milieu des cadavres, l'accolade fraternelle, les députés en mission à Saumur ordonnèrent son arrestation. Conduit à Paris et traduit ensuite au tribunal révolutionnaire, il porta sa tête sur l'échafaud.

L'armée vendéenne, enhardie par ses succès, ne séjourna que quatre jours à Thouars, et poussa un parti vers Loudun. Après avoir abattu l'arbre de la liberté, Loudun arbora le drapeau blanc et ouvrit ses portes. Le commissaire Tallien y rentra peu après, réintégra les autorités républicaines, et fit arrêter ceux qui avaient favorisé l'invasion de l'ennemi. Bonchamp, après avoir licencié momentanément son armée, se concerta avec d'Elbée pour l'attaque de Fontenay. D'Elbée, sans attendre Bonchamp, occupa Parthenay, et le 13 mai se dirigea sur le poste de la Châtaigneraie que défendaient 3 mille républicains, sous les ordres du général Chalbos; Ils y furent écrasés par des forces supérieures, et poursuivis avec perte d'un grand nombre de prisonniers. Ce combat coûta la vie à plusieurs royalistes ; le chevalier de Beauvollier et Duperat de Lyon y furent blessés. Les paysans vendéens pillèrent la ville, et ceux qui eurent la plus grosse part du butin rentrèrent dans le Bocage pour l'y mettre en sûreté. Le reste séjourna le 14 à la Châtaigneraye ; le lendemain d'Elbée marcha sur Fontenay, quoique son armée fût réduite par la désertion à huit ou dix mille hommes. Les Vendéens ne firent ce jour là que deux lieues, et s'arrêtèrent à Vouvant. Le parc d'artillerie fut établi sur la place ; les soldats se logèrent chez les habitants, et leurs officiers mirent tout en réquisition sur des bons payables à la fin de la guerre. Les caves furent dévastées et les tonneaux percés de part en part. Vers la nuit, les pieux Poitevins, le chapelet à la main et le scapulaire au cou, firent en commun une longue prière. Ce ne fut que le 16 au matin que les prêtres, jusqu'alors travestis et couverts de baillons, prirent leurs habits sacerdotaux et officièrent pontificalement dans l'église de Vouvant, en demandant à Dieu la grâce d'entrer le soir triomphants à Fontenay. Dans la crainte de ne pas trouver de vases sacrés, ceux de Vouvant furent mis dans les bagages de l'armée. Le bouillant d'Elbée, impatient de vaincre, s'approcha de Fontenay sur deux lignes : il commandait la droite et Lescure la gauche ; Domagné et l'artillerie étaient au centre.

Le général Chalbos sortit de la ville pour se déployer dans la plaine et présenter la bataille. La canonnade fut vive de part et d'autre, et dura près de trois heures : les républicains firent face de tous les côtés. Sur le point d'être accablés par le nombre, une charge de cava-

lerie faite à propos décida la victoire en leur
faveur. Chalbos chargea en flanc : ce mouvement n'ayant pas réussi, il ordonna à Nouvion
de charger de nouveau, tandis qu'avec le reste
de sa cavalerie il gagna les derrières de l'ennemi qu'il culbuta par une charge simultanée
et impétueuse. D'Elbée, emporté par son ardeur, reçut une blessure en combattant au
premier rang. L'adjudant-général Sandoz qui
commandait l'infanterie, profita du désordre
des Vendéens, et compléta leur déroute. Domagné, à la tête de la cavalerie, le contint
pendant trois quarts d'heures, et donna le
temps à l'infanterie catholique de gagner le
Bocage.

Le résultat fut quatre cents morts, la perte
des bagages, des munitions, et de vingt-quatre
canons, parmi lesquels se trouva la fameuse
Marie-Jeanne, long canon de cuivre auquel
les insurgés accordaient une vertu surnatu-
relle. Vaincue et dispersée, l'armée catholique ne se rallia qu'à Parthenay et aux environs. Les chefs tinrent conseil à Châtillon-sur-
Sèvre. D'Elbée, dont le plan favori tendait à
envahir les côtes et les places du Sud, insista
pour une nouvelle attaque. Il fut reconnu que
le défaut d'ensemble avait fait échouer, et que
les républicains étaient en trop petit nombre

pour pouvoir résister à 40 mille hommes dès qu'ils seraient réunis. La majorité partagea l'avis de d'Elbée. On pressa l'arrivée de Bonchamp et de Laroche-Jaquelein avec leurs divisions. Cathelineau parcourut les rangs pour animer ses compagnons d'armes; les prêtres exaltaient les combattants par de pieuses exhortations et la promesse des récompenses célestes.

Chalbos victorieux s'était reporté à la Châtaigneraie avec sa petite armée; il y fut continuellement harcelé. Toutes les nuits des pelotons de Vendéens donnaient de fausses alertes. Le 24 au soir, les éclaireurs annoncèrent qu'on allait être cerné. Chalbos fit battre la générale, charger les charriots, et de l'avis de son conseil de guerre, se replia sur Fontenay en trois colonnes. Le lendemain, à la pointe du jour, le Vendéens au nombre de 35 mille combattants, occupèrent la Châtaigneraie et marchèrent de suite sur Fontenay, récitant les litanies sur la route, et chantant des hymnes sacrés. Répandus dans la plaine, ils la couvrirent en un instant. A midi ils occupèrent la position où ils avaient été si complètement battus le 16. Chalbos, arrivé à Fontenay à cinq heures du matin avec toute son armée, fit battre la générale, et bientôt après se trouva

en bataille en présence de toute l'armée vendéenne rangée sur trois colonnes. Lescure était
au centre ; Bonchamp commandait la droite et
Laroche-Jaquelein la gauche. Excepté les soldats de Bonchamp, le reste n'avait ni artillerie
ni munitions. Les Vendéens impatients de combattre, demandèrent des cartouches à leurs
chefs. Beauvollier qui faisait les fonctions d'intendant-général leur dit : *en voilà*, montrant
les républicains rangés en bataille. Le signal
est donné : les royalistes n'ayant point d'artillerie, veulent se jeter sur celle des républicains. Lescure met pied à terre, tire son épée,
appelle les braves qui le suivent, et emporte la
première batterie qui est aussitôt tournée contre
l'ennemi. Bonchamp et Laroche-Jaquelein se
portent toujours en avant, et animent leurs
soldats. Du côté des républicains les chasseurs
de la Gironde faisaient un feu vif et soutenu ;
les volontaires de Toulouse et de l'Hérault combattaient vaillamment ; d'autres bataillons,
animés par sept représentants du peuple présents à l'action, ébranlaient déjà les colonnes
des royalistes, lorsque Chalbos ordonna à la
gendarmerie de charger. Cinq gendarmes seulement marchèrent ; le reste, effrayé par la désertion de quelques lâches, plie et s'enfuit à
bride abattue, foulant aux pieds l'infanterie sur

son passage. Abandonnés par la cavalerie, et succombant sous le nombre, les volontaires entamés se dispersent en désordre. Le conventionnel Garnier de Saintes, qui était à pied, courut les plus grands dangers, et sans un gendarme qui lui donna son cheval, il aurait été pris infailliblement. La déroute des républicains fut complette : quarante-deux pièces de canon, tous les bagages, la caisse militaire contenant 20 millions en assignats de 400 liv. les premiers qui eussent été vus dans la Vendée, furent la proie des vainqueurs.

Bonchamp poursuivit les fuyards sur la route de Fontenay à Niort; mais les généraux Dayas et Nouvion, ayant rallié quelques gendarmes, chargèrent la cavalerie vendéenne, la firent plier, et protégèrent ainsi la retraite. Dans cette charge, Bonchamp fut grièvement blessé. Rien ne put rallier les républicains; sept à huit cents hommes seulement entrèrent à Niort, le reste se porta à Saint-Hermand et à Marans : il en déserta un grand nombre. Niort fut déclaré en état de siège ; on s'attendait à y être attaqué ; le conseil de guerre déclara qu'on périrait plutôt que de l'abandonner. Cette honteuse journée coûta encore aux vaincus environ dix-huit cents hommes tués, blessés ou faits prisonniers. Les Vendéens eurent quelques pertes à regret-

ter; Bonchamp blessé fut porté sur un bran-
card au château de Labdebaudière, près Tiffauges.

. Les royalistes triomphants entrèrent aussitôt
dans Fontenay, chef-lieu du département de la
Vendée. Stofflet fut nommé commandant de la
ville. Les vainqueurs y trouvèrent des richesses
immenses en ornements et argenterie d'église.
Trois mille individus des deux sexes et de toutes
classes, furent d'abord faits prisonniers et renfermés dans les cours du département. Un assez
grand nombre de prêtres qui y étaient en prison
furent mis en liberté. Les membres du département furent envoyés à la Forêt-sur-Sèvre;
mais Beauvollier cédant aux instances d'une
dame de Fontenay, qui représenta vivement
les dangers d'une telle mesure, fit ramener les
prisonniers, auxquels on rendit la liberté, en
leur désignant leur protectrice. Les chefs vendéens délivrèrent ensuite tous les autres sans
distinction, même ceux détenus pour délits
privés.

Bientôt cette victoire fut annoncée au bruit
de toutes les cloches, et le drapeau blanc remplaça l'étendard tricolore. Tandis qu'un détachement se portait au département, pour en
enlever tous les papiers et les brûler au pied de
l'arbre de la liberté, la plupart des soldats ven-

déens se livraient sans réserve à leur goût ef-
fréné pour les liqueurs spiritueuses.

Le 26, leurs prêtres officièrent pontificalement, et chantèrent un *te deum* en action de
grâce. Les généraux royalistes, jusqu'alors peu
connus, parurent en grand nombre avec les
distinctions de leur parti. Ils affectèrent la plus
grande modération, et donnèrent à leurs soldats des marques de piété qui ne pouvaient
qu'accroître la confiance générale.

Le marquis de Donissant, beau - père de
Lescure, ancien officier de marine, des environs de Bordeaux, harangua les prisonniers
républicains, dans l'espoir de déterminer leur
défection, et de les attacher à son parti; mais
il fit peu de prosélytes. Les chefs royalistes
formèrent de concert un comité composé de
huit membres, pris parmi les habitants de la
ville, les plus aisés et les plus connus par leur
opposition aux principes révolutionnaires. Ce
comité fit peu d'opérations, les républicains
ne lui ayant pas laissé le temps d'administrer.
Tous les citoyens furent ensuite appelés dans
une vaste prairie, près de la ville, pour y prêter
serment à la religion et à la royauté. Il s'y
rendit peu de monde. Ensuite les généraux vendéens crurent devoir publier une proclamation

aux Français, au nom du roi (1), dans laquelle, exaltant leurs victoires, qu'ils attribuaient à la faveur du ciel, leur modération qu'ils opposaient aux crimes des républicains, ils conjuraient tous les Français de se rallier, pour chasser des représentants infidèles, pour rétablir la religion catholique et la royauté dans la personne de Louis XVII.

---

(1) Voyez, à la fin du volume, les *Pièces justificatives*, N°. VII.

LIVRE V.

Manière dont combattaient les Vendéens. — Défaite des généraux Salomon et Lygonier. — Attaque, et prise de Saumur. — Nomination d'un généralissime roya- liste. — Évacuation d'Angers ; occupation de cette ville par les Vendéens.

A peine trois mois s'étaient-ils écoulés, que les royalistes occupaient militairement la pres- que totalité de la Vendée, des Deux-Sèvres et toute la partie méridionale de la Loire-infé- rieure et de Maine et Loire. Le territoire en- vahi formait un cercle de vingt lieues de rayon. Chollet, Mortagne et Montaigu en étaient les points centraux. Les Vendéens y rassemblèrent leurs approvisionnements de campagne, prin- cipalement leurs bœufs qu'ils laissaient paître librement dans de fertiles prairies. Retenus dans la Vendée, ces nombreux troupeaux étaient perdus pour la capitale.

La masse des insurgés était innombrable ; elle égalait la presque totalité des habitants. On a vu dans le livre précédent le Vendéen agriculteur devenir tout à coup belliqueux ; les causes morales de ses succès ont été dévelop-

pées. Maintenant je ferai connaître sa manière
de combattre. Les armées vendéennes n'étaient
point régulièrement organisées; l'on n'y voyait
ni bataillons ni régiments; chaque paroisse
nommait son capitaine qui menait au combat
tous les hommes en état de porter les armes;
chaque chef de paroisse se réunissait à son
chef divisionnaire qui lui-même se ralliait soit
au généralissime, soit à un chef supérieur.
L'infanterie des Vendéens faisait leur principale force, vu la nature du terrain qu'ils avaient
à défendre. Ils ne rassemblaient guère que huit
à neuf cents chevaux, pris la plupart sur les
patriotes. Si la cavalerie vendéenne, formée
par la plus ardente jeunesse, se laissait entamer quelquefois dans la retraite, elle était terrible dans la poursuite de l'ennemi. Lorsqu'un point était menacé, lorsqu'une expédition était projetée, le commandant de l'arrondissement territorial expédiait des courriers
pour faire sonner le tocsin dans toutes les paroisses de son ressort; les relais étaient préparés. Au moindre signal, le Vendéen quittait sa
houe, saisissait son fusil pour voler, plein d'ardeur et de confiance, au rendez-vous général.
Il marchait aux combats comme à une fête.
Des femmes, des enfants prenaient aussi les
armes; on en a vu mourir au premier rang. Un

fusil, et du pain pour quelques jours, tel était
l'équipement de l'homme du Bocage qui jamais ne quittait son arme, même pendant son
sommeil. Il n'était point soldé, et ne recevait
en campagne que la nourriture. Sa manière de
combattre, absolument étrangère à la tactique,
déconcertait tous les plans. Réunis 'en divisions, ils marchaient en colonne de trois ou
quatre hommes de front, la tête dirigée par
l'un des chefs qui seul connaissait le point
d'attaque. On voyait d'abord paraître de différents côtés quelques tirailleurs qui se glissaient
le long des haies et des fossés, pour tirer le
plus près possible sur les soldats qui se trouvaient hors de ligne. La masse suivait avec ra-
pidité sans conserver aucun ordre, et en jetant
des cris à la manière des Sauvages; elle se re-
pliait ensuite pour attirer l'ennemi, puis éten-
dant ses ailes, elle formait un cercle pour l'envelopper en le débordant; tous se précipitaient
avec fureur et sans ordre sur les baïonnettes et
les batteries, renversant ce qui s'opposait à
leur choc, et ne recevant prisonnier que l'ennemi désarmé. Cette manière de s'éparpiller,
de s'étendre en éventail s'appelait *s'égayer.*
C'est ainsi que les Vendéens s'emparaient des
canons. Dix ou douze d'entr'eux désignés pour
l'expédition, partaient en désordre, armés seu-

lement de bâtons pour envelopper la pièce dont ils voulaient se rendre maîtres. Au moment où l'on y mettait le feu, ils se jetaient par terre et ne se relevaient qu'après le coup. La même manœuvre était répétée jusqu'à ce qu'ils fussent sur les canons qui se trouvaient presque toujours abandonnés par un ennemi qu'effrayait une pareille audace. Les républicains, au contraire, marchant en colonnes serrées, engagés dans un pays couvert et montueux, avaient souvent des files entières emportées. Les Vendéens chargeaient ordinairement leurs fusils de quatre à cinq balles. Nés chasseurs et accoutumés au tir, ils pointaient juste. Étaient-ils repoussés? ils se ralliaient sans peine et revenaient sans cesse à la charge : étaient-ils vainqueurs? ils poursuivaient l'ennemi sans relâche. Cette manière de combattre adaptée à la nature du pays, tenait aussi à leur caractère. Ainsi l'art des combats pour les Vendéens ne consistait point en positions savantes, en batteries bien disposées, non plus qu'en manœuvres habiles, mais en surprises, et surtout en embûches où ils attiraient l'ennemi par des routes inégales et fangeuses. C'est alors qu'ils se dispersaient pour se rallier de nouveau, souvent même dans les ténèbres. Des avis circulaient rapidement de village en village; de tous côtés le tocsin sonnait, et au point du jour des masses d'hommes sortaient des forêts et des ravins en faisant retentir l'air de leurs cris affreux. On les voyait fondre en désordre sur un ennemi imprudent qui prenait bientôt la fuite. Le mas sacre commencé finissait toujours à plusieurs lieues du point de l'attaque. Cette manœuvre redoutable formait le système distinctif de Bonchamp qui excellait à l'exécuter.

Les Vendéens n'avaient point d'uniformes militaires, mais un costume caractéristique. Ils portaient une grande veste, des pantalons de laine brune; sur leur tête un bonnet de poil ou un chapeau rabattu, et par-dessus leur vêtement une petite camisole blanche, traversée en avant d'une grande croix noire. Au bas de cette camisole pendaient ordinairement des reliques de saints ou des ossements de royalistes à venger; un chapelet autour du cou achevait ce costume à la fois militaire et religieux. Qu'on s'imagine une multitude d'hommes ainsi vêtus, couvrant de tous côtés les hauteurs, marchant deux à deux à pas lents, la tête nue, l'œil baissé, l'air morne, le fusil en bandoulière, le chapelet à la main. En vain le canon et le feu de la mousqueterie essaient de troubler cette marche religieuse qu'un silence effrayant accompagne; on n'entend que le bruissement lugubre et cadencé des psaumes récités à voix basse. Tout à coup la scène change; un mouvement convulsif succède; les bonnets se trouvent à l'instant sur les têtes, et les fusils dans toutes les mains. Aux cris de *vive le roi* se joignent les cris horribles de *tue les républicains;* ils deviennent le signal du massacre......... **L'histoire peut placer les Vendéens au premier rang des peuples soldats.** Soumis et taciturne, tel était leur caractère distinctif; singulier contraste avec la bruyante impétuosité du soldat patriote. Vainqueur ou vaincu, l'expédition finie, le Vendéen rentrait dans ses foyers pour reprendre ses travaux champêtres. Au moindre appel, au moindre coup de tocsin, il revolait au combat avec une ardeur toujours nouvelle. Quelles sont donc les causes d'un tel dévoûment, d'une constance aussi héroïque? l'enthousiasme et la religion, ces deux puissants mobiles du cœur humain. Les prêtres s'exposant à tous les périls, parcouraient les rangs, animaient les forts, soutenaient les faibles. Armés seulement de la parole de Dieu, on les voyait sur le champ de bataille, bravant la mort dont ils étaient entourés, administrer avec calme, panser avec zèle les blessés, et prêcher à tous le mépris d'une vie périssable, pour mériter la plus glorieuse éternité. A l'enthousiasme de la religion se joignait aussi l'amour de la gloire et des louanges. Les chefs vendéens, presque tous jeunes et ardents, ne respiraient que pour combattre. Ils avaient pour juge suprème l'opinion de leurs compagnons d'armes, pour triomphe leurs suffrages. La gloire de l'emporter sur ses égaux transportait cette jeunesse bouillante, qui ne songeait qu'à se surpasser. Des femmes, après le combat, mettaient le comble à l'enthousiasme, en distribuant le prix du courage. L'amour, cet autre moteur si puissant, marchait sur leurs pas, lorsque fuyant devant le farouche patriote, elles venaient se réfugier dans les camps royalistes. Il adoucissait le courage et en tempérait la férocité.

L'attachement du Vendéen au sol natal, fut une des causes qui le firent échouer dans toutes les expéditions qui le portèrent hors de son territoire. On en eut la preuve dès la prise de Fontenay. Cette conquête laissait à découvert la ville de Niort, seule barrière qu'il y eut entre les royalistes, la Rochelle et Rochefort. De-là, ils auraient pu tendre la main aux Anglais, et soulever les provinces du centre. Pleins de confiance, ils formèrent le projet de s'emparer par surprise de Niort, en y faisant entrer des **soldats déguisés.**

Au bruit du danger, tous les districts voisins se levèrent pour défendre la république ; l'armée de Niort , qui , le 26 mai , n'était que de 1200 hommes, grossit subitement. Les renforts long-tems demandés , parurent enfin. Le département de l'Hérault avait donné l'exemple. Paris le surpassa ; le conseil-général de la commune, convoqué extraordinairement, arrêta la formation d'un corps de 12 mille hommes par voie de réquisition pour combattre les rebelles. La majorité des sections de la capitale rejeta ce mode, et le sort en décida non sans beaucoup de tumulte. Ce corps marcha sous le commandement de Santerre , ancien brasseur du faubourg Saint-Antoine , devenu célèbre par les insurrections de la capitale qu'il dirigeait lui-même dans les grands mouvements populaires. C'était ce qui lui avait valu le commandement de la garde nationale et ensuite le rang de général. Dans ces levées parisiennes, se trouvaient les *héros de cinq cents livres* , ainsi nommés parce qu'ayant remplacé à prix d'argent les riches appelés par le sort à la défense de la république , ils se signalèrent autant par leur indiscipline que par leur lâcheté. Ils arrivèrent les premiers, ainsi que les bataillons de la formation d'Orléans , les hussards des Alpes , ceux de la legion du Nord que commandait Westermann. La Convention y avait joint jusqu'à ses grenadiers. Biron , nommé général en chef de cette armée, quitta celle d'Italie, et vint établir son quartier-général à Niort. Il confia son avant-garde à Westermann. Des commissaires de la Convention nationale présidèrent à toutes ses opérations. Bourbotte et Thureau marchaient à la tête des colonnes ; Bourdon de l'Oise, et Goupilleau disposaient l'armée à un mouvement simultané. Tandis que Richard, Choudieu et Ruelle formaient à Angers une commission centrale de surveillance, il s'en organisait une semblable à Tours.

Ces commissions avaient principalement pour objet de surveiller les opérations militaires et administratives, de régler le désarmement et l'arrestation des personnes suspectes de royalisme, la mise en réquisition des armuriers et de tous les objets nécessaires aux défenseurs de la république.

De toutes parts, les patriotes se hâtaient de marcher au secours de Niort ; mais peut-être seraient-ils arrivés trop tard, sans un de ces incidents qui tiennent aux hasards de la guerre.

Après le départ de l'armée vendéenne pour l'attaque de Fontenay, un corps de 3 mille républicains, sous les ordres du général Salomon

s'était reporté à Thouars, d'où ses détache-
ments répandaient l'alarme dans le pays insurgé. Pour contenir Salomon, le commandant
vendéen d'Argenton rassembla 2 mille royalistes à la Fougereuse; mais bientôt forcé de les
licencier faute de vivres, et comptant d'ailleurs
sur l'inaction de Salomon, il ne garda que 400
hommes. Le général républicain, informé par
ses espions de la faiblesse de ce corps, tomba
inopinément sur la Fougereuse et s'en empara.
Le commandant royaliste craignant pour Châtillon, envoya courrier sur courrier au quartier-
général de Fontenay pour réclamer de prompts
secours. D'un autre côté, le général Lygonier
posté à Doué, fesait des incursions à Vihiers et
menaçait Chollet. Dès qu'on en fut instruit à
Fontenay, les chefs de l'armée catholique se
réunirent en conseil de guerre. Les opinions y
furent partagées. On discuta le projet de l'attaque de Niort, les dangers de l'abandon du
pays insurgé, les moyens d'empêcher la désertion des Vendéens toujours enclins à rentrer
dans leurs foyers. Ces deux derniers motifs,
ainsi que l'absence de Bonchamp et de d'Elbée, décidèrent la rentrée dans le Bocage. Le
rendez-vous général fut donné à Châtillon.

Peu de jours après, 40 mille Vendéens s'y
rassemblèrent, ayant à leur tête Laroche-Ja-

quelein, Lescure, Beauvollier, Stofflet et Cathelineau. Ils marchèrent sur Vihiers, qu'ils occupèrent, et le lendemain sur Doué. L'armée républicaine commandée par le général Lygonier, était campée sur les hauteurs de Concourson, position avantageuse qui seule garantissait Saumur. Ce général n'en sut tirer aucun parti.

Le 7 juin, ses avant-postes vivement attaqués par les royalistes, lâchèrent pied sans combattre, et presqu'aussitôt l'armée entière imita ce funeste exemple. Quelques bataillons résistèrent, mais ne pouvant tenir seuls, tout prit la fuite. Maîtres bientôt de Doué, les royalistes pousuivirent les républicains. Ces derniers ne se rallièrent que sur les hauteurs de Bournan, à une demi-lieue de Saümur. La bonté de la position et les batteries qui jouèrent avec succès, déterminèrent la retraite momentanée des Vendéens; d'ailleurs, Beauvollier l'aîné qui connaissait parfaitement le théâtre de la guerre, jugea qu'il serait imprudent d'attaquer Saümur de front, et il ramena l'avant-garde à Doué, où il rendit compte aux autres chefs réunis des motifs de cette marche rétrograde. Il fut décidé sur son avis, qu'on attaquerait par la droite en filant sur Varin et sous les hauteurs du château. En conséquence, l'ar-

mée s'avança obliquement par Montreuil, en
décrivant ainsi un angle dans sa marche.

L'armée de la république bivouaquait dans
les redoutes de Bournan. Il fallut la réorgani-
ser et remplacer les canons qu'elle avait perdus.
Les commissaires de la Convention indignés de
la conduite de Lygonier le destituèrent : le général Menou le remplaça dans le commandement.

Ce n'était point avec des troupes découragées
et tant de fois battues, sans confiance dans
leurs chefs, et d'ailleurs trop inégales en forces;
ce n'était point dans Saumur, qui n'offre aucun moyen de résistance du côté de Doué, que
l'on pouvait espérer d'arrêter l'ennemi.

Les républicains voulurent, mais trop tard,
resserrer leur ligne. Le général Salomon resté
à Thouars, mauvaise position depuis la défaite
de Lygonier, reçut l'ordre de marcher au secours de Saumur. L'armée royale était déjà
dans Montreuil lorsqu'elle fut avertie de ce
mouvement : elle se divisa. La majeure partie,
commandée par Lescure, Laroche-Jaquelein et
Stofflet continua sa route le long de Thoué, et
prit position à St-Just; le resté garda Montreuil
pour ramasser les traîneurs, et arrêter la colonne ennemie qui venait de Thouars. Au coucher du soleil, les gardes avancées l'aperçurent

au loin sur la grande route. Aussitôt Beauvol-'
lier l'aîné, Desessart, Villeneuve et Cathelineau rassemblent les Vendéeus, et font disposer l'artillerie. Le général Salomon, trompé
par ses espions, se trouve au milieu des royalistes. Il se défend avec intrépidité pendant
trois heures, dans l'obscurité, et porte la mort
dans les rangs ennemis. Après avoir perdu la
moitié de sa troupe, son artillerie et ses bagages, il ne parvint qu'à la faveur de la nuit à
Thouars, d'où, se repliant sur Niort, il abandonna Saumur à ses seules forces.

Cette ville, ouverte de tous côtés, n'avait
pour défense qu'une redoute et un retranchement à l'entrée des faubourgs. A peine le château était-il à l'abri d'un coup de main. L'armée républicaine avait pris position au dehors,
enveloppant toute la partie de la ville sur la
gauche du fleuve, la droite appuyée sur St.-
Florent, la gauche sur les hauteurs en avant du
château. Le centre défendit Boürnau. Les forces
de la république d'environ dix mille hommes,
occupaient l'espace d'une demi-lieue; mais découragées par la défaite précédente, la nouvelle de la retraite forcée de Salomon, acheva
d'y répandre l'abattement. Les généraux, divisionnaires Santerre et Coustard arrivèrent peu
avant l'attaque, et prirent leurs rangs.

Le 9 juin à 2 heures après-midi, le gros de l'armée royale qui s'était porté sur St.-Just, parut et menaça plusieurs points à la fois. Des corps d'observations, laissés au centre et à la droite des républicains, masquèrent la principale attaque faite contre leur position de gauche, qui défendait les approches du château. Les Vendéens attaquèrent sans attendre les ordres de leurs chefs : ils frémissaient d'impatience. Protégés à droite et à gauche par un mur et une colline qui les garantissaient des batteries du château, ils prirent *à revers* tous les avant-postes que l'ennemi avait placés sur le chemin de Doué. Cependant quelques tirailleurs républicains arrêtèrent les royalistes. Le feu le plus vif s'engagea des deux côtés, et même quelques bataillons en bon ordre se précipitèrent sur la première ligne des Vendéens qui, après avoir été rompus, firent volte face, malgré une perte de plus de trois cents hommes. Lescure ayant fait avancer sa seconde ligne, attaqua de nouveau, et fit à son tour plier les républicains que la cavalerie refusa de soutenir. Trois fois repoussés, les royalistes revinrent trois fois au combat. Les cuirassiers de la république, en les chargeant avec fureur, furent pris en flanc, et forcés à la retraite par un corps de cavalerie que commandait Domagné.

L'infanterie républicaine résistait encore, et la victoire restait indécise, lorsque les tirailleurs vendéens qui s'étaient glissés à la faveur des murs, tournèrent les patriotes. Alors quelques lâches ayant crié *à la trahison, sauve qui peut, nous sommes coupés.*, les nouvelles levées frappées de terreur, se débandèrent sans qu'aucun effort pût les rallier : et les royalistes sautant dans les retranchements s'emparèrent des canons. Quelques braves soldats du régiment de Picardie, plutôt que de se rendre, préférèrent se jeter dans la Loire où la plupart trouvèrent la mort. Les généraux Menou et Berruyer cherchèrent vainement à rallier leur cavalerie. Ayant été blessés, ils perdirent leurs chevaux, et furent entraînés par les fuyards, qui traversaient la ville, en poussant le cri fatal de *sauve qui peut.* Dans cette déroute le conventionnel Bourbotte ayant eu son cheval tué sous lui, se trouva dans le plus grand péril. Ce fut Marceau, alors officier dans la légion germanique, qui s'exposant lui-même à être fait prisonnier, mit pied à terre pour lui donner son cheval. La fortune de ce jeune militaire date de cette époque.

Pendant que les royalistes forçaient les retranchements et les batteries de la position de gauche, le centre et la droite des républicains restaient immobiles. Le général Coustard qui commandait le centre, ordonna de secourir la gauche, et ne fut point écouté. Il allait enfin décider sa troupe, lorsqu'une batterie ennemie lui ferma le passage. A l'instant la cavalerie reçut l'ordre de l'enlever. *Où nous envoyez-vous*, lui dit le commandant? *à la mort*, répond Coustard ; *le salut de la république l'exige.* Le brave Weissen, à la tête de sa cavalerie, emporta la batterie; mais l'infanterie ayant refusé de le soutenir, ces intrépides cavaliers périrent presque tous : Weissen revint couvert de blessures. Alors le centre et la droite furent également forcés, tout fut entraîné et mis dans une déroute complette. Perdus dans un nuage de poussière, les fuyards furent bientôt enveloppés par la cavalerie qui, les poursuivant au galop, coupait leurs files inégales, et la plupart se voyant environnés mirent bas les armes, et furent faits prisonniers. Saumur, sans défense, allait tomber au pouvoir des royalistes. On se battait encore à l'entrée de la ville, lorsque Laroche-Jaquelein, emporté par sa bouillante intrépidité, pénétra jusques dans la grande place, suivi d'abord d'un seul officier, et bientôt par toute l'armée victorieuse. Les soldats de la république se je èrent sur Beaugé, Angers, la Flèche et le Mans, où ils répandirent la consternation. Près de deux

mille hommes cernés dans le camp de Bournau
mirent bas les armes; et se rendirent par capitulation. Peu de batailles ont été aussi meur-
trières. Les deux armées s'attaquèrent avec
acharnement. Les chefs vendéens se signalèrent
par des prodiges de valeur. Le jeune Baudry-
d'Asson fut tué en combattant dans la division
de Sapinaud. Lescure fut blessé en ramenant
ses soldats à la charge, et Domagné perdit la
vie en repoussant les cuirassiers républicains,
dont le commandant, Chaillou de la Guérinière,
fut lui-même grièvement blessé. La conquête
de Saumur, qui coûta près de deux mille
hommes aux Vendéens, était pour eux d'un immense avantage. Indépendamment d'une artillerie nombreuse, ils y trouvèrent des magasins
et des munitions considérables. Quelques patriotes de la ville s'étaient jetés dans le château
et résistaient encore. Le chevalier de Beauvollier y fut envoyé en parlementaire. Il partit
à la lueur des flambeaux, accompagné d'une
multitude de femmes qui sollicitaient de leurs
époux la reddition du château. Une décharge
de mousqueterie accueillit Beauvollier au
pied des remparts. Les chefs vendéens indignés, et craignant d'ailleurs un mouvement en
faveur des patriotes, délibérèrent si l'on ne
mettrait pas le feu à la ville. Joly, comman-

dant du château, envoya enfin un trompette
et un officier en parlementaire. Ses propositions furent rejetées; mais sur les instances des
habitants, Beauvollier l'aîné et Bernard de
Marigny se transportèrent eux-mêmes au château, et réglèrent enfin la capitulation. La
garnison resta prisonnière de guerre, à l'exception des officiers qui furent renvoyés sur
parole. Les chefs royalistes s'assemblèrent ensuite, et décidèrent en conseil de garder Saumur, en se concertant avec ses principaux
habitants. Saumur donnait aux Vendéens un
passage important sur la Loire, des communications avec les départements de la Mayenne
et de la Sarthe, et leur offrait des ressources
immenses pour les approvisionnements de tout
genre.

Au lieu de chercher à défendre Saumur,
les républicains auraient dû l'évacuer, couper
les ponts, et ne s'attacher qu'à disputer le passage de la Loire. En résistant ils se firent battre,
diminuèrent leurs forces et augmentèrent le
découragement : par cette faute, on livra la
ville d'Angers, le pont de Cé, la navigation de
la Loire. On compromit le sort de Nantes, on
exposa les départements d'Indre et Loire et de
la Vienne aux incursions de l'ennemi; enfin,
l'épouvante glaça tous les cœurs, et les habi-

tants de ces contrées désespérèrent du salut de la république.

Bonchamp, guéri de ses blessures, arriva le lendemain de la bataille avec 5000 hommes. Il était accompagné du jeune d'Autichamp, de Fleuriot aîné et cadet, de Scépeaux et des frères Martin de la Pomeraye, qui tous servaient sous ses ordres.

Ce fut à Saumur que le prince de Talmont, de la maison de la Trimouille, joignit les Vendéens. Il fut fait sur-le-champ commandant de l'artillerie. Ce prince, arrêté en parcourant ses domaines au moment où devait éclater la conjuration de la Bretagne dont il était un des chefs, venait d'échapper des mains des gendarmes qui le conduisaient d'Angers à Laval. Son arrivée fit sensation parmi les royalistes. Avec peu de moyens, et des talens militaires très-bornés, Talmont n'acquit qu'une réputation médiocre, mais son nom en imposait à la multitude. C'était d'ailleurs un des plus beaux hommes de l'armée. On eut à lui reprocher son faste, ses profusions, et sa passion immodérée pour les femmes, dans un moment où tout ne respirait que la guerre.

L'armée catholique resta plusieurs jours à Saumur. Les principaux chefs s'assemblèrent pour délibérer sur leurs projets ultérieurs. Les uns voulaient marcher sur Tours, et delà, soulever les deux rives de la Loire ; d'autres étaient d'avis de fortifier Angers et Saumur, de se porter ensuite sur Niort et d'y battre l'armée de Biron, pour se délivrer de toute inquiétude de ce côté. Quelques-uns enfin opinèrent pour attaquer Nantes où ils avaient des intelligences. Cet avis prévalut, mais il n'y eut point de scission dans le conseil comme on l'a faussement publié. A la vérité, le parti breton conduit par Bonchamp, Talmont et Fleuriot, profita de son ascendant pour faire décider l'attaque de Nantes, et manifesta dès-lors l'intention de passer la Loire pour soulever la Bretagne, d'après les vues de La Rouarie. Ce plan devait nécessairement contrarier la majorité des Vendéens, en les arrachant à leurs foyers. Quoiqu'il en soit, les chefs royalistes arrêtèrent également, qu'il serait sur-le-champ transmis à tous les comités établis dans le sein de la Vendée, une proclamation annonçant l'importante conquête de Saumur.

Aussitôt que d'Elbée en eut connaissance, il quitta le château de Landebaudière, et se rendit à Saumur sans attendre l'entière guérison de ses blessures. Il fit d'abord agiter dans le conseil par ses partisans, la nomination d'un généralissime, idée heureuse si elle n'eût déguisé une arrière-pensée. Rattacher le pouvoir militaire à une seule volonté, enchaîner toutes les ambitions, diriger vers un seul but tous les moyens et les efforts de la confédération vendéenne, c'était là sans doute une grande conception. Mais d'Elbée ne pouvait se dissimuler le mérite de Bonchamp son émule, l'idole des Vendéens ; et n'osant cette fois briguer ouvertement le généralat, il proposa Cathelineau qu'il gouvernait. Il le proposa comme le plus brave, comme ayant été le premier à la tête des insurgés, comme appartenant à la classe plébéienne, à laquelle on devait selon lui donner la préférence, car il fallait prouver que ce n'était ni l'amour du pouvoir, ni l'intérêt particulier qui guidait les nobles Poitevins dans cette guerre. Ces motifs triomphèrent, et Cathelineau fut nommé à la pluralité. Cet homme, voiturier quatre mois auparavant, se trouva tout-à-coup le généralissime d'une armée formidable et victorieuse.

Après avoir proclamé Cathelineau, les chefs Vendéens sentirent qu'il était temps d'agir, et sur l'avis de d'Elbée ils résolurent l'attaque d'Angers et de Nantes. Laroche - Jaquelein garda Saumur avec sa division, tant pour couvrir la Vendée, que pour conserver l'une des plus importantes communications de la Loire.

Quelques chefs, notamment Lescure, jaloux de montrer aux Vendéens les lauriers qu'ils venaient de cueillir et de s'attacher davantage ce peuple religieux, se rendirent à Chatillon pour recevoir la bénédiction des mains de l'évêque d'Agra. Cet évêque multipliait les solennités religieuses, soit pour exalter les esprits, soit pour ajouter à l'importance qu'il se donnait lui-même en relevant les prêtres constitutionnels de leur serment. Lescure qui avait besoin de repos et de soins en quittant Chatillon, se rendit dans son château de Clisson ; les autres chefs délibéraient encore à Saumur, lorsqu'un détachement commandé par Beauvollier l'aîné, se porta sur Loudun ; un autre parti plus faible s'empara de Chinon. Les patriotes crurent un instant que l'armée ennemie se dirigeait sur Tours, mais Chinon et Loudun furent bientôt abandonnés.

A cette époque, la politique des chefs royalistes, était de ne se porter à aucune violation des propriétés. Les députés de Chinon, qui réclamèrent des conditions supportables, en reçurent la réponse suivante ;

« Nous ne combattons point pour faire des

» conquêtes, pour prendre des villes, pour faire
» des prisonniers, acquérir une puissance; nous
» venons seulement pour ramener l'ordre, la
» religion et la paix dont vous sentez le besoin
» comme nous. Si vous vous défendez, nous
» vous combattrons loyalement, et après, nous
» vous regarderons comme des amis, et nous
» prendrons les mesures nécessaires pour ra-
» mener parmi vous le règne de ces choses que
» nous croyons indispensables à votre bonheur
» et au nôtre. Si, au contraire, vous nous
» tendez les bras, vous êtes d'avance nos amis
» et nous prendrons, de concert avec vous, les
» moyens les plus prompts, les plus sûrs pour
» parvenir à ce même but. »

C'est ainsi qu'alliant la politique à la force
des armes, les royalistes savaient profiter de
leurs succès pour se faire de nouveaux partisans.

Les républicains n'avaient plus à leur opposer qu'Angers, Niort et Nantes dans la basse
Vendée. Niort renfermait tout au plus 20 mille
hommes, dont moitié seulement de troupes
aguerries. Sept mille soldats défendaient Angers et le pont de Cé.

Les commissaires conventionnels s'empressè-
rent d'envoyer un de leurs collègues au général
Biron, pour lui exposer l'état déplorable de

l'armée de Saumur, et l'engager à faire une prompte diversion qui pût arrêter l'ennemi. Un autre porta l'ordre à Angers de se retirer sur Tours par la Flèche en cas d'échec. Un troisième se rendit auprès du comité de salut public, pour solliciter des secours ; mais ce comité, encore étourdi par la révolution du 31 mai, dont je parlerai bientôt, ne put rien accorder.

A la séance du 22 juin, des envoyés de Nantes, firent à la barre de la Convention le tableau déchirant de la malheureuse situation de cette ville, environnée de rebelles, livrée à ses propres forces ; ils reclamèrent de grandes mesures, proposèrent de sonner le tocsin dans toute la France et de se lever en masse; étranges propositions, qui marquent l'exagération des idées à cette époque ! Elles furent tour à tour combattues et appuyées. Thuriot n'y vit qu'une source de désordres et de déchirements; il demanda que l'assemblée ne prît que des mesures mûries dans le comité de salut public. Barrère qui en était déjà membre, observa que depuis son institution le comité avait senti que la plaie la plus dangereuse de la république était la Vendée; « et c'est, dit-il, particulièrement » sur ce *chancre politique* qu'il a porté ses » soins et sa sollicitude. »

L'expression de Barrère fut bientôt répétée

dans toute la France. On verra quelle induc-
tion cruelle on en tira par la suite.

« Il est, ajouta Barrère, une peste qu'il faut
» détruire, et à laquelle le comité propose
» d'apporter le remède. Je veux parler de la
» désertion. »

Il suffisait, en effet, pour être libres que les
prisonniers des Vendéens fissent le serment de
ne jamais porter les armes contre Louis XVII,
la religion catholique, et en particulier contre
l'armée royale. On leur donnait acte du serment, puis on leur coupait trois touffes de
cheveux, et on les renvoyait dans leurs foyers.
Tant de modération faisait non seulement des
partisans aux royalistes, mais elle enchaînait
encore le courage du soldat républicain.

Aussi la Convention nationale, sur la proposition de Barrère, prononça-t-elle les peines
les plus sévères contre les déserteurs et contre les prisonniers qui, munis de passeports
des Vendéens, se croiraient dispensés de rentrer sous les drapeaux de la république.

Les administrateurs d'Eure et Loire vinrent
aussi déposer à la barre leurs inquiétudes au
sujet de la prise de Saumur et de l'invasion
présumée de la Mayenne et de la Sarthe, où
l'alarme s'était répandue. Ils proposèrent également de sonner le tocsin, de se lever en

masse, de faire porter à la tête de l'armée la statue de la liberté environnée d'un certain nombre de législateurs. Tallien qui arrivait de Saumur s'éleva contre ces motions délirantes. Il dit que les républicains ne devaient leurs défaites qu'au morcèlement des troupes ; il annonça des dispositions plus fortes et mieux combinées.

Dans la capitale ce n'était que de l'agitation, dans l'Ouest de la frayeur. L'ennemi était aux portes d'Angers ; les patriotes voulaient se défendre. Un conseil de guerre décida l'évacuation de la ville, motivée sur des ordres supérieurs. « Angers, avait écrit le général Menou, » ne pouvant être défendu, il faut pour ce mo- » ment l'abandonner à l'ennemi. » Cependant un décret ordonnait de ne point abandonner une place avant d'avoir constaté, par procès-verbal, qu'elle n'était pas tenable, et surtout avant l'arrivée de l'ennemi. Il y avait des forces derrière les murs d'Angers ; le général Barbasan y commandait 4 mille hommes ; l'ennemi n'avait point paru, et pourtant l'évacuation eut lieu avec une précipitation sans exemple. Ce fut plutôt une déroute qu'une retraite. Les troupes, la garde nationale, les magistrats, les citoyens abandonnèrent la ville dans le plus grand désordre, n'emportant que les papiers,

l'audace de l'ennemi, et suivaient avec inquiétude tous ses mouvements.

L'attaque de Nantes une fois résolue, toutes
les divisions de la grande armée vendéenne se
mirent en marche. Maîtresse du cours du fleuve,
elle descendit vers Nantes par la rive droite.

Des courriers avaient été envoyés dans la
Basse-Vendée pour engager les chefs principaux à concourir à l'expédition projetée. Tous
y adhérèrent, et bientôt les deux armées combinées attaquèrent de concert le boulevard de
la Loire.

Avant de présenter les circonstances de cet
évènement, je dois résumer ici les opérations
des chefs de la Basse-Vendée, que j'ai été forcé
de perdre de vue pour suivre l'armée d'Anjou
et du Haut-Poitou.

Charette, obligé d'abandonner Machecoult,
reprit bientôt l'offensive. Retiré à Legé, il avait
mis de l'ordre dans sa troupe ; des cavaliers envoyés par lui dans les paroisses environnantes,
recrutèrent, et les Nantais étant venus l'attaquer furent battus. Charette leur prit deux
pièces de canon et des munitions dont il avait
grand besoin. Les bijoux et l'argent des Nantais restés sur le champ de bataille, dans ce
combat, excitèrent la cupidité des soldats de

les objets précieux, les caisses publiques, et vingt-deux pièces de campagne. Ils laissèrent à l'ennemi, munitions, grosse artillerie et approvisionnements. La frayeur fut telle, qu'au lieu de prendre la route de la Flèche, on prit celle de Laval pour gagner Tours ; circuit de cinquante lieues, auquel la peur ne permit pas de songer. On voyait les Vendéens partout où ils n'étaient pas. Ce ne fut que six jours après l'évacuation, que les royalistes occupèrent la ville. Leur premier soin fut de délivrer les nobles et les prêtres incarcérés, que les administrateurs fuyards avaient oubliés, et qui grossirent les phalanges de la Vendée. Il fut établi une municipalité royaliste. L'enthousiasme des ennemis de la république fut bientôt à son comble ; on faisait publiquement des cocardes blanches, et l'on se disposait ouvertement à se ranger sous le drapeau royal. Les commissaires de la Convention devinrent plus sévères à mesure que le danger devenait plus pressant. Ils proclamèrent à Tours la peine de mort contre quiconque favoriserait l'ennemi, soit par des discours, soit autrement ; ils établirent une commission militaire, et en imposèrent par leur énergie à la multitude encore indécise : ils avaient tout à craindre de la force et de

Charette. Ce dernier n'osait occuper Legé plus long-temps; d'un autre côté les habitants de ce bourg s'opposaient à son départ; il laissa passer prudemment cette fermentation, et marcha en- suite sur Viellevigne et St.-Colombin, où il sur- prit quatre cents hommes du régiment de Pro- vence. Les prisonniers de ce corps furent traités avec plus d'égards que les volontaires natio- naux; Charette en garda même plusieurs avec lui pour instruire les paysans à la manœuvre : mais l'officier à qui l'on avait confié la garde du drapeau, l'ayant emporté à l'ennemi, tous les prisonniers de ligne furent alors assimilés aux gardes nationales. A cette époque Charette en fit proposer l'échange. Le refus des Nantais ne fit qu'aigrir les esprits. Peu de temps après, les habitans de Legé vinrent implorer le secours de Charette, qui leur promit d'un ton prophéti- que de chasser l'ennemi avant deux jours. L'en- nemi se présente en effet, et à l'approche de Cha- rette il prend la fuite sans combattre. Alors la ré- putation de ce chef se rétablit, un détachement armé et aguerri sortit du Loroux, pour venir se ranger sous ses drapeaux. Savin et Joly s'y réu- nirent également pour attaquer Palluau, mais l'expédition échoua faute d'accord et de pré- cision. Le désordre fut tel que les Vendéens se fusillèrent entr'eux. Charette se replia de

nouveau sur Legé où régnait encore l'abondance et même les plaisirs. Le quartier-général
du Bas-Poitou était aussi le séjour d'une Vendéenne célèbre par ses grâces et sa beauté. Madame de La Rochefoucault attirait tous les regards, et particulièrement ceux de Charette.
Tandis qu'elle se bornait aux conquêtes faciles
de son sexe, la multitude qui, sans rien approfon-
dir, saisit et propage tout ce qui semble extraordinaire, la transformait en amazone moderne,
combattant aux premiers rangs pour le trône
et l'autel. Cette dame n'a point survécu à la
guerre civile : on la vit, dans des moments moins
heureux pour son parti, voltiger à cheval sur
le flanc des colonnes, pour éviter le danger
des combats, sous la protection du fermier
Thomaseau. Ce fidèle écuyer ne put la garantir : tous deux tombèrent dans un parti ennemi,
et furent transférés aux Sables-d'Olonne. Ils
marchèrent au supplice avec courage.

Jusqu'alors Charette n'avait eu à combattre
que des corps de 2 à 3 mille hommes; ce n'était
rien en comparaison des batailles livrées par
la grande armée d'Anjou. Appelé enfin à partager ses succès, Charette voulut agir de concert avec les autres divisions du Bas-Poitou,
pour dégager le pays, et s'approcher de Nantes.
Le rendez-vous général était à Legé où se fit le

rassemblement le plus nombreux qu'on y eût vu jusqu'alors. La Cathelinière et Pajot parurent à la tête de l'avant-garde avec les paysans du pays de Retz et du Loroux. Charette, de concert avec les divisions de Joly, de Savin, de Vrignaux et de Couëtus, attaqua l'adjudant-général Boisguillon à Machecoult, le défit complétement, lui enleva son artillerie, ses bagages, et reprit possession de son premier quartier-général; mais il eut à regretter quelques braves, surtout Vrignaux, commandant la division de Viellevigne. Cet ancien soldat, quoique simple sellier, était tellement cher aux Vendéens, que tous pleurèrent sa mort comme s'ils eussent perdu leur père. Charette garda toute l'artillerie enlevée à Machecoult, et agit dès-lors comme chef de toute l'armée, quoique les autres chefs se crussent indépendants. De là naquirent les premières semences de-division. Les cantonnements républicains s'étant repliés sur Nantes, La Cathelinière qui marchait sur le port St-Père, le trouva abandonné ainsi que Bourgneuf .D'un autre côté, Lyrot et Designy rassemblaient toutes leurs forces à Lalloué pour seconder Charette. Beysser, avec la légion nantaise, chercha Lyrot pour le combattre. Le 20 juin, entre la Sèvre et Lalloué, soixante Vendéens se présentent en tirailleurs; ils feignent de se replier; l'impétueux Beysser les poursuit; arrêté par des retranchements abandonnés, il les franchit sans obstacle; derrière le dernier qui était le plus élevé, il aperçoit dix mille royalistes rangés en bataille: il n'était plus temps de les éviter. Une terrible fusillade s'engage; les deux commandants de la légion nantaise tombent sous le feu des Vendéens; Beysser a deux chevaux tués sous lui. La cavalerie ennemie charge avec fureur: les républicains étonnés, surpris, se débandent, fuient en désordre, et pour mieux fuir jettent leurs fusils et leurs sacs: les landes en furent couvertes. Poursuivis dans l'espace de trois lieues, ils ne s'arrêtèrent que lorsqu'ils se virent en sûreté dans Nantes même. Alors cette ville se trouva pressée sur la rive gauche par toutes les divisions du Bas-Poitou, tandis que la grande armée vendéenne marchait pour l'attaquer par la rive droite.

Cette armée approchait d'Ancenis. Les postes de Montrelais et de Varades, furent culbutés par Bonchamp. Ancenis, dominé par des hauteurs, d'où l'artillerie pouvait le foudroyer, ouvrit ses portes, non sans hésiter. La garnison ayant refusé de se défendre, les corps administratifs et les patriotes se réfugièrent à Nantes, où tout se disposait à la résistance.

LIVRE VI.

Attaque et défense mémorable de Nantes. — Mort du
généralissime Cathelineau. — Attaque de Luçon. —
Trouée de Westermann ; défaite de ce général. —
Formation et organisation du conseil supérieur. —
Régime intérieur de la Vendée.

Au confluent de trois rivières, Nantes placé sur
une colline presque continue de l'est à l'ouest,
est arrosé au midi par la Loire, dans laquelle
l'Erdre se perd après avoir baigné la ville au
nord. Ses dehors fertiles et pittoresques présentent au sud des prairies immenses, coupées
par divers bras de la Loire, et couronnées de
coteaux ornés de maisons de campagne. Une
population de 75 mille âmes, trois cents rues,
trente places publiques, dix-huit ponts, dont
six d'île en île se prolongent sur le fleuve ; cent
cinquante navires rapportant les productions
des deux mondes, rendaient cette ville avant
la révolution l'une des plus florissantes de
l'empire.

Ceinte autrefois de fortes murailles armées
de dix-huit tours, mais ouverte aujourd'hui

de toutes parts, elle ne présentait aux Vendéens qu'une faible contrevallation de près de deux lieues d'étendue. Ses fortifications se réduisaient à quelques bouts de fossé, quelques parapets faits à la hâte, une artillerie augmentée de quelques bouches à feu empruntées à la marine, mais presque inutiles par le peu d'avantage des positions.

Avec de si faibles moyens, les Nantais ne pouvaient guère espérer de résister à une armée formidable; cependant cette armée ne put les intimider.

On croit, peut-être avec raison, que les destinées de la république étaient alors attachées à la résistance de Nantes, et que cet évènement militaire est l'un des plus importants de la révolution. Sous ce rapport, les détails suivants, recueillis avec soin, méritent d'être connus.

Le 24 juin, deux prisonniers nantais envoyés par d'Elbée en parlementaires remirent à Baco, maire de cette ville, une sommation des chefs de l'armée catholique et royale (1), portant que le drapeau blanc serait arboré, la garnison désarmée par capitulation, les caisses publiques, approvisionnements et munitions

_____

(1) Voyez, à la fin du volume, les *Pièces justificatives*, N°. VIII.

livrés sans délai ; en outre, que les députés de
la Convention en mission à Nantes seraient
remis comme ôtages. A ces conditions, les
chefs vendéens s'engageaient à préserver la
ville de toute invasion, de tout dommage, et
la mettaient sous la sauvegarde et protection
spéciale de l'armée catholique. En cas de refus,
ils menaçaient de la livrer à une exécution militaire, et de passer la garnison au fil de l'épée.

Les corps administratifs, les chefs militaires,
les commissaires de la Convention, Merlin de
Douai et Gilet, furent convoqués à l'instant.
Après la lecture de la sommation, il fut décidé
qu'on se défendrait. Baco fit amener devant lui
les parlementaires, et leur dit : voici ma réponse : *Nous périrons tous ou la liberté triom-
phera.* La sommation resta secrète pour ne pas
grossir le danger, en jetant l'effroi parmi les
lâches, et en donnant un nouvel encourage-
ment aux partisans des Vendéens.

Les commissaires de la Convention décla-
rèrent la ville en état de siège, et en confièrent
le commandement à Beysser, sous Canclaux,
général en chef de l'armée.

Dans une proclamation énergique, Beysser
annonça que, dès ce moment, la police sévère
des camps gouvernait la cité ; et mettant ensuite tous les Nantais en réquisition perma-

nente, il leur parla de leurs premiers élans
pour ébranler le trône et fonder la république;
il leur rappela leur serment pour la conservation de la liberté; il excita leur courage pour la
défense de leurs propriétés et de leurs richesses... « Mais, ajouta-t-il, si par l'effet de
» la trahison ou de la fatalité cette place tom-
» bait au pouvoir de l'ennemi, je jure qu'elle
» deviendra leur tombeau et le nôtre, et que
» nous donnerons à l'univers un grand et ter-
» rible exemple de ce que peut inspirer à un
» peuple la haine de la tyrannie et l'amour de
» la liberté. » Cette proclamation enflamma
le courage des républicains. Quoique la ville
fût divisée en plusieurs factions, et que les
royalistes y eussent des partisans secrets, le
danger en ralliant les patriotes, fit que la
masse se dévoua pour la résistance. D'ailleurs l'impression des cruautés commises à
Machecoult n'était point effacée; l'indignation
encore dans les cœurs inspirait le désir de la
vengeance.

Les corps administratifs, la garde nationale
et les sociétés populaires réunis dans la cathé-
drale, firent serment de s'ensevelir sous les
ruines de la cité, plutôt que de la livrer aux
insurgés.

Les républicains sociétaires firent un appel

à ceux des départements voisins ; en voici quelques traits :

« Levez-vous , fiers enfants de l'Armorique !
» levez-vous, il n'est plus temps de délibérer ;
» votre salut ou votre perte sont ici... sous nos
» murailles. Accourez, les brigands ne déli-
» bèrent pas...Entendez, entendez les cris de vos
» frères. . . . qu'ils soient pour vous le canon
» d'alarme !... Frères , si l'on vous dit que des
» forces imposantes marchent à notre secours,
» n'en croyez rien et partez ; si l'on vous parle
» de victoires remportées sur les rebelles, n'en
» croyez rien et pressez encore plus vos pas....
» et si l'on vous disait que Nantes capitule ou
» s'est rendu... ah ! frères et amis !.alors surtout
. » hâtez-vous, hâtez-vous d'accourir.... Venez ,
» nous vaincrons ensemble ou nous vous lais-
» serons un exemple à suivre..

  » Descendants des anciens Bretons dont
» Tacite disait qu'ils ne voulaient pas même
» que leurs regards fussent souillés par l'aspect
» de l'esclavage, rappelez-vous la gloire de vos
» ancêtres. Les Romains ne purent vous sou-
» mettre, et des esclaves vous apportent le
» joug ! Baisserez - vous la tête ? Non, non :
» aux armes ! le rendez - vous est à Nantes ;
» aux armes ! levez - vous tous, pressez la
» terre , volez ! Ce n'est qu'en nous levant

» en masse que nous sauverons la liberté. »

Mais il n'était plus temps d'appeler des secours éloignés ; 50 mille royalistes étaient aux
portes de Nantes. Cathelineau et d'Elbée, à la
tête de 12 mille hommes, se dirigeaient d'Ancenis sur la ville pour l'attaquer du côté du
nord. Bonchamp avec 4 mille Vendéens, s'a-
vançait par la route de Paris pour l'attaquer à
l'est entre la Loire et l'Erdre. Les forces de la
Basse - Vendée qui serraient Nantes au midi
étaient plus imposantes, mais arrêtées par la
barrière de la Loire.

Avec 10 mille hommes et douze pièces de
canon, Lyrot de la Patouillère occupa la croix
Moriceaux. Charette, après avoir réuni toutes
les divisions du Bas - Poitou, campa dans les
Landes du Ragon et aux Cléons pour attaquer
par le pont Rousseau.

A l'exception de quelques corps formés en
bataillons, composés de transfuges, notamment
de la légion germanique, imprudemment li-
cenciée après l'échec de Saumur pour cause
d'incivisme ; à l'exception des compagnies bretonnes, organisées par Bonchamp, l'armée catholique marchait sans ordre, quoique les paysans fussent distingués par paroisses. Beaucoup
de prêtres les suivaient, dépouillés de leurs
costumes ; mais on les reconnaissait facile-

ment aux marques de déférence qui leur étaient prodiguées. Ils s'efforçaient, par leurs prières et leurs exhortations, d'arrêter la désertion et de prévenir l'indiscipline. Les insurgés du Bocage ne manquaient aucune occasion de rentrer dans la Vendée, qu'ils n'avaient pas revue depuis la prise de Saumur. A défaut de solde régulière, cette masse se procurait çà et là dans les routes, des subsistances, surtout quand le pain qui suivait dans les chariots venait à manquer. Pour attacher les Vendéens à leurs drapeaux, d'Elbée, sans leur promettre le pillage de Nantes, leur faisait entrevoir un riche butin.

Les Nantais qui voyaient le danger sans en être abattus, n'avaient néanmoins dans leurs murs que peu de troupes aguerries, et quelques bataillons de gardes nationales; au dehors, un camp assez faible dans la position de Saint-Georges, sur la route de Paris; le cent-neuvième régiment affaibli aux Antilles, couvrant les chemins de Rennes et de Vannes; le brave bataillon des Côtes du Nord gardant la partie du pont Rousseau, qui est au-delà de la Sèvre.

Immédiatement après la proclamation d'état de siége, le général Canclaux fit doubler tous les postes. Des barrières armées de canons fermèrent les issues de la ville; des batteries furent dressées à l'ouest, et des bateaux armés y stationnèrent au milieu de la Loire. Près le château, à l'est, une batterie protégea également le cours du fleuve et la partie occidentale de la prairie de Mauves.

Le 27, d'Elbée attaqua le poste du bourg de Nort, pour de-là tomber sur Nantes, et prendre le camp de Saint-Georges à revers. A cette nouvelle, le général Canclaux accourut au camp pour faire partir un renfort qui ne put arriver assez tôt. Nort n'était défendu que par le troisième bataillon de la Loire-Inférieure. Cette poignée de braves commandés par Meuris, soutint pendant douze heures le feu continuel de l'avant-garde des royalistes. D'Elbée, découragé par la résistance qu'il éprouvait, et croyant avoir à combattre une armée entière, allait ordonner la retraite, lorsqu'une femme échappée de Nort vint lui assurer qu'il n'était défendu que par quatre cents hommes. D'Elbée attaqua de nouveau, et fit lui-même des prodiges. Réduits à cinquante hommes, les républicains évacuèrent le poste, et emportèrent avec eux leurs drapeaux; dix-sept de ces braves purent seulement rentrer à Nantes. Cette glorieuse résistance, à laquelle d'Elbée ne s'était point attendu, retarda sa marche, et donna le temps au général Canclaux de faire arriver un convoi de vingt-cinq milliers de poudre et de six millions de cartouches, sans lequel il eût été impossible de se défendre. Nort étant au pouvoir des royalistes, Canclaux eut dès ce moment de l'inquiétude sur sa position, qui ne couvrait plus les routes. de Rennes et de Vannes. Il eût, été imprudent d'attendre l'ennemi dans le camp de Saint-Georges, les ouvrages n'y étant point encore achevés ; son flanc gauche était à découvert, et d'ailleurs Bonchamp avançait par la route d'Ancenis. Maître de celles de Vannes et de Rennes, d'Elbée pouvait soulever le pays, y vivre à discrétion, et renforcer son armée. Il ne fallait donc plus penser qu'à la seule défense de Nantes. La levée du camp fut décidée, et, pour voiler son mouvement aux yeux des royalistes, le général Canclaux ordonna à l'avant-garde de tenir en cas d'attaque, ce qui eut lieu en effet. Pendant ce temps le camp se levait, les équipages, le parc d'artillerie filaient vers la ville dans le silence et sans précipitation. Bientôt les demi-brigades suivirent ; les unes occupèrent les postes qui leur étaient assignés dans l'intérieur, d'autres bivouaquèrent au dehors près des barrières. A onze heures et demie toute l'armée était à son poste : les généraux tinrent conseil de guerre. Le général Bonvoust, commandant l'artillerie, déclara qu'il ne pouvait répondre d'une place ouverte de toutes parts, ayant deux lieues de circonférence, sans fortifications. Le général Canclaux et les commissaires Merlin et Gilet, voyant l'appareil formidable que déployait l'ennemi, se rangèrent de l'opinion du général Bonvoust, et mirent l'évacuation de la ville en délibération. Mais les autorités constituées, les députations de la garde nationale et des sociétés populaires réunies, et surtout Beysser, votèrent avec fermeté pour la défense de la ville. Elle fut donc décidée, et chacun courut à son poste en attendant le jour.

Charette instruit de la marche et des succès de d'Elbée, avait fait ses dispositions pour l'attaque du pont Rousseau. Un détachement de sa cavalerie était venu insulter les avant-postes. Beysser, supposant que ce côté allait devenir le point principal de l'attaque, avait fait évacuer la partie du faubourg, au-delà de la Sèvre. Le bataillon des Côtes du Nord, qui avait protégé la retraite des habitants, eut aussi l'ordre de rentrer.

Il régnait un silence profond dans le cort intervalle qui sépare la nuit et le jour. Les patriotes accablés se livraient au repos ; la garde seule veillait. Tout à coup l'artillerie de Charette commence son feu : le bruit re-

doublé du canon, le son des instrumerts guerriers appellent les Nantais au combat : l'ennemi s'avance. Les divisions du Bas - Poitou
se déployent au - delà de la Loire, sur tous
les points accessibles de la rive gauche, pour
les attaquer à la fois; mais quoique bien servie, l'artillerie de Charette ne cause que peu
de dommage ; celle des républicains ména-
geant son feu est tellement bien dirigée, qu'elle
abat trois fois le drapeau blanc qui flotait au-
delà de la Sèvre.

Cette attaque de Charette n'était qu'une diversion, la principale, dirigée par Cathelineau
et d'Elbée, commença sur les routes de Rennes
et de Vannes.

Au premier coup de canon tiré de ce côté,
la générale bat dans tous les quartiers de la ville,
chacun prend les armes et se séparant de ce
qu'il a de plus cher, vole sur la place publique
couverte de bataillons nombreux. Le canon
gronde, ses coups redoublés précipitent la marche de 12 mille défenseurs, dont la moitié
appartient à la garde nationale. On distingue
surtout la belle légion nantaise, exposée au
premier feu aux portes de Vannes et de Rennes.
Avant quatre heures du matin, le bataillon des
vétérans nationaux est sur pied. « Citoyens vé-

» térans; leur dit le commandant, ce jour va
» couvrir les Nantais de gloire, ou d'une honte
» éternelle; persuadés de leur courage et de
» leur énergie, jurons tous de ne point parler
» de capitulation, et de mourir plutôt que de
» nous rendre aux rebelles. » Tous s'écrient :
je le jure, vive la république !

Déjà l'avant-garde de Cathelineau traînant 3
pièces de canon et deux pierriers, avait sommé
le faubourg du Marchix, tandis que d'Elbée renforcé par 500 Bretons, se jetait sur les chemins
de Vannes et de Rennes. Le cent neuvième régiment, trop faible pour résister à tant de forces,
se hâte de rentrer dans les barrières; alors
d'Elbée ne trouvant plus d'obstacle, s'avance
à demi-portée du canon. Ses phalanges présentèrent un front menaçant; des files prolongées
s'emparent des hauteurs de la grande route et
des champs qui l'avoisinent. Cathelineau place
sur sa gauche un corps nombreux qui répand
sur la route de Vannes, dans les chemins adjacents, des détachements considérables. Une multitude de tirailleurs s'engagent dans des routes
couvertes; à la faveur des blés et des haies, ils
pénètrent dans les vergers et les jardins qui entourent la ville, et s'emparent de diverses maisons d'où ils foudroient les républicains.

A 8 heures, l'artillerie de d'Elbée tire à demi-portée de la hauteur de Barbin, dont la batterie riposte avec vivacité. Le bataillon nantais de Saint-Nicolas y soutient le feu courageusement. Un canon placé près la porte de Rennes, ayant été démonté par les royalistes, les canonniers républicains qui servaient la batterie, périrent presque tous; c'était un spectacle horrible. On voyait la terre couverte de membres déchirés et séparés de leurs corps. Les morts étaient à l'instant remplacés.

L'avant-garde de Bonchamp, à peine arrivée par la route de Paris, foudroya les avant-postes du faubourg Saint-Clément. Fleuriot de la Fleuriaye aîné, qui la commandait, encourageait les Vendéens par son exemple.

Lyrot attaquait en même-temps le poste de Saint-Jacques, défendu par l'adjudant-général Boisguillon qui, malgré le nombre des assaillants et le feu continuel de l'artillerie, les contint pendant toute l'action. Sur ce point, la seule garde nationale nantaise fut opposée aux forces de Charette et de Lyrot-la-Patouillère.

Plus hardis, les soldats de ce dernier passèrent la Loire sur des bateaux du côté de Richebourg, couvrirent les prés de Mauves, et ripostèrent avec avantage au feu des républicains.

Nantes était assailli sur sept points principaux, par le feu continuel du canon et de la mousqueterie ; cependant l'ordre et la discipline ne cessaient d'y régner. Le général Canclaux se tint à la porte de Rennes, poste le plus dangereux. Beysser parcourant tous les points animait le soldat. Jeune, bouillant, bel homme de guerre, monté sur un cheval superbe que couvrait une peau de tigre, on l'aurait pris plutôt pour un dictateur que pour un général subalterne ; son éclat contrastait avec la modestie et la simplicité du général en chef. A 10 heures, l'attaque devint des plus vives aux portes de Paris et de Rennes. La cavalerie des républicains chargea et repoussa les assaillants. Fleuriot de la Fleuriaye ordonne aux compagnies bretonnes de Bonchamp, d'avancer au pas de charge et marche à leur tête : un coup de feu l'étend aux pieds de ses soldats.

De leur côté, Cathelineau, d'Elbée et Talmont font des prodiges de valeur ; ils parcourent les rangs et parviennent à ramener au combat, leurs bataillons dont les canons sont démontés. A l'aspect des Nantais, les royalistes excités par la voix de leurs chefs et de leurs prêtres, ressèrent leurs rangs et redoublent leur feu qui devient meurtrier. Celui des républicains, plus habilement dirigé, ne porte que des coups réglés, sûrs, qui brisent les caissons des Vendéens et renversent leurs meilleurs pointeurs. Les royalistes reculent, la rage les ramène, le combat se soutient, et la mort vole dans tous les rangs. Des tourbillons de poussière et de fumée enveloppent les combattants, dont le sang baigne la terre jonchée de cadavres; des voix menaçantes se joignent aux coups redoublés d'une nombreuse artillerie; des cris de fureur se mêlent aux derniers soupirs des mourants; les hôpitaux s'encombrent de blessés; le plus affreux tumulte remplit la ville; ce combat meurtrier se prolonge, et malgré les pertes des deux partis, la victoire reste indécise. L'ardent Cathelineau veut enlever la batterie de la porte de Rennes et pénétrer de ce côté. Il donne le signal de la charge et s'élance à cheval à la tête des siens. Les plus braves pénètrent même jusqu'à la place Viarme, mais une balle habilement dirigée atteint Cathelineau d'un coup mortel. Il tombe; les Vendéens consternés le relèvent, le pressent, déplorent la perte de leur généralissime, et l'emportent derrière leurs rangs. Le découragement s'empare de tous les cœurs; ils n'ont plus l'espoir de vaincre, Cathelineau n'est plus à leur tête. En vain d'Elbée cherche à les rallier et à ranimer leur courage; il n'est plus en son pouvoir de les ramener aux combats.

Forcé d'abandonner l'attaque et d'ordonner la retraite, d'Elbée laisse sur le chemin de Rennes, une pièce de canon et un caisson brisé. Il n'est point poursuivi. Bonchamp fait aussitôt les mêmes dispositions, en continuant son feu par intervalle pour couvrir sa marche. Charette ne rallentit point le sien; et sa diversion quoique impuissante, favorise néanmoins, la retraite de l'armée d'Anjou. Le jour était fini, le feu durait encore, mais enfin l'obscurité de la nuit força les combattants au repos.

Au point du jour, la canonnade recommença vers le pont Rousseau et au poste de Saint-Jacques. Beysser ordonna une sortie, dans laquelle les soldats de Charette furent repoussés. Peu à peu toutes les troupes du Bas-Poitou s'éloignèrent, et les Vendéens regagnèrent leurs foyers pour y goûter un repos qui pût leur donner les moyens de revoler à de nouveaux combats.

Les rapports officiels évaluèrent la perte des Nantais à 150 hommes et 200 blessés; des renseignements plus sûrs, l'élèvent à 2 mille sur la totalité de la garnison. Elle doit être imputée en partie au zèle trop ardent des volontaires. La hauteur des blés, l'épaisseur des haies ne permettant pas toujours de se reconnaître, il y eut de fatales méprises; aucun officier supérieur

ne fut cependant atteint. Le maire Baco se distingua par son énergie et son courage; il reçut
à la tête de la garde nationale un coup de feu.

Tout le temps que dura le combat, l'ordre et
le silence le plus profond régnèrent dans l'enceinte des postes; et tandis que la ville était
foudroyée par une artillerie formidable, tandis
que les gémissements des mourants et des blessés, ajoutaient encore à l'horreur de cette
journée, on voyait les patrouilles des vétérans,
relever les postes avec l'intrépidité la plus calme.
Les femmes mêmes oublièrent jusqu'à la faiblesse de leur sexe; dévorant leurs alarmes,
elles prodiguèrent sans relâche des soins aux
blessés et aux mourants. Il y eut des traits particuliers de bravoure et de désintéressement qui
méritent d'être cités.

Gombart, vicaire de la paroisse de Sainte-
Croix, et grenadier du sixième bataillon de la
première légion nantaise, voyant un père de
famille trop exposé : « retire-toi, lui dit-il, c'est
» à moi d'occuper ce poste : » il prend sa place,
et reçoit aussitôt un coup mortel.

Desiré Dubreuil, sergent au onzième bataillon de Seine et Oise, atteint un chef vendéen
au moment où celui-ci le couche en joue : il le
pourfend, lui prend son fusil, son chapeau
orné d'une bande de gaze blanche et d'un cha-

pelet, laissant prendre à d'autres 50 louis dans la poche de son ennemi, sans même vouloir en accepter la moitié.

Les balles qui servirent aux républicains pour repousser les royalistes furent faites avec du plomb tiré des tombeaux des nobles et des prélats nantais.

La perte des Vendéens, impossible à évaluer, fut plus considérable encore que celle des patriotes. Beysser la porta à 9 mille, ce qui paraît exagéré.

On dut le salut de Nantes au sang-froid du général Canclaux, au courage de Beysser et à l'activité du général Bonvoust qui dirigeait l'artillerie; on le dut surtout à l'intrépidité des volontaires et de la légion nantaise. Nantes, sans fortifications, n'eut que leur courage à opposer aux moyens d'attaque multipliés des royalistes. Les événements qui auraient suivi son invasion sont incalculables. C'eût été le signal du soulèvement général de la Bretagne, de la perte de tous les points conservés à l'embouchure de la Loire. Le Château d'Au, Paimbœuf, le magnifique établissement d'Indret, tous les postes situés sur la côte depuis la Loire jusqu'aux Sables, les îles Bouin et Noirmoutiers seraient tombés nécessairement au pouvoir des royalistes.

S'il y eut de l'ordre, de l'accord, de l'ensemble dans la défense, jamais attaque ne fut plus mal combinée, plus mal dirigée.

Tous les corps vendéens devaient donner simultanément le 29 au point du jour. Le retard de la prise du bourg de Nort, que d'Elbée aurait dû prévoir, dérangea cette combinaison. Les chefs comptèrent trop sur les intelligences qu'ils avaient à Nantes. Que pouvaient quelques amis timides contre tant d'ennemis courageux ? Bonchamp et d'Elbée avaient d'ailleurs trop peu de monde, vu la désertion des insurgés. Enfin, le plan d'attaque était essentiellement vicieux. Au lieu de laisser toutes les forces de la Basse-Vendée, presque inactives au-delà de la Loire, un simple corps d'observation aurait suffi pour simuler la fausse attaque. Alors 15 à 20 mille hommes auraient pu joindre Bonchamp sur la route d'Ancenis, et sous la conduite de ce chef expérimenté, attaquer en force à l'est et à l'ouest, profitant des inégalités du terrain : alors Nantes une fois envahi, et les royalistes arrivés à ce degré de puissance et de gloire, auraient pu espérer de rétablir en France l'ancienne monarchie.

Si Nantes ne fut point leur tombeau, c'est là que vint échouer leur puissance.

Le généralissime Cathelineau, blessé à mort,

transporté à Ancenis en voiture, puis en bateau à St.-Florent, sur la Loire, mourut dans cette ville, douze jours après. Il y fut inhumé avec pompe. Cet homme, qui mérita une élévation si extraordinaire, quoique dépourvu d'éducation, possédait un sang-froid, une tactique naturelle, qui en auraient fait un grand capitaine si la mort ne l'eût arrêté.

Les armées de Bonchamp et de d'Elbée repassèrent en totalité sur la rive gauche, et furent momentanément licenciées, en attendant un appel nouveau pour réparer l'échec de Nantes.

Après avoir célébré leur triomphe, les Nantais reçurent un témoignage de la reconnaissance publique : la Convention nationale décréta qu'ils avaient bien mérité de la patrie.

Le général Canclaux dirigea une partie de ses forces sur Ancenis, que les Vendéens avaient évacué, après y avoir établi un comité provisoire. Le 7 juillet il occupa cette place, et rétablit les communications entre Angers et Nantes, entre son armée et celle du général Menou, qui, après s'être ralliée à Tours, était rentrée à Saumur dès le 30 juin.

Tels sont les événements relatifs à l'attaque et à la défense de Nantes. Je me suis appesanti sur les détails pour rendre aux braves Nantais l'hommage dû à leur dévoûment.

A leur rentrée dans Saumur, les commissaires de la Convention déployèrent une grande sévé- rité. Un comité de surveillance rechercha les soldats transfuges et les habitants qui s'étaient déclarés pour les royalistes. Le jeune Montbois- sier fut arrêté et fusillé comme espion : Boisber- nier, ancien noble, et maire d'Angers, fut tra- duit au tribunal révolutionnaire comme ayant arboré la cocarde blanche. Conduit à l'échafaud, il montra beaucoup de fermeté, et sa figure mâle et à caractère, fit dire au peuple que c'était le chef des rebelles. A Tours, le marquis du San- glier fut aussi condamné à mort comme étant d'intelligence avec les Vendéens. La Convention nationale, irritée de la défaite de Saumur, de l'invasion d'Angers et de l'attaque de Nantes, décréta, le 6 juillet, que les membres des co- mités rebelles, les prêtres et les nobles mar- chant sous leurs bannières, seraient assimilés aux chefs, et comme tels soumis à la peine ca- pitale.

Au moment même où la presque totalité des forces vendéennes s'emparaient de Saumur, occupaient Angers et attaquaient Nantes, Royrand, commandant l'armée du centre, et Baudry, tenaient en échec l'armée de Niort et la division de Luçon.

D'un autre côté, Beaurepaire qui avait formé une division insurrectionnelle près les Herbiers, venait de marcher sur Hermenault, où il était entré sans opposition. Les habitants ne penchaient nullement pour le parti royaliste. En général, le midi de la Vendée, ancien foyer d'un protestantisme opiniâtre, résistait à l'insurrection. Maître d'Hermenault, Beaurepaire envoya quelques cavaliers à la découverte du côté de Pouillé. Ils rentrèrent bientôt vivement poursuivis par les hussards républicains. Les habitants d'Hermenault profitèrent de cette escarmouche pour répandre l'alarme. En un moment, toute la division de Beaurepaire fut entraînée. Les plus lâches jetaient leurs armes; quelques coups de fusils augmentèrent l'épouvante. Beaurepaire lui-même fut forcé de prendre la route du Bocage, où il parvint enfin à rallier sa troupe. L'adjudant-général Sandoz qui commandait les républicains, entra dans Hermenault; mais craignant un piège, il n'osa pénétrer plus avant, et revint même à Luçon. Pour effacer l'impression produite par sa honteuse retraite, Beaurepaire marcha de suite sur Tiré et Saint-Étienne, où il fut plus heureux. Rien ne s'opposa à ses progrès. Il enleva des provisions et plusieurs attelages de mules d'un grand prix, avec lesquelles il rentra dans le pays insurgé, pour suivre la direction de la grande armée catholique. En même temps, Royrand, pour faire diversion à l'attaque de Nantes, se porta sur Chantonay, où il rassembla toutes ses divisions commandées par Baudry-d'Asson, Bejari, Sapinaud-Laverie, Verteuil et de Hargues. S'étant présenté devant Luçon le 28 juin, il n'était qu'à deux cents toises des portes, lorsque les républicains se mirent en bataille : la canonnade commença des deux côtés. Les royalistes, au nombre de huit mille, se déployèrent pour envelopper les républicains qui n'étaient que douze cents. Alors Sandoz ordonna la retraite, et se retira avec un bataillon de la Charente. Les chefs de ses deux ailes n'ayant pas reçu ses ordonnances, restèrent sur le champ de bataille, et soutinrent le choc de l'ennemi. Plusieurs prisonniers et déserteurs du régiment de Provence que Royrand avait mis en première ligne, voyant les républicains, firent volte-face, et se rangèrent sous leurs anciens drapeaux. Cette défection jeta le désordre parmi les royalistes. Le Comte, chef du bataillon le Vengeur, en profita : il commandait la gauche. Après avoir fait des prodiges de valeur, il enfonça l'ennemi avec une poignée de braves, et le poursuivit long-temps. Cette fois, les royalistes laissèrent quatre cents morts, cent vingt prisonniers, un canon et un caisson.

Sandoz, dénoncé à la Convention pour avoir abandonné l'armée au moment du combat, fut mis en arrestation et en jugement. Un conseil de guerre extraordinaire l'ayant acquitté, il reprit le commandement, qu'il remit presque aussitôt au général Tuncq; mais les soldats se mutinèrent, et voulant conserver Sandoz, refusèrent de reconnaître Tuncq pour général. Sandoz contribua lui-même à les faire rentrer dans l'ordre.

Des événements plus décisifs se préparaient en même temps du côté de Niort. Un général qui se rendit célèbre depuis, allait pénétrer le premier au cœur de la Vendée. On a vu qu'après la défaite de Saumur, un commissaire de la Convention s'était transporté auprès du général Biron, stationnaire à Niort, pour le presser de faire une diversion capable d'arrêter les progrès des royalistes vers la Loire.

D'après l'ordre donné par le général Biron à Westermann, ce dernier posté à Saint-Maixent avec l'avant-garde, fait un mouvement sur Parthenay. Lescure sort de Clisson pour voler au secours de Parthenay, avec six mille hommes rassemblés à la hâte. Le 20 juin, Westermann par une marche forcée arrive à deux heures du matin aux portes de la ville, avec douze cents hommes. Il égorge les avant-postes, enfonce les portes à coups de canon, et pénètre avec son infanterie au pas de charge. Un prêtre vendéen allait mettre le feu au canon, à l'instant même un officier républicain l'abat d'un coup de sabre. Lescure surpris résiste faiblement, ses soldats l'abandonnent, lui-même ne doit son salut qu'à l'obscurité qui le dérobe aux poursuites des républicains, et aux coups d'un gendarme qui le manque à bout portant. Laville - Beaugé également poursuivi, traverse la rivière à la nage, une décharge de mousqueterie tue son cheval et lui perce la jambe. Il eût péri sans les secours d'un meûnier de la rive opposée.

Westermann n'osant point s'engager dans le pays insurgé, retourne à Saint-Maixent. Lescure rentre à Parthenay et livre la ville au pillage, en haine des habitants qui, par affection pour le parti républicain, avaient favorisé Westermann. Ce général, qui avait trouvé quelques renforts à Saint-Maixent, s'avance de nouveau avec 3 mille hommes sur Parthenay que lui abandonne Lescure.

L'ardent Westermann ne lui donne pas le temps de rassembler ses soldats découragés et les moins braves de la Vendée. Il lui prend Amaillou, le premier juillet, après une faible résistance; fait saisir quatre membres d'un comité royaliste, livre la ville au pillage, fait distribuer aux patriotes de Parthenay une part du butin, ne quitte Amaillou qu'après l'avoir fait incendier, se porte sur Clisson, s'empare du château de Lescure, le fait piller et réduire en cendres. Lescure qui du haut du clocher de Bressuire voit embraser son château, crie à la vengeance, et fait sonner le tocsin de toutes parts. A peine peut-il rassembler 6 mille paysans mal armés, et 4 pièces de canon. Mais, Laroche-Jaquelein forcé déjà de quitter Saumur, où ses soldats l'abandonnaient pour rentrer dans la Vendée, réunit aussitôt les insurgés de son arrondissement, et vole au secours de Lescure. Ce dernier venait d'évacuer Bressuire pour défendre Chatillon. Westermann le poursuit et s'empare de Bressuire. Le 3 juillet, il trouve Lescure et Laroche-Jaquelein en position, ayant leurs canons sur la hauteur du *Moulin aux Chèvres*, à 2 lieues de Chatillon. Le téméraire Westermann, sans consulter le nombre, ordonne l'attaque. Après deux heures d'une lutte sanglante, il s'empare des hauteurs et des canons. Les Vendéens fuient ; plusieurs fois Lescure et Laroche-Jaquelein à force d'efforts et de courage, parviennent à les rallier, mais leurs meilleurs officiers sont hors de combat : une balle frappe à la tête l'adjudant-général Richard-Duplessis et lui crève un œil ; un coup de canon emporte un bras à la Bigotière. Le fougueux Westermann se jette à la tête de sa cavalerie dans les rangs vendéens et y porte le désordre et la mort. Rien ne peut l'arrêter ; il franchit un retranchement et une chaussée qui avait été coupée en avant de Chatillon. A 5 heures du soir, il entre au pas de charge dans cette ville, où siégeait depuis peu le conseil supérieur. Il se rend maître de ses archives, de son imprimerie, délivre un grand nombre de prisonniers républicains et s'empare de magasins immenses. Les vaincus emmenèrent leur artillerie et se rallièrent à Mortagne et à Chollet.

Après avoir fait incendier le château de Laroche-Jaquelein, à Saint-Aubin de Beaubigné, Westermann prit position sur les mêmes hauteurs qu'il venait d'enlever si glorieusement. Il espérait y recevoir les renforts qu'il attendait ; mais il ne fut joint le 5 juillet que par 2 mille gardes nationales de Saint-Maixent et de Parthenay qu'il n'eut pas le temps d'organiser. « Il est essentiel, écrivit-il à Biron,

» que vous marchiez aussi vers les rebelles pour
» empêcher que toute leur masse ne se porte
» sur moi. » En effet, vivement pressé par un
ennemi infatigable, Lescure avait expédié
courrier sur courrier à d'Elbée pour réclamer
des secours. Bonchamp arrive le premier avec
sa division et propose d'attaquer sur le champ.
Laroche-Jaquelein et Lescure n'hésitent point :
ils avaient à venger la dévastation de leurs propriétés. Westermann qui méditait de nouvelles
conquêtes, méprisa les rapports de ses espions.
Surpris au milieu des ténèbres, son bataillon
d'avant-garde prit la fuite et abandonna ses fusils en faisceau. Cette lâcheté favorisa l'approche de l'ennemi. Cependant, deux décharges
à mitraille ayant fait reculer les soldats de Laroche-Jaquelein, Bonchamp ordonna aux siens
de se glisser ventre à terre à portée du fusil, et
de tuer les canonniers républicains à leurs pièces; ce qui fut exécuté avec un grand courage.
Un canonnier patriote voyant la défaite de l'armée, se fit sauter en se mettant à la bouche d'un
canon. Vainement Westermann conserva son
audace; abandonné de ses soldats, n'ayant plus
d'artillerie, ses efforts furent inutiles. Furieux,
il tourna la bride de son cheval, et se sauva en
fugitif de ce même territoire où la veille il était
entré en vainqueur. Canons, armes, muni-

tions, bagages, tout devint la proie des royalistes. Les deux tiers de l'armée vaincue, restèrent sur le champ de bataille ou mirent bas les
armes ; le reste se rallia péniblement à Parthenay. Telle fut l'issue d'une entreprise formée
contre toutes les lois de la prudence. Ne consultant que son audace, Westermann avait
conçu l'espérance d'anéantir la Vendée. La
prise de Chati

exalté toutes les têtes. C'était à qui entrerait le
plutôt dans le pays révolté. Les autres généraux
craignaient déjà que Westermann n'eût tout
soumis, et ne leur ôtât la gloire et les récompenses destinées aux vainqueurs. Toutes ces
illusions furent dissipées en un instant. Accusé
de trahison, Westermann fut mandé à la barre
de la Convention nationale où sa conduite fut
discutée. Selon ses accusateurs, nul n'était à son
poste; ses bataillons étaient dispersés, aucune
garde avancée n'avait reconnu l'ennemi, personne n'avait donné l'alarme, l'artillerie était
placée dans un enfoncement, et si presque toute
l'infanterie avait été égorgée dans sa fuite, c'était
faute d'avoir été protégée par la cavalerie perfidement disposée en avant-garde. Selon Westermann, tout avait été prévu, préparé; sa déroute,
il l'attribua à la négligence, à la fuite préci-
pitée des volontaires chargés de la garde de

l'artillerie. Il les accusa d'avoir crié *vive le roi!*
vive Louis XVII! Il signala comme traître un
de ses lieutenants colonels, le jeune Decaire, ancien page du comte d'Artois, qui, d'après Westermann, avait disparu la veille de l'attaque, et
s'était rendu auprès de Laroche-Jaquelein et de
Lescure pour leur faire connaître la force et la
position des républicains. Où était Westermann
au moment de l'attaque? il donnait l'ordre de
service, fixait les distributions. S'il a été entraîné, c'est parce qu'on ne lui a point obéi.

La Convention ne voyant point de traces de
trahison dans la conduite de ce général, le renvoya devant les tribunaux de l'armée, et le lieutenant-colonel Decaire devant le tribunal criminel révolutionnaire. Traduit à Niort, Westermann fut acquitté et renvoyé de suite à son poste.

Il a écrit lui-même sa défense; elle porte le
cachet de la présomption. Il prétendit avoir
reçu de Biron l'ordre de marcher au secours
de Nantes. Comment son général aurait-il pu
lui ordonner de marcher avec 3 mille hommes
au secours d'une ville cernée par 40 mille royalistes? C'est d'ailleurs le 29 juin qu'eut lieu
l'attaque de Nantes, et ce n'est que le premier
juillet que Westermann sortit de Parthenay,
qui en est à quarante lieues, pour chercher
l'ennemi.

Biron ne fut point exempt de blâme. On lui reprocha d'être resté dans l'inaction avec 16 mille hommes, au lieu de soutenir son avant-garde engagée à vingt lieues de Niort.

Au reste, la diversion de Westermann servit les républicains, en leur montrant le chemin de Châtillon, devenu le siège du conseil supérieur de la Vendée.

Ce conseil, formé après la prise de Saumur, époque où les Vendéens étaient à l'apogée de leur puissance, fut l'ouvrage de quelques prêtres ambitieux, de citadins étrangers au métier des armes, et de chefs tels que d'Elbée, qui voulaient un marchepied pour arriver au premier rang.

Il était composé de la manière suivante:

Gabriel Guillot de Folleville, se disant évêque d'Agra, *président*.

Michel Desessart, des environs de Bressuire, *vice-président.*

Bernier, curé de Saint-Laud, d'Angers.

Bodi, avocat à Angers.

Michelin, homme de loi à Chantoceau.

Boutiller-Deshomelles, de Mortagne.

De Larochefoucault, doyen de...

Lemaignan, gentilhomme poitevin.

Paillou, sénéchal de Laflocellière.

Lenoir de Pas-de-Loup, ex-officier des carabiniers, de Saumur.

Thomas de Saint-Philibert, de Grand-Lieu.

Duplessis, avocat à la Roche-Sauveur.

Gendron, du port Saint-Père.

Coudraye, notaire à Châtillon.

Brin, doyen de Saint Laurent-sur-Sèvre.

Bourasseau, de la Renollière.

Lyrot, de la Patouillère.

De la Roberie.

Carrière, avocat à Fontenay-le-Comte, *procureur-général du roi*.

P. Jagault, de Thouars, *secrétaire - général bénédictin*.

Barré de Saint-Florent, *secrétaire-général du bureau des dépêches*.

Une semblable institution ne pouvait être composée que d'éléments hétérogènes. Il eut été plus sage de ne point l'établir. La Vendée n'aurait pas dû cesser de se gouverner militairement; mais les partisans du conseil ne manquèrent pas de prétextes. Ils alléguèrent la nécessité d'une administration supérieure pour régulariser la marche politique, et empêcher tant d'intérêts divers de s'isoler, de se croiser et de nuire par des prétentions individuelles à l'ensemble des opérations. Au lieu d'atteindre

ce but, on ne fit que la part des petites ambitions. Une grande dictature pouvait seule sauver la Vendée. Le titre de généralissime aurait
suffi peut-être; s'il n'eût été envahi par l'intrigue, et s'il eût été conféré à un grand capitaine par le vœu général. Cathelineau n'avait
eu qu'une puissance nominale. A sa mort;
d'Elbée qui l'avait dirigé, brigua ouvertement
le généralat.

Par ses vertus et ses talents, Bonchamp y
avait aussi des droits. Il y était porté par des
amis puissants; mais sa modestie, son amour
pour le bien général prévalurent; maître de se
faire nommer, il fit voter ses propres officiers
en faveur de son ambitieux rival, pour éviter
de nouvelles dissensions. Trop généreux dévoûment! Cette fatale renonciation fit peut-
être sacrifier l'intérêt de tous à l'ambition d'un
seul. Ce fut à Châtillon, vers le 15 juillet, que
les chefs vendéens nommèrent d'Elbée généralissime. Tous furent convoqués; Charette seul
ne s'y trouva pas, et n'envoya point de commissaire. Le conseil supérieur, depuis six semaines en exercice, ne réunissait que l'autorité
administrative et judiciaire. Les actes qui en
émanaient se faisaient au nom de Louis XVII;
les anciennes lois substituées aux nouvelles,
conservaient à la Vendée les formes monar-

chiques. Pour nourrir chez le Vendéen la haine
de la république, l'attachement à la religion et
à la royauté, le conseil supérieur faisait de
fréquentes proclamations. Il avait soin de répandre dans toute la Vendée un bulletin im-
primé, dans lequel exagérant officiellement les
succès des ennemis extérieurs et les avantages
remportés par les royalistes, on dissimulait
les victoires de la république.

Son premier acte d'administration, daté du
8 juin, limitait la circulation des assignats en
faveur de ceux à effigie royale. Un réglement
général sur les biens dits *nationaux*, rendu à
Châtillon le 11 juillet, et signé de tous les membres du conseil (1), annulla, sans distinction,
toutes les ventes de ces biens faites en vertu
des décrets des *soi-disant assemblées nationales*, et en fit passer l'administration à des
commissaires régisseurs nommés par le conseil,
et placés sous la surveillance locale des conseils particuliers. Ce même réglement, autorisait les titulaires et possesseurs légitimes
résidant alors dans le pays insurgé, à rentrer de suite en jouissance. Les autres dispositions réglaient la gestion de ces biens, et la

(1) Voyez, à la fin du volume, les *Pièces justificatives*, N°. IX.

perception de ce qui était attribué à la caisse royale. Un chef de régie fut établi postérieurement par le conseil (1).

Un second réglement général du 2 août (2), sur les assignats marqués au coin de la *prétendue république française*, n'en autorisait la circulation qu'après avoir été préalablement signés et admis, au nom du roi, par des officiers du conseil supérieur délégués à cet effet. Enfin, le conseil s'occupa d'un réglement général sur l'ordre judiciaire (3). Il établit dans chaque chef-lieu d'arrondissement du pays conquis un siège royal provisoire de justice formé d'un sénéchal ou baillif, un procureur du roi et un greffier. Les juges devaient connaître de toutes les matières civiles et criminelles ; ils devaient exercer toutes les fonctions attribuées précédemment aux juges royaux. Une cour royale supérieure et provisoire jugeait les appels ; elle était composée de sept membres, y compris le président. Le conseil supé-

---

(1) Voyez, à la fin du volume, les *Pièces justificatives*, N°. X.

(2) Voyez, à la fin du volume, les *Pièces justificatives*, N°. XI.

(3) Voyez, à la fin du volume, les *Pièces justificatives*, N°. XII.

rieur s'était réservé toutes les nominations des juges. Son réglement statuait aussi sur les officiers inférieurs et ministériels.

Quoique président du conseil, l'évêque d'Agra n'était considéré par la plupart des chefs que comme un instrument propre à exalter la multitude crédule et grossière. Il n'avait que peu d'influence. Le curé de Saint-Laud d'Angers était l'âme de l'administration civile de la Vendée. Michel Desessart, magistrat probe et estimé, le secondait par ses lumières et ses travaux.

Le conseil devait d'abord administrer toute la Vendée; c'est dans cette vue qu'on y avait introduit Lyrot de la Patouillère, Gendron du port Saint-Père; Larochefoucault et la Roberie; mais les chefs de la Basse-Vendée persistant à s'isoler, et les membres de leurs arrondissements ne venant point siéger, leur admission devint illusoire, et le conseil n'administra réellement que l'Anjou et le Haut-Poitou, c'est-à-dire, le territoire occupé par la grande armée.

Il avait sous sa direction immédiate les conseils secondaires et provisoires établis dans chaque commune, lesquels étaient chargés des détails de l'administration locale, de la transmission des divers ordres, des distributions de vivres et munitions aux soldats qui partaient.

pour l'armée. Ils faisaient chaque mois le ré-
censement de tous les hommes en état de porter les armes, nommaient les capitaines de paroisse, désignaient le nombre de soldats qui
devaient marcher, et réglaient leur route.

Les officiers généraux n'étaient pas membres du conseil; il n'y eut de nommé que Lyrot
de la Patouillère, qui n'y parut point. Bonchamp n'aimait ni l'institution ni ses actes,
qu'il regardait comme impolitiques et intem-
pestifs.

Les affaires militaires étaient décidées en
conseil de guerre, où les principaux officiers
avaient voix consultative et délibérative. Ordinairement les marches, plans de défense, projets d'attaque, étaient admis ou rejetés à la
pluralité des voix. Cependant le conseil défé-
rait presque toujours aux avis de d'Elbée, de
Bonchamp, de Laroche-Jaquelein et de Lescure. Dans leur système d'isolement, les chefs
de la Basse-Vendée se concertaient peu avec
ceux de l'Anjou et du Haut-Poitou, et même
entr'eux ils agissaient rarement de concert.

Le généralissime était nommé par tous les
chefs et officiers réunis, et les officiers par
leurs chefs respectifs, auxquels ils s'attachaient
personnellement. Le conseil supérieur ne par-
ticipait nullement à ces nominations ni à celle

du gouverneur de la Vendée et pays adjacents.
Le marquis de Donissan, porté de droit à
cette place comme le plus ancien officier général qui fût alors dans le pays insurgé, eut
pour conseils le chevalier Duhoux-d'Auterive,
de Boissy, beau-frère de d'Elbée, et Beauvollier, intendant-général de l'armée.

En organisant la force militaire, on s'était
occupé du matériel comme du personnel de
l'armée; elle avait ses commissaires, ses trésoriers, des agents intelligents et actifs. On forma
des magasins et des établissements militaires;
on fabriqua de la poudre à Mortagne et à
Beaupréau.

Ainsi il y eut de l'ordre au sein même du
désordre, et tandis qu'on s'occupait à organiser, à administrer, on se battait souvent
même sur plusieurs points à la fois. Ce qui
étonnera davantage, c'est qu'au milieu de cette
agitation, de ce mouvement continuel, inséparables d'une guerre civile terrible, les champs
étaient cultivés, et l'agriculture ne paraissait
pas souffrir de l'absence fréquente, mais toujours momentanée, des Vendéens.

Au commencement de la guerre, leurs chefs
s'habillaient et vivaient comme eux, affectant
les plus grands dehors de piété, et le dévoûment le plus pur pour le bonheur général,

empruntant pour se populariser davantage quel-
ques-unes des formes républicaines, et admettant aux premiers emplois militaires des hommes nés dans la classe du peuple, mais connus
par leur influence sur les habitants des campagnes. Amour de l'ordre, désintéressement,
modération, générosité, telles furent les vertus
pratiquées par les premiers chefs vendéens.
S'étonnera-t-on qu'ils aient pu disposer la multitude à la confiance, au respect, et lui inspirer le dévoûment le plus absolu à leur volonté,
à leurs projets?'Ces hommes qui se croyaient
spécialement consacrés à la défense de Dieu ne
voyaient dans les plus grands dangers que le
chemin d'un glorieux martyre, et la source
d'une éternelle félicité. Aussi vit-on dans le
commencement de la guerre le Vendéen vainqueur se prosterner dans les temples, et rendre
grâce au dieu des armées. Dans les camps on
n'eût pas entendu un seul blasphême; la prière
et divers exercices de piété précédaient toujours les combats; une discipline exacte régnait dans les rangs; nul n'exigeait, en campagne, de son hôte, que la nourriture et le
logement. Mais ces vertus ne tardèrent point à
s'altérer.

LIVRE VII.

Influence du 31 mai sur la Vendée. — Défaite des républicains à Vihiers. — Rappel de Biron. — Élévation de Rossignol. — Décret d'extermination contre les Vendéens. — Secours promis aux chefs royalistes au nom de L'Angleterre. — Attaque de Luçon par Charette et d'Elbée. — Scission parmi les Conventionnels en mission dans la Vendée. — Conseil de guerre extraordinaire tenu à Saumur.

La révolution du 31 mai n'eut qu'une influence indirecte sur la Vendée, soit par les troubles que suscitèrent les partisans du fédéralisme, soit par le changement de système qui en résulta dans la guerre contre les royalistes.

Dès l'ouverture de sa session, la Convention nationale fut déchirée par deux minorités. L'une ardente pour la démocratie, ne triomphait que par les excès; l'autre, mystérieuse et politique, voulait rétablir l'ordre au sein de l'anarchie, et marcher avec la liberté pour la diriger. Une majorité pusillanime flottait entre ces deux factions; et, malgré son penchant pour les modérés, la peur la ralliait aux démocrates. Plus la France était en péril, plus il y avait de dissensions. Une révolution dans l'Assemblée devint inévitable : les démocrates l'emportèrent. Ils expulsèrent violemment du sein de la Convention nationale, les chefs du parti modéré. Quelques-uns furent mis en arrestation. D'autres portèrent dans les départements agités pour leur cause, des projets de vengeance. Caen, et tout le Calvados, devinrent le foyer de cette nouvelle opposition. Le Finistère, l'Ille et Vilaine, l'Eure, la Seine-Inférieure et la Manche se coalisèrent en faveur des députés proscrits. Un cri général d'indignation s'y éleva contre la Convention et la capitale, violatrices de la représentation- nationale. A son tour le midi s'agita; Bordeaux, Lyon, Toulon, Marseille, s'armèrent.

Ce fut particulièrement autour de la Vendée que le fédéralisme fit des progrès rapides. Poitiers convoqua les suppléants à Bourges; Angers sé déclara contre le 31 mai; Niort vanta les avantages d'une constitution fédérative, et le conventionnel Carra y prêcha ouvertement en faveur de ce système. Aux Sables. d'Olonne, deux bataillons bordelais abandonnèrent leurs drapeaux pour aller soutenir les intérêts de leur cité. A Laval, à Rennes, à Quimper, on ordonna une levée d'hommes pour le Calvados. Ce département, à l'aide des instigations des

généraux Wimpfen et Puysaie, préparait une
seconde guerre civile. Nantes, qui venait de
triompher des royalistes, profita du départ de
l'armée républicaine, pour se déclarer aussi
contre la Convention nationale. Ses commissaires y furent méconnus et insultés. Un comité central, les autorités constituées, Beysser
lui-même, décidèrent de ne recevoir ni commissaires de la Convention, ni agents du conseil
exécutif. Nantes voulait entrer dans la confédération du Calvados et de la Gironde.

Cette ligue, excitée par des discours, des
proclamations et des provocations à la guerre civile, s'étendait et se fortifiait. Les corps
administratifs envahissaient tous les pouvoirs,
s'emparaient des caisses publiques, et s'en-
voyaient réciproquement des commissaires.
Partout on ne reconnaissait plus la Convention, et l'on délibérait pour rassembler des
forces, marcher sur Paris, et transférer à
Bourges le siège de la représentation nationale.
Partout des assemblées de sections, des comités centraux, des troupes départementales
détachaient la France du centre commun, pour
en isoler toutes les parties. Enveloppée par les
armées de l'Europe, déchirée par une guerre
intestine, sa dissolution, sa subversion paraissaient inévitables. Quel que fût le parti domi-

nant, il était de l'intérêt national de s'y rallier.
Que les royalistes dont les bannières flottaient
dans la Vendée, restassent les armes à la main,
rien n'était plus naturel, leur cause étant dis-
tincte ; mais les dangers de la patrie n'admet-
taient aucun milieu entre la Convention nationale et la république.

Ces déchirements donnèrent d'abord une nouvelle consistance aux Vendéens, et parurent à
leurs chefs une occasion favorable d'agrandir
leur puissance. La Convention exclusivement
occupée à dissoudre la confédération départementale, semblait oublier la Vendée; ses séances étaient uniquement consacrées à des débats
sur le fédéralisme. Les royalistes, profitant de
ses divisions, se concertaient sur les moyens
de porter de nouveaux coups à la république.
Mais les armées restèrent fidèles à la Convention. Si l'on ne peut pas dire que la France fut
sauvée, au moins fut-elle préservée du joug
étranger, et bientôt les royalistes eurent un plus
grand nombre d'ennemis à combattre. Maître de
la Convention et de Paris, le parti populaire déploya, pour dissoudre la ligue départementale,
une incroyable activité. Des commissaires de
l'assemblée, des agents du conseil exécutif et des
sociétés patriotiques, inondèrent les départements, et à force de ruse, de violence et d'assi-

gnats, ils parvinrent presque partout à opérer
une défection, en opposant les prolétaires aux
propriétaires, en renouvelant les administrations et en paralysant l'action de la force pu
blique. Celle du Calvados et de l'Eure ne put résister au choc d'une armée parisienne. L'avant-
garde fédéraliste, commandée par Puysaie, fut
battue à Vernon; le gros de l'armée se dispersa, et le Calvados se soumit à la Convention nationale. Tandis que Carrier étouffait le
fédéralisme en Bretagne, Philippeaux achevait
de le domter à Nantes, où les autorités menacées avaient rétracté leurs actes anti-conven-
tionnels. Beysser, lui-même, vint se soumettre à la barre, et obtint sa réintégration dans
l'armée. Le maire Baco conserva seul son caractère, et à la tête d'une députation nantaise;
il vint braver la Convention dans le lieu même
de ses séances. Enfin la coalition fédéraliste ne
put se soustraire à la charte démagogique de
93; espèce de traité politique présenté à la hâte
par le parti victorieux, à l'acceptation irréfléchie du peuple; vaine constitution jetée dans
l'oubli dès qu'elle eut fait diversion aux agita-
tions convulsives, et rallié en apparence les partis les plus opposés; ébauche imparfaite que sa
mise en activité aurait fait tourner contre l'ambition même de ses auteurs.

Ce levain de discorde amena de nombreuses proscriptions. Les démocrates abusèrent de la victoire; et des hommes sincèrement patriotes, se voyant poursuivis par une faction implacable, se jetèrent dans le parti royaliste. La Bretagne éprouva plusieurs de ces défections; Toulon, Lyon et Marseille encore davantage. Bientôt la Convention dirigea contre la Vendée les armes destinées à combattre les fédéralistes de l'Occident. On la vit frapper sans hésiter tout ce qui s'opposait à ses usurpations. Les opérations militaires contre la Vendée, un instant suspendues, furent reprises avec une ardeur nouvelle; mais l'insurrection s'y étant entièrement organisée, avait pris un aspect imposant. Transformée en une vaste forteresse bien approvisionnée, couverte de forêts impénétrables, la Vendée militaire était défendue par 100 mille soldats aguerris et par une artillerie formidable. Cultiver son champ, se battre, étaient les occupations journalières des Vendéens. La défaite de Westermann, faisant oublier l'échec de Nantes, avait ranimé leur confiance. Tandis que Royrand, Baudry et Bejari contenaient avec leurs divisions les forces de Luçon, de Niort et de Fontenay, Joly en opposition à la garnison des Sables-d'Olonne, Cathelinière et Lyrot à celle de Nantes, se tenaient respectivement en observation. Les chefs de l'Anjou et du Haut-Poitou laissaient reposer leurs soldats, et cherchaient à pénétrer les projets des républicains ralliés à Tours et à Saumur où quelques renforts venaient d'arriver. Après la défaite de Westermann, Biron quitta son quartier-général de Niort pour visiter l'armée de Saumur qui se porta de suite sur Angers. Les commissaires de la Convention crurent que Biron proposerait un plan d'attaque et prendrait le commandement; il ne fit ni l'un ni l'autre. Ce fut même en quelque sorte malgré lui, qu'on arrêta dans un conseil de guerre que l'armée pénétrerait dans la Vendée par le pont de Cé. Le plan consistait à attaquer successivement Brissac, Vihiers, Coron, Chollet et Mortagne, où devait s'opérer la jonction avec l'armée de Niort.

Biron partit pour son quartier-général. Labarolière ayant pris le commandement de toutes les forces d'Angers et de Saumur, rassemblées au pont de Cé, se mit en marche, et le 15 juillet, vint camper dans les environs de Martigné-Bryant à 3 lieues de Vihiers. Bonchamp, Laroche-Jaquelein, Scépaux et d'Autichamp y avaient rassemblé à la hâte 15 mille Vendéens pour s'opposer aux progrès de Labarolière. Attaqué sur deux colonnes, son avant-garde

fut rompue, et, dès le premier choc, les royalistes lui enlevèrent trois pièces de canon ;
bientôt l'affaire devint générale. Pour la première fois, l'armée de Saumur fit bonne contenance, et les bataillons de Paris soutinrent le
feu. Quelques demi-brigades se portèrent à
propos sur les hauteurs protégées par les hussards, et arrachèrent la victoire aux royalistes.
Le conventionnel Bourbotte fondit sur leur
flanc gauche à la tête de la cavalerie. Manqué
d'un coup de carabine, il fut blessé d'un coup
de crosse par un Vendéen qu'il étendit à ses
pieds. Bonchamp emporté par sa bravoure, se
précipita dans la mêlée, eut un cheval tué sous
lui, reçut sept balles dans ses habits, et blessé
au coude il fut forcé de se retirer au château
de Jallais. Vainement Laroche - Jacquelein,
quoique frappé d'une balle, essaya de ramener
les Vendéens à la charge ; excédés de soif et
de chaleur, ils se replièrent sur Coron.

Les républicains, voulant profiter de la victoire, se portèrent en avant. Le 17, leur avant-
garde, commandée par le général Menou, occupa Vihiers. Au moment où l'on faisait ra-
fraîchir le soldat, six cents Vendéens n'ayant
d'autres armes que des fusils et des piques,
parurent sur les hauteurs en deux colonnes :
leur choc fut tellement impétueux, que les répu-

blicains plièrent aussitôt; mais soutenus par des renforts qui arrivaient successivement, ils reprirent leur position. Ce mouvement fut suivi d'une vive fusillade qui dura quatre heures, et ne finit qu'à la nuit. Le général Menou ayant chargé presque seul avec quelques officiers, fut couché en joue à quinze pas, et reçut un coup de fusil au travers du corps, qui fit craindre long-temps pour sa vie. Les Vendéens se retirèrent pour éviter de s'engager avec toute l'armée républicaine; mais le général Labarolière n'osa les poursuivre pendant la nuit dans ce pays difficile, où l'on pouvait être facilement surpris. Il fit bivouaquer toute l'armée pour conserver sa position, dans l'attente d'une nouvelle attaque pour le lendemain. Harcelée depuis plusieurs jours, l'armée n'avait pris aucun repos. Tout à coup trois caissons chargés de gargousses sautent au milieu du parc d'artillerie, et font un horrible dégât. Cet accident imputé à la trahison, jeta dans tous les esprits une impression de crainte et de terreur. Il n'en était pas de même du côté des Vendéens; de toutes parts ils volaient au secours des paroisses menacées par l'ennemi. Rassemblés bientôt dans les bois qui entourent Vihiers, leur impatience ne leur permit point d'attendre l'arrivée de leurs principaux officiers pour se mesurer avec les républicains. Piron et Marsange, jaloux de se distinguer, se mirent à leur tête. Le chevalier de Villeneuve et le transfuge Keller, tout aussi impatients de combattre, formèrent à la hâte un corps d'élite composé de six cents Suisses et Allemands, déserteurs de la légion Germanique, et d'un nombre égal de Vendéens les plus braves et les plus exercés. Ce corps fut placé au centre; le gros des royalistes forma deux ailes; Laguerivière et Boissy commandèrent la droite, Guignard de Tiffauges la gauche. A midi, le signal fut donné; les Vendéens sortirent de leurs forêts dans le même ordre, s'emparèrent des hauteurs, et culbutèrent les avant-postes des républicains au moment où ceux-ci couraient aux armes pour se mettre en bataille. La canonnade fut vive de part et d'autre. Forestier, à la tête de la cavalerie vendéenne, animé par l'exemple du corps d'élite et sous la protection de l'artillerie commandée par d'Herboldt, chargea vigoureusement la droite des républicains qui occupait Vihiers. Le combat devint opiniâtre et sanglant dans la ville et sur la place publique : les Vendéens se précipitant avec impétuosité sur les rangs ennemis, renversèrent tout ce qui s'opposait à leur passage. Bientôt les républicains se replient en désordre sur le gros de l'armée.

Ce mouvement jette partout l'effroi et devient le signal d'une déroute générale. De tous côtés on entend crier *à la trahison! sauve qui peut!* Les bataillons se débandent sans brûler une amorce; on coupe les traits des chevaux de l'artillerie; les soldats fuient en jetant leurs armes et leurs havresacs; dans leur fuite ils sont écrasés par la cavalerie. Les généraux, les commissaires troublés eux-mêmes par le désordre qui les environne, font des efforts inutiles pour arrêter les fuyards. La lâcheté rend la déroute aussi rapide que générale, rien ne peut l'arrêter. Les royalistes poursuivent les vaincus sans relâche. Plusieurs emportés par la fureur les massacrent sans pitié, pour ne point s'embarrasser de prisonniers. Le brave Loiseau, le même qui avait terrassé trois cuirassiers en défendant Domagné à l'attaque de Saumur, s'attache au général Santerre. Ce dernier, sur le point d'être saisi, saute un mur de dix pieds de hauteur. Les commissaires, la plupart des généraux, coururent aussi les plus grands dangers. Bourbotte, blessé l'avant-veille, fut pour ainsi dire livré aux royalistes, par un officier perfide : conduit au milieu d'eux, il essuya une fusillade à cinquante pas, et perdit son cheval. Poursuivi pendant deux lieues, il fut plusieurs fois sur le point de tomber entre

leurs mains, et ne put se sauver qu'en se ca-
chant dans les haies, d'où il gagna Saumur,
dans l'état le plus déplorable. Les chemins de
Martigné et les hauteurs de Concourson étaient
couverts de fuyards, poursuivis par un ennemi
aussi actif qu'intrépide. L'épouvante fut telle,
que les débris de l'armée républicaine firent
sept lieues en trois heures pour arriver à Saumur, où il fut impossible de les retenir. Même
à Chinon, ville située à quinze lieues du champ
de bataille, il ne se trouva trois jours après
l'action que quatre mille hommes. Toutes les
villes voisines étaient remplies de fuyards; quelques-uns ne s'arrêtèrent qu'à Paris. Cette honteuse déroute coûta aux vaincus trois mille
prisonniers, quinze pièces de canon, un grand
nombre de caissons et de chevaux, deux chariots chargés de fusils, des approvisionnements
de campagne, et une partie des bagages : deux
mille républicains y perdirent la vie. Les nouvelles levées entraînèrent l'armée. On voulut
en vain pallier leur lâcheté, en alléguant des
circonstances fortuites, telles que trois jours de
bivouac, de fatigues et de combats consécu-
tifs, telles qu'une pluie de trois heures tombée
par torrents et l'attaque faite à l'improviste au
moment de la soupe. On donna aussi pour
excuse le trouble extraordinaire causé par l'ex-

plosion de quelques caissons. Quant à moi, j'attribue cette humiliante déroute à des causes plus générales. Je pense qu'après tant de malheureux essais, l'on eut tort d'aller combattre les Vendéens dans leur pays couvert. D'ailleurs, en admettant que les colonnes républicaines qui entouraient la Vendée fussent assez fortes pour agir offensivement, n'auraient-elles pas dû s'ébranler en même temps pour opérer une diversion? Celle de Niort, la plus imposante, n'aurait-elle pas dû marcher simultanément et faire l'attaque principale? Biron, au contraire, y laissa son armée inactive. Celle de Saumur, constamment malheureuse, au lieu d'attaquer par Doué, Thouars et Parthenay, d'où elle pouvait être soutenue par les forces de Niort et de Saint-Maixent, pénétra par les ponts de Cé, à trente lieues de Niort (1).

Cependant la bataille de Vihiers n'eut point de résultats militaires importants. Saumur, quoique sans forces et abandonné même de ses habitants, ne fut point occupé par les vainqueurs qui rentrèrent au sein de la Vendée : ils crurent avoir assez fait en assurant leur tranquillité pour le temps de la moisson. Tel fut

_____

(1) Voyez, à la fin du volume, les *Pièces justificatives*, N°. XIII.

l'avis de d'Elbée, qui avait alors son quartier-général à Beaupréau.

Les débris de l'armée de Saumur, ralliés à Chinon et à Tours, ne s'y croyaient point encore en sûreté, tant l'effroi était général. L'indignation de la Convention fut au comble. Ses commissaires voulant mettre leur responsabilité à couvert, aigris d'ailleurs contre Biron, qu'ils avaient déjà dénoncé au comité de salut public, s'élevèrent fortement contre sa nullité, son inertie si funeste d'après les résultats de l'affaire de Vihiers. Ils attaquèrent surtout son système de modération à l'égard des royalistes, et lui reprochèrent son attachement aux anciennes formes et aux vieilles théories militaires. Un des torts de Biron était aussi de porter un nom illustre sous la monarchie. Ce nom inquiétait les démocrates : ils regardaient comme impolitique de confier une armée d'hommes libres à un homme d'une si haute naissance ; ce qui le plaçait entre ses devoirs et ses opinions, en le forçant à combattre un parti qui redemandait un roi, des nobles et des prêtres. Biron n'avait qu'un seul moyen de confondre ses dénonciateurs : c'était celui de vaincre. C'est ce qu'il ne fit pas. Il crut qu'il suffirait de s'isoler pour ne point se faire battre. Il pensa qu'avec l'appui de son état-major et celui des commissaires de

son armée, il pourrait braver le parti de Saumur, en comprimant à Niort les militaires qui
l'accablaient de personnalités offensantes. L'un
d'eux, Rossignol, garçon orfèvre, appelé par
la révolution au commandement d'une division
de gendarmerie à pied., se faisait remarquer
par son exaltation et sa rudesse plébéienne. Destiné à devenir tour à tour instrument et victime
des factions, rien n'indiquait encore qu'il dût
jouer un premier rôle dans nos troubles politiques. Ce fut cet homme que les démocrates
opposèrent à Biron. Les commissaires de Niort
le firent arrêter comme prêchant l'indiscipline
et désorganisant l'armée. Leurs collègues de
Saumur prirent l'alarme, et ne manquèrent
pas d'imputer à Biron l'emprisonnement arbitraire de Rossignol. « Ce brave homme, dirent-
» ils, est victime de son patriotisme, il n'est
» coupable que d'avoir manifesté avec chaleur
» sa haine contre les nobles et les intrigants. »
Son arrestation fut dénoncée à la Convention nationale, et Danton profita de l'influence qu'il
y exerçait pour demander l'examen de la conduite de Biron. Le député Thirion acheva d'aigrir l'assemblée en s'élevant avec chaleur contre
l'inaction de ce général. « C'est là, dit-il, ce
» qui doit arriver tant que vous aurez des ex-
» nobles, des ex-conspirateurs à la tête des

» armées ! » Un décret ordonna donc la mise en liberté de Rossignol, et dès le lendemain Jean Bon Saint-André, au nom du comité de salut public, rappela les accusations de négligence et de perfidie qui avaient été portées contre Biron, provoqua son rappel, et fit décréter son remplacement. Heureux s'il n'eût perdu que le commandement de l'armée. Acharnés à le poursuivre, ses ennemis obtinrent son arrestation, et quelques mois après, sa traduction au tribunal révolutionnaire. Si Biron ne fut pas positivement un traître, s'il ne favorisa point secrètement les Vendéens dont il était redouté, ses dernières paroles prouvent qu'il se repentit d'avoir servi la république. Il dit, en montant à l'échafaud : « J'ai été infidèle à mon » Dieu, à mon ordre et à mon roi, je meurs plein » de foi et de repentir. » Telle fut la fin d'un homme que la révolution surprit au faîte des grandeurs, qui s'était distingué dans la guerre d'Amérique sous le nom de Lauzun, et qui ne dut peut-être la part active qu'il prit à nos dissensions politiques, qu'aux principes qu'il avait puisés dans la société de Wasingthon. Ses liaisons avec le duc d'Orléans avaient pu contribuer aussi à l'entraîner.

D'abord, la Convention qui se constituait pouvoir exécutif, parut indécise sur le choix du suc-

cesseur de Biron. Le ministre de la guerre proposa le général Dietmann : il fut écarté comme
ayant déjà refusé l'armée du Rhin. Beysser fut
proposé, et accepté au moment même où il
protestait avec les fédéralistes de Nantes contre
le pouvoir de la Convention nationale. Bientôt
instruite, elle révoqua sa nomination et le manda
à sa barre. Le parti de Saumur, profitant avec
adresse des circonstances, fit nommer Rossignol. Cette promotion, contre laquelle s'acharnèrent les partisans secrets de Biron, était un
coup de parti. L'élévation subite d'un Plébéien
sappait l'ancienne routine des camps, les préjugés monarchiques et surtout affoiblissait la
confiance si souvent aveugle des soldats pour
les anciens généraux. Malheureusement Rossignol, brave, franc, désintéressé, n'avait point
les talents nécessaires à un officier général. Pénétré lui-même du sentiment de son incapacité,
ce ne fut qu'après les plus vives instances que
le parti de Saumur parvint à lui faire accepter
le commandement.

Tandis que ce nouveau général visitait et ré-
organisait différentes divisions de son armée,
fortifiait Saumur, rappelait sous le canon de
cette place toutes les troupes cantonnées à Chinon, à l'exception de quinze cents hommes lais-

sés sous le commandement du général Rey, tandis qu'il distribuait ses forces de manière à empêcher les royalistes de profiter de la victoire de Vihiers, la plupart des généraux secondaires se livraient à des expéditions partielles qui, sans résultats décisifs, épuisaient en détail les forces de la république. Chaque chef agissant à son gré sur le point où il se trouvait, ne donnait pas même avis de ses mouvements aux colonnes qui l'environnaient. On eût dit qu'ils craignaient de faire partager à d'autres les victoires qu'ils se promettaient de remporter.

Pour remédier aux inconvénients des entreprises isolées, Rossignol défendit aux divisionnaires de tenter dorénavant aucune expédition sans en avoir reçu l'ordre.

Mais déjà le général Tuncq, chargé du commandement de la division de Luçon, avait attaqué les postes de St.-Philibert et du Pont-Charron, occupés par les Vendéens du centre aux ordres de Royrand.

Le Pont-Charron, si renommé dans cette guerre, ne présentait qu'un fossé large et profond environné de retranchements, peu éloignés de la rivière du grand Lay, à l'entrée méridionale du Bocage. Le 25 juillet, le général Tuncq, à la tête de quinze cents hommes, tourna le Pont-Charron par St.-Philibert, qui était

également retranché. *Ami* était le mot d'ordre
des Vendéens; un transfuge qui avait servi dans
les volontaires de la république le livra'; les sentinelles furent égorgées et le poste emporté.
Sapinaud de la Verrie qui le commandait fut
blessé, et tomba au pouvoir des patriotes qui
le mirent en pièces. Tuncq envahit et ravagea
Chantonay; mais déjà le tocsin des royalistes
sonnait de toutes parts. D'Elbée qui était alors
à Argenton-le-Château, ramasse 12 mille hommes, et court défendre le centre de la Vendée.
Après s'être élevé, dans une proclamation,
contre les cruautés des républicains qu'il menace de représailles (1), il rallie les fuyards de
Royrand, et marche en forcés contre le général Tuncq qui, craignant d'être enveloppé, éva-
cue Chantonay après l'avoir livré aux flammes.
Les royalistes réunis le poursuivent jusqu'à St.-
Hermine, et s'avancent le 30 sur Luçon. L'armée républicaine les attendait, rangée en ordre
de bataille au-delà de Bessai; les royalistes l'attaquent avec vigueur; leur artillerie bien servie, répondait par des décharges multipliées au
feu terrible de l'ennemi. Chaque boulet em-
portait des rangs entiers de républicains : leur

---

(1) Voyez, à la fin du volume, les *Pièces justificatives*, N°. XIV.

centre plia et fut bientôt enfoncé. Tuncq, inférieur en forces, et voulant prévenir une déroute totale, ordonne la retraite : Ce mouvement de sa troupe fait croire aux Vendéens qu'ils vont être tournés. A ce moment, quoique tout leur présageât la victoire, des lâches qui se traînaient à l'arrière-garde, répandent l'alarme et prennent la fuite. Cette terreur panique suffit pour entraîner l'armée entière. Tuncq profita de ce changement de fortune, et fit poursuivre les Vendéens. Le prince de Talmont, qui protégeait leur retraite, s'élança plusieurs fois au milieu des hussards ennemis qu'il repoussa. D'Elbée s'exposa lui-même aux plus grands dangers, et contribua par son sang-froid à sauver l'armée. Lescure eut son cheval blessé, et dispersa quelques cavaliers acharnés à sa poursuite. Le jeune Leriche de Langerie, qui faisait ses premières armes, eut un cheval tué sous lui. Les royalistes laissèrent deux pièces de canon et un grand nombre de morts sur le champ de bataille. Tuncq rentra victorieux à Luçon (1).

Cependant Joly inquiétait toujours les Sables-d'Olonne, et forçait la garnison à des mesures de défense. Baudry et Beaurepaire à la tête d'un

(1) Voyez, à la fin du volume, les *Pièces justificatives*, N°. XV.

rassemblement, retenaient dans Niort, par là crainte d'une attaque, la partie la plus impo_sante de l'armée républicaine, tandis que des détachemens vendéens ravageaient les plaines de Fontenay, que Bonchamp s'approchait en force des ponts de Cé, et que Laroche - Jac_quelein prenant position à Doué, menaçait Saumur. Tous ces mouvements avaient pour principal objet de couvrir les travaux de la ré-colte, auxquels les Vendéens se livraient le fu-sil à la main. Dans le Bas=Poitou, Charette, sta-tionnaire à Legé, n'attendait qu'une occasion pour agir.

Le 26 juillet, les chevaliers d'Autichamp et Duhoux, à la tête de l'avant-garde de Bon-champ, surprirent les hauteurs de Meurs et d'Erigné en avant du pont de Cé. Après quelques coups de canon, les républicains qui défen-daient ce poste prirent la fuite et se sauvèrent à Angers. Poursuivis par les Vendéens jusqu'au pont de Cé, quatre cents hommes du huitième bataillon de Paris y furent coupés : la plupart essayèrent de passer la Loire à la nage; ils y périrent. La garde nationale d'Angers prit les armes, et fit rétrograder l'ennemi. La crainte d'une surprise ou d'une attaque pour le lende-main détermina le chevalier Duhoux à couper les ponts, et à prendre position de l'autre côté de la Loire. Les patriotes prirent poste sur la rive opposée.

Le 28, Bonchamp, avec quelques renforts rentra dans les ponts de Cé, repoussa les républicains au-delà du fleuve, et s'empara du château. La situation d'Angers devint alors très-critique, cette ville n'ayant pour défenseurs que des soldats qui fuyaient depuis trois jours devant l'ennemi. On y parlait déjà de renouveler la honteuse évacuation du mois de juin. Le général Duhoux qui commandait les républicains en avait donné l'ordre, et faisait déjà filer l'artillerie. Philippeaux, commissaire de la Convention, réunit les corps administratifs, et parvint à faire prendre aux Angevins une attitude plus ferme. Bonchamp, après avoir ordonné une reconnaissance à un mille de la place, se replia sur les ponts de Cé, dont il coupa la première arche, pour tenir les patriotes en échec. Maître du château, qui de la rive opposée domine tous les bras de la Loire, il y établit un poste qui pouvait intercepter les convois et même surprendre la ville. Un coup d'audace éloigna le danger. Philippeaux alla reconnaître les Vendéens, et fit rétablir le pont. L'ardeur de quelques patriotes ne leur permit pas d'attendre : ils passent à la nage et gagnent la rive opposée. Ce trait de bravoure entraîne

plusieurs compagnies. L'adjudant-général Ta-
lot, depuis député à la Convention nationale,
se met à leur tête, reprend les ponts, s'élance
sur le château, en chasse les royalistes, les
poursuit jusqu'aux rochers d'Erigné, et les dis-
perse au village de Meurs. Depuis lors, les
patriotes restèrent maîtres du poste important
des ponts de Cé.

Peu de jours auparavant, Laroche-Jaquelein, avec une division royaliste, s'était porté
sur Thouars, que les républicains lui avaient
abandonné. Il s'avança jusqu'à Loudun, à la
tête d'un parti de cavalerie, pénétra dans la
ville à trois heures du matin, sans éprouver de
résistance, fit sept gendarmes prisonniers, enleva la caisse du district, brûla les archives, et
détruisit tous les signes républicains : ensuite,
voulant profiter de l'inaction de l'ennemi du
côté de Saumur, il s'approcha de cette ville
qu'il menaça d'une attaque sérieuse. Le 4 août,
la cavalerie des républicains rencontra celle
des royalistes, qui, plus faible, tourna le dos
et rentra à Doué. Laroche-Jaquelein appela
Lescure avec sa division pour attaquer de
concert; mais le général Rossignol, qui le soir
même avait projeté de surprendre Doué, fit
partir dans la nuit les généraux Salomon et
Ronsin, avec environ trois mille hommes d'in-

fanterie et quatre cents hussards, plaça un corps intermédiaire pour soutenir l'attaque, et ordonna au reste de l'armée de se tenir prêt à marcher. Tout réussit. Les Vendéens surpris avant d'avoir reçu des renforts, laissèrent trois cents des leurs sur le champ de bataille; Doué fut fouillé, et comme ce coup de main n'avait pour objet que de dégager Saumur, les républicains y rentrèrent après l'expédition. Elle releva leur courage et ranima leur confiance.

Ces tentatives partielles étaient aussi incomplettes qu'impuissantes. Il fallait de plus grands moyens, des mesures plus fortes pour attaquer la Vendée rebelle, et obtenir des résultats décisifs. La Convention nationale s'alarmait de cette guerre civile, qui prenait chaque jour un caractère plus prononcé et plus durable. Comment résister à toute l'Europe et à des ennemis intérieurs? Déjà les armées de l'Autriche entamaient les frontières du nord; Lyon était en révolte, et le midi en feu attendait les Anglais. A la vérité, la Convention subjuguée par une minorité courageuse, marchait alors sans être entravée, et déployait une vigoureuse défensive. Cent soixante-dix de ses membres envoyés pour la levée de trois cent mille hommes, avaient pris trois mille délibérations pour armer, équiper et organiser quatorze armées. Ils

avaient approvisionné , en trois mois, cent vingt-six places ou forts menacés : c'était beaucoup. Cependant, comme les pouvoirs des commissaires étaient illimités, et parfois leurs opérations divergentes, l'abus était inséparable du succès. Le comité de salut public investi de la direction et de la surveillance du pouvoir exécutif, commença par faire déterminer et limiter les pouvoirs des représentants en mission ; et se dégageant des objets de détails qui entravaient sa marche, il se créa centre de gouvernement, et crut s'élever au niveau des circonstances et de ses fonctions, en proposant des mesures terribles. Ses premières tentatives ne furent point heureuses, surtout contre la Vendée. Cette guerre dont il s'occupait sans relâche décelait son impuissance. « Elle devient ex-
» traordinaire et inexplicable, disaient à la
» tribune les organes du comité ; c'est un cancer
» politique qui creuse dans l'état une plaie pro-
» fonde... Elle se compose de petits succès et de
» très-grands revers.... Votre armée ressemble
» à celle du roi de Perse : il y a cent soixante
» voitures de bagages, tandis que les brigands
» marchent avec leur arme et un morceau de
» pain noir dans leur sac..... Jamais vous ne
» parviendrez à les vaincre ; tant que vous ne
» vous rapprocherez pas de leur manière de

» combattre....... Faites. la récolte des bri-
» gands; portez le feu dans leurs repaires, en-
» voyez-y des travailleurs qui applaniront le.
» terrain....»

Ces premières paroles de destruction prononcées le 26 juillet par Barère, déterminèrent à l'instant même la formation de vingt-quatre compagnies incendiaires, et de tirailleurs-braconniers. Cinq jours après, ce même orateur, à la suite d'un rapport inquiétant sur les revers de la république, proposa un projet organique de destruction et d'extermination contre la Vendée. « Le comité, dit-il, a préparé des me-
» sures qui tendent à exterminer cette race
» rebelle de Vendéens, à faire disparaître leurs
» repaires, à incendier leurs forêts, à couper
» leur récolte. C'est dans les plaies gangreneuses
» que la médecine porte le fer et le feu : c'est
» à Mortagne, à Chollet, à Chemillé que la
» médecine politique doit employer les mêmes
» moyens et les mêmes remèdes : c'est faire le
» bien que d'extirper le mal; c'est être bien-
» faisant pour la patrie que de punir des re-
» belles. .... Louvois fut accusé par l'histoire
» d'avoir incendié le Palatinat, et Louvois de-
» vait être accusé : il travaillait pour les tyrans.
» Le Palatinat de la république c'est la Vendée :
» détruisez-la, et vous sauvez la patrie!»

Les bois taillis et les genets incendiés, les forêts abattues, les habitations détruites, la récolte coupée et portée sur les derrières de l'armée, les bestiaux saisis, les femmes et les enfants enlevés et conduits dans l'intérieur, les biens des royalistes confisqués, pour indemniser les patriotes de la Vendée réfugiés, enfin une levée en masse des habitants des districts environnants préparée au son du tocsin, depuis l'âge de 16 jusqu'à 60 ans; telles furent les dispositions de la loi adoptée sur la proposition de Barrère.

Le lendemain, le comité fit décréter que les braves troupes qui avaient défendu Mayence, seraient transportées en poste dans la Vendée.

Ces décrets, firent dans l'armée et les départements de l'Ouest, une impression profonde. Mais quel serait le mode d'exécution, et qui se chargerait d'une pareille responsabilité ? Les Vendéens réfugiés , craignant pour leurs propriétés, adressèrent des réclamations énergiques. N'espérant point faire révoquer la loi, les plus puissants se flattèrent de l'éluder ou d'en atténuer la sévérité. « Quel affreux exemple est réservé au monde, à la fin du dix-huitième siècle, au nom de la liberté et de la philosophie, dans l'empire le plus policé de l'Europe ! Quoi, nous irions porter

» la hache et le feu dans les plus riches pro-
» vinces de la France. Hélas! plus de pitié pour
» des français égarés. Faut-il donc abandonner
» tout espoir de les ramener, et ne suffit-il plus
» de combattre avec courage et loyauté; faut-il
» encore s'entr'égorger avec une fureur aussi
» aveugle que féroce ? » Telles étaient les ré-
flexions que faisaient naitre de pareilles mesures
et qu'adoptaient quelques soldats qui gémis-
saient d'en être les instruments.

Les révolutionnaires au contraire , cherchaient à justifier cette rigueur, par l'insuf-
fisance reconnue des moyens employés jusqu'alors, par l'opiniâtreté des royalistes, et par
les cruautés inutiles qu'exercèrent quelques-
uns de leurs chefs envers des prisonniers de
guerre vendéens.

Ainsi deux partis se formèrent dans les états-
majors , dans les autorités et parmi les commissaires de la convention. Saumur devint le
foyer de la terreur. Niort, Luçon et Fontenay , furent les asiles de l'indulgence. Mais
aucune digue alors ne pouvait plus arrêter la
marche de la terreur, et dans son cours rapide
elle devait écraser la malheureuse Vendée.

A la garnison de Mayence, le comité de salut
public ajouta celle de Valenciennes , ce qui fit
un renfort de 16 mille combattants aguerris.

Il donna ensuite des ordres au général en chef Rossignol, pour se tenir sur la défensive, en attendant la réorganisation complette de l'armée, et la prochaine arrivée des troupes de Mayence et de Valenciennes.

Les républicains méditaient et préparaient une attaque générale, lorsque les chefs royalistes reçurent près de Chatillon le chevalier de Tinténiac, venu déjà trois fois dans le Poitou avant et depuis la mort de La Rouarie, pour y déterminer la guerre civile. Ce fut vers la fin de juillet qu'il y reparut, comme chargé d'affaires des princes français et du gouvernement britannique. La conférence eut lieu au château de La Boulaye, sur la route de Mortagne à Chatillon. Tinténiac présenta des dépêches signées du comte de Moira, des ministres Pitt et Henri Dundas. Le cabinet de Londres demandait que les Vendéens passassent la Loire et envahîssent un port de mer de la Bretagne, ce qui eût établi et lié des communications plus régulières. Il demandait en outre qu'on lui donnât connaissance des forces de la Vendée, de ses besoins, des plans ultérieurs arrêtés contre l'ennemi commun, promettant de puissants secours en armes, en argent et en hommes. Ce n'était que le plan de La Rouarie dont on voulait tenter encore l'exécution; mais l'impression produite

par l'échec de Nantes, rendait impossible toute
expédition hors du pays insurgé. Tinténiac insista néanmoins, et promit à d'Elbée que les
princes confirmeraient. sa nomination au généralat. Quelques chefs présents à la conférence, élevèrent des doutes sur les intentions
et la bonne foi du cabinet de Saint-James, et
témoignèrent de la répugnance à traiter avec
l'ancien et implacable ennemi du nom français.
Le parti breton fit valoir un avis contraire ;
Bonchamp, surtout, allégua la raison d'état
et les considérations de la politique. Il enfla
les avantages d'une alliance étrangère, qui
n'était jamais à dédaigner dans aucune guerre
civile, ni sous aucun chef. Il cita des exem-
ples puisés dans l'histoire de la monarchie française, et parla du grand Coligny. « Alors, dit-
» il, on voulait dans l'occident attaquer la mo-
» narchie; aujourd'hui notre but est de relever
» le trône et les autels. Tout doit être employé
» pour atteindre ce but ; ne dirigerons-nous pas
» d'ailleurs l'emploi des moyens qui seront mis
» à notre disposition ? Il parvint sans peine à
persuader ses compagnons d'armes. Comme
tout dépendait des évènements, rien alors ne
fut décidé. On remit seulement à Tinténiac
des dépêches vagues, contenant la demande de
développements sur les intentions du ministère

britannique. Cet envoyé assura que son retour serait prochain; comme il était dépourvu d'argent, les chefs de la Vendée lui firent compter cinquante louis par l'intendant général, en s'étonnant néanmoins de la détresse de cet agent de l'Angleterre.

La mission de Tinténiac ne changea rien aux affaires de la Vendée. Les vues de d'Elbée restèrent les mêmes : elles différaient de celles de Bonchamp et de Talmont, qui voulaient étendre l'insurrection en Bretagne. Au contraire, le généralissime était d'avis de s'éloigner de la Loire pour envahir le Poitou méridional, et venger l'échec de Luçon. Il forma même le projet d'emporter cette ville, où il espérait trouver de la poudre et des munitions, dont le besoin se faisait sentir dans l'armée.

D'Elbée jugea qu'il était nécessaire, pour le succès de l'expédition, de se combiner avec les forces du Bas-Poitou. Il expédia de suite des courriers à Royrand et à Charette pour réclamer leur coopération, et leur donna communication du plan d'attaque. Des diversions devaient avoir lieu vers la Loire, depuis Nantes jusqu'à Saumur.

La défense de l'Anjou et du Haut-Poitou fut confiée à Bonchamp. D'Elbée se mit en marche à la tête de 20 mille hommes, et se dirigea vers

Luçon par les Herbiers. Charette s'adjoignit Joly et Savin, et partit avec 6 mille hommes. La jonction de toutes ces forces eut lieu le 12 août à Chantonay, où était l'armée de Royrand. L'attaque de Luçon fut remise au lendemain.

Cette ville, située à 5 lieues ouest de Fontenay, est à 3 lieues de la mer, au bord du marais sur un terrain horizontal, ce qui en fait un séjour malsain. Ses maisons vastes et commodes, d'un aspect agréable et ses nombreux jardins, la rendent plus grande que ne le comporte une population de deux mille âmes. Elle a un canal qui conduit à l'Océan. Quoique sans fortifications, ses dehors présentent quelques points d'appui qui peuvent suppléer à l'inégalité des forces, et procurer à une armée inférieure des avantages de position. Elle est d'ailleurs environnée de plaines, où l'on peut tirer parti de la cavalerie et de l'artillerie volante.

A cette époque Luçon était défendu par 9 mille républicains, sous les ordres du général Tuncq. Au moment où les divisions vendéennes opéraient leur jonction, ce général recevait d'un espion nommé Valée, dont l'exactitude ne s'était jamais démentie, l'avis certain de l'heure à laquelle il serait attaqué. Il fit aussitôt ses dispositions de défense; et reçut le même jour du ministre de la guerre une lettre de destitution.

Ce coup partait de Saumur, où les opérations irrégulières de Tuncq, et son aversion pour Rossignol lui avaient aliéné les esprits. Les conventionnels Bourdon de l'Oise et Goupilleau de Fontenay, alors en mission auprès de Tuncq, lui ordonnèrent, par un arrêté, de continuer ses fonctions. Le lendemain, à cinq heures du matin, 35 mille royalistes réunis, après avoir reçu la bénédiction du curé de St.-Laud, passent la Semagne au pont Minclet, et se rangent successivement en bataille en face du camp républicain. D'Elbée commandait la gauche, Royrand le centre, et Charette la droite : Tuncq ne pouvant faire face de tous les côtés, voulant d'ailleurs cacher sa faiblesse, fit ranger son armée sur deux lignes, et ordonna aux soldats de se coucher sur le ventre. L'artillerie légère était au centre, et les bataillons avaient dans leur intervalle quelques pièces de quatre. A peine le général républicain avait-il achevé ces dispositions, que plusieurs officiers envoyés pour reconnaître l'ennemi, vinrent annoncer qu'il se déployait lentement dans la plaine pour former sa ligne de bataille : Tuncq ne voulant point lui en donner le temps, fit marcher deux bataillons suivis de deux pièces d'artillerie volante avec ordre de s'avancer à demi-portée de fusil. Ils trouvèrent le centre en mouvement

pour attaquer. A la vue des deux bataillons, les
royalistes croyant n'avoir à combattre qu'une
poignée d'hommes, s'ébranlent en désordre,
jetant des cris affreux, pour accabler les républicains de leur masse. Ceux-ci ajustent, tirent
avec précision, et s'ouvrant ensuite de droite
et de gauche, démasquent l'artillerie légère
dont le feu à mitraille foudroie l'ennemi rangé sur quinze à vingt hommes de hauteur. Revenus de leur première surprise, les Vendéens
encouragés par leur chef, avancent courageusement. Les deux bataillons républicains se replient sur la ligne en continuant leur feu èt
leur manœuvre : l'ennemi fond avec impétuosité pour les atteindre; alors Tuncq ordonne un
roulement qui devait servir de signal à ses soldats. Tout à coup l'armée entière se lève et
semble sortir de dessous terre. Son feu de file
roulant et bien ajusté augmente l'impression de
terreur qu'a faite à l'ennemi son apparition subite. Royrand, imprudemment engagé, essuie
non seulement le feu de la mousqueterie, mais
le feu bien plus meurtrier de l'artillerie légère.
C'était la première fois que les républicains eu
faisaient usage dans la Vendée. Le terrain était
parfaitement uni, rien ne s'opposait aux évo-
lutions de cette arme terrible; la colonne de
Royrand en fut criblée, et en moins d'une

heure et demie on vit la plaine de Luçon couverte de cadavres. Charette avançait plus lentement sur la droite. Il avait promis d'enfon-
cer dans sept minutes la colonne qui lui serait
opposée; il tint parole : après neuf minutes de
combat il fit plier les bataillons qui après s'être
avancés évitèrent son choc. Sur la gauche,
d'Elbée ne trouvant nul obstacle, avait obliquement dépassé la ligne, et ne voyant point
de colonne à combattre, il crut devoir renforcer le centre qui pliait : mais le ravage des
obusiers avait fait une telle impression de terreur sur les soldats de Royrand, qu'apercevant
d'Elbée revenir sur ses pas, ils le crurent en
pleine déroute, s'en effrayèrent et se débandèrent. D'Elbée, trop faible pour résister, fut
entraîné dans la déroute. Charette resté seul sur
le champ de bataille, se vit bientôt assailli par
toutes les forces républicaines. Accablé, fou-
droyé de toutes parts, il eut de la peine à sauver son armée dont il perdit l'élite, et fut poursuivi ainsi que d'Elbée qui abandonna son artillerie. Bernard de Marigny qui la commandait ne put la sauver. Royrand laissa également
deux pièces de douze.

On croit que ce fut au premier moment de
la bataille que Baudry d'Asson, animé d'un
courage imprudent, suivi d'un domestique fi-

dèle qui avait juré de mourir avec lui, courut s'exposer aux premiers coups, et se fit tuer en avant de sa troupe. Son domestique se précipitant sur son corps y fut percé de mille coups. Baudry, ce premier champion de la guerre civile était d'un caractère dur; il savait se faire craindre et obéir, et pourtant il fut regretté.

Jamais, depuis la guerre, les royalistes n'avaient essuyé de défaite aussi sanglante. Six à sept mille morts couvraient le champ de bataille, et un régiment de cavalerie poursuivait encore les fuyards le sabre à la main, sans faire de quartier. Dans sa fuite, l'armée fut tout à coup arrêtée au pont Minclet, seul passage qui lui restât. Deux pièces de canon démontées barraient le chemin, ce qui augmenta bientôt le désordre. C'en était fait de l'armée entière, sans la valeur des transfuges de la légion germanique. Ils se postent en avant de la tête du pont, font face à l'ennemi, et donnent ainsi le temps aux Vendéens de filer dans le Bocage.

Les soldats d'Anjou et du Haut-Poitou imputèrent la perte de la bataille à la division du centre, dite le *camp de l'Oie*. Royrand voulant grossir sa troupe, avait fait marcher quelques paroisses protestantes, entr'autres Montcoutant, qui, pour ne pas combattre contre leur gré, jetèrent leurs armes, en criant *sauve qui peut*. Charette aigri contre les chefs du Haut-Poitou, auxquels il imputa sa défaite, s'en sépara mécontent, et se rendit à Legé. Ce levain de haine fermenta et fut le germe des divisions funestes qui éclatèrent dans la confédération vendéenne.

La diversion de la Cathelinière ne fut pas plus heureuse du côté de Nantes. Avec deux mille hommes il attaqua le 10 août le château d'Au, dont la prise cût fait tomber en son pouvoir la fonderie d'Indret : il y fut blessé et se retira. Sept cents républicains défendirent ce poste important, dont l'attaque tardive aurait dû précéder celle de Nantes.

Quant au général Tuncq, il dut cette mémorable victoire, dont ses ennemis cherchèrent à obscurcir l'éclat, aux effets prodigieux de son artillerie volante, à ses sages dispositions secondées par l'intrépidité de ses troupes. Il est constant que neuf mille républicains battirent ce jour-là près de trente-cinq mille royalistes.

Tuncq accusa l'adjudant-général Canier qui commandait son camp de réserve, de n'avoir point donné, quoiqu'il lui eût réitéré par écrit l'ordre de s'avancer au premier feu pour prendre l'ennemi en flanc, et lui couper la retraite par le pont Minclet. Si ce mouvement eût été exécuté avec précision, peu de Vendéeus seraient échappés au fer des patriotes.

Les commissaires Bourdon de l'Oise et Goupilleau, en rendant compte à la Convention de cette bataille, réclamèrent contre la destitution du général victorieux. « Tuncq, dirent-» ils, a trente-un ans de service, dont huit de » soldat. Il s'honore d'être le fils d'un honnête » tisserand. » La Convention, non seulement le réintégra, mais encore lui accorda le grade de divisionnaire.

Ce général voulut profiter de ses avantages; il s'empara de Chantonay, ce qui l'éloignant des divisions de droite et de gauche, ne tarda pas à lui devenir funeste.

Dans le même temps le général Rey partait de Chinon avec 1400 hommes pour s'emparer de Chollet, et y délivrer 3000 prisonniers; mais Stofflet s'étant trouvé en force en avant de cette ville, les républicains furent forcés de se replier.

Le général Rossignol ne vit dans tous ces mouvements partiels que l'effet de l'insubordination des généraux divisionnaires; il les blâma, et leur ordonna de rentrer dans leurs positions respectives.

Cet ordre déplut à Tuncq, enhardi également par sa victoire et par l'appui des commissaires

Bourdon et Goupilleau de Fontenay. Dès ce moment, le quartier-général de Chantonay se fit remarquer par son opposition. Goupilleau de Montaigu y rejoignit ses deux collègues, dont il partageait les sentiments. Les deux Goupilleau qui avaient leurs propriétés et leurs familles dans la Vendée, ne voyaient point sans inquiétude approcher le moment des mesures de destruction. Ils formèrent une ligue contre les décrets du 1er. août, dont le parti de Saumur voulait l'exécution littérale. Dans cette vue, le général Rossignol, pour disposer toutes les colonnes à agir simultanément, et profiter du peu de temps qui devait précéder l'arrivée des troupes de Mayence et de Valenciennes, alla visiter les différentes divisions de l'armée.

Il trouva Saint-Maixent et Niort dégarnis, les contingents épars, ses ordres oubliés, et le divisionnaire Chalbos entraîné dans des mouvements irréguliers pour soutenir Tuncq, engagé trop inconsidérément sous les auspices de Bourdon et de Goupilleau.

Rendu à Chantonay accompagné du Conventionnel Bourbotte, le général Rossignol y fut méconnu. Il rompit le premier le silence, en demandant compte de la position de l'armée. « Je n'en sais rien, lui répond sèchement » Goupilleau de Fontenay ; si vous êtes ici

» comme général en chef, je vous préviens que
» nous vous avons suspendu de vos fonctions. »
Il lui remet à l'instant l'arrêté pris en conséquence. « Je ne sais qu'obéir aux autorités
» supérieures, répond le général après avoir
» lu l'arrêté ; je n'en servirai pas moins bien la
» république. » Une vive explication s'engagea.
Rossignol protesta de son obéissance aux décrets de la Convention nationale. « Je ne re-
» connais point la Convention, s'écria Bour-
» don avec véhémence, dans les décrets ren-
» dus contre la Vendée; ce sont des lois contre-
» révolutionnaires. Tout ce que le comité de
» salut public et le ministre de la guerre ont
» fait à cet égard, je le regarde comme nul. »

Rossignol se retira et partit aussitôt. Bourbotte, resté avec ses collègues, leur reprocha
amèrement l'injustice de l'acte arbitraire qu'ils
venaient d'exercer contre un général en chef.
Ils n'en persistèrent pas moins, ajoutant qu'ils
poignarderaient de leurs mains celui qui oserait mettre les décrets à exécution. Ils menacèrent Bourbotte lui-même de le faire transférer à la Rochelle sur les derrières de l'armée.

Bourbotte contint son indignation. Il quitta
Chantonay et vint à Paris exposer au comité
de salut public toutes les circonstances de cette
affaire.

« Vous le voyez, dit-il ; un brave général qui
» veut exécuter les décrets que vous avez fait
» rendre, est suspendu par des représentants
» qui méconnaissent votre autorité.

» Vous en savez la cause. Rien n'est plus
» impolitique, pour des missions si délicates,
» que d'envoyer des commissaires dans leurs
» propres départements ; les considérations de
» localités l'emportent sur l'intérêt de la ré-
» publique.

» Des succès éphémères, ordinairement sui-
» vis de revers occasionnés par l'imprudence
» et l'aveuglement, ont ébloui des chefs et des
» représentants peu instruits du métier des
» armes.

» Les forces de l'armée sont partiellement
» engagées au risque d'être coupées. Vos or-
» dres, ceux du ministre de la guerre, ceux
» du général en chef, sont méconnus, ainsi
» que les décrets de la Convention nationale.

» C'est à vous, c'est à la Convention à ré-
» primer, dès son origine, ce nouveau germe
» de rébellion qui s'élève dans la Vendée. »

Le comité n'osa pas décider à huit clos contre
un parti qui venait de vaincre ; il crut plus
convenable d'en référer à la Convention elle-
même.

Bourdon et Goupilleau l'avaient déjà prévenue de la suspension de Rossignol, qu'ils accusèrent de brigandage et d'ivrognerie.

Le 28 août, Rossignol se présente à la barre et prie la Convention d'examiner sa conduite.

Bourbotte monte à la tribune, et au nom de la majorité de ses collègues en mission dans la Vendée, il dénonce Bourdon et les deux Goupilleau, demande leur rappel, défend Rossignol, et réclame sa réintégration.

La Convention, d'abord partagée entre le parti de Luçon et celui de Saumur, fut entraînée par Tallien qui défendit Rossignol avec chaleur : elle leva la suspension de ce général, et rappela Bourdon et Goupilleau.

Rossignol eut les honneurs de la séance ; il remercia l'assemblée, et jura que sous trois semaines les brigands seraient exterminés.

A peine cette affaire était-elle terminée, que des dissensions plus graves et éminemment influentes sur les évènements subséquents, éclatèrent entre les commissaires et les généraux chargés de terminer la guerre civile.

Il est nécessaire, pour plus de clarté, que je fasse connaître quelle était, à cette époque, la situation des forces de la république dans la Vendée. On les divisait en deux armées distinctes, celle des côtes de la Rochelle commandée par le général Rossignol, celle des

côtes de Brest sous les ordres du général Canclaux. Chacune de ces armées avait sa commission centrale de surveillance. Bourbotte,
Ruelle, Richard et Choûdieu surveillaient celle
de Rossignol ; Gillet, Thureau et Cavagnac
celle de Canclaux. Ces commissions avaient des
vues et des projets différents. L'amour propre,
les rivalités, et beaucoup d'autres passions divi-
sèrent des hommes qui tendáient au même but.

L'armée de Mayence arriva, les deux commissions centrales se la disputèrent. Au lieu
d'assurer le triomphe de la république, cette
armée fut, pour ainsi dire, la cause des divisions les plus funestes.

Philippeaux, homme dévoré de l'amour de
la liberté et de son pays, mais irritable et pas-
sionné, ramassa la pomme de discorde.

Envoyé, dès le mois de juin, dans les départements de l'Ouest, il avait éprouvé à la commission centrale de Saumur des désagréments
personnels. Mieux accueilli par celle de Nantes,
il embrassa ses intérêts, et défendit ses plans.
Le général Canclaux et le commissaire Gillet
lui démontrèrent sans peine que le système
offensif pratiqué jusqu'alors était aussi détes-
table en théorie qu'il avait été funeste dans
l'exécution; qu'il fallait s'attendre à une suite
de désastres tant qu'on attaquerait par les points

supérieurs de la Vendée, tandis qu'en balayant les rives maritimes depuis Nantes jusqu'aux Sables-d'Olonne, le succès était infaillible. La jonction de la garnison-de Mayence à-l'armée des côtes de Brest était une conséquence de ce plan. Philippeaux l'adopta avec ardeur, et se chargea de le porter au comité de salut public pour avoir son adhésion. Il partit donc prévenu d'avance qu'il rencontrerait des obstacles dans la commission et l'état-major de Saumur. En effet, Choudieu attaqua vivement le projet de Philippeaux. Celui-ci s'irrita sans se décourager, et ayant rencontré auprès d'Orléans l'armée de Mayence commandée par le général Aubert-Dubayet, il lui communiqua son plan, ainsi qu'à Rewbell et Merlin de Thionville, commissaires près cette armée, qui l'adoptèrent. Encouragé par leurs suffrages, Philippeaux vole à Paris, et le 12 août se présente au comité de salut public, auquel il fait son rapport.

Après avoir parlé du résultat de sa mission dans l'Ouest, de ses succès contre le fédéralisme, et du dénûment des Nantais, il continue en ces termes :

« J'ai tout observé dans la Vendée d'un œil
» attentif, avec la seule passion du salut public.
» Je vous dois le tribut de mes recherches
» sans nul ménagement comme sans faiblesse.

» Vos plans, citoyens collègues, ne sont » point exécutés. Vous avez deux armées en » présence des rebelles ; celle des côtes de » Brest, peu nombreuse, n'a jamais été battue » que par vingt contre un ; elle fait trembler » l'ennemi ; mais ayant tous les jours quarante-» huit postes à défendre, elle ne peut hasarder » l'offensive.

» Si elle eût égalé de moitié celle de Saumur, » la guerre serait finie ; mais cela contrarierait » trop les calculs infâmes de ceux qui ont fait » de cette guerre une mine d'or. Qu'est deve-» nue l'armée de Saumur ? Elle était de 25 » mille hommes à Martigné - Briand ; le dé-» sastre de Vihiers l'a réduite à 10 mille. Je » jette un voile sur tout ce qui s'est passé de-» puis. Les brigands n'ont pas commis plus » d'atrocités contre les citoyens paisibles que » nos propres soldats. Les chefs ont encouragé » le pillage dont ils ont partagé l'exécrable pro-» duit. On reproche à celui de nos collègues » qui gouverne la commission centrale de Sau-» mur, d'avoir fermé les yeux sur toutes ces » horreurs. C'est au milieu de ces éléments » d'anarchie et de dissolution qu'on voudrait » conduire l'armée de Mayence ; elle s'y per-» drait infailliblement, et les dangers publics » n'auraient plus de terme. »

Ici Philippeaux développe son projet.

« Citoyens collègues, ajouta-t-il, je réclame
» votre approbation, sans laquelle nous tom-
» berions dans un chaos inextricable. Le mou-
» vement des armées serait soumis à cinquante
» volontés divergentes; il faut qu'il soit réglé
» par une puissance centrale et tutélaire. »

Le comité entraîné accorda son adhésion.

Muni d'un arrêté qui ordonnait à la garnison de Mayence de descendre à Nantes pour
attaquer avec l'armée des côtes de Brest, Philippeaux crut avoir remporté une victoire sur
ses ennemis personnels.

Richard et Choudieu adressèrent leurs réclamations au comité, et cherchèrent à attirer
Rewbell et Merlin de Thionville dans leur parti.

« L'arrêté du comité, dirent-ils, a été sur-
» pris par Philippeaux qui ne voit que Nantes,
» et dont les notions sur la guerre de la Vendée
» sont très différentes des nôtres. Il serait dan-
» gereux de déférer sans examen à une telle
» décision. Le plan d'attaque générale ne doit
» être que le résultat d'une mûre délibération. »

Après de longs débats, Rewbell et Merlin
souscrivirent à la proposition d'un conseil de
guerre extraordinaire tenu à Saumur, et auquel seraient appelés tous les commissaires des
trois armées pour déterminer un plan d'attaque

irrévocable. Philippeaux refusa de signer, ne voyant dans cet incident qu'un moyen indirect de paralyser l'exécution de la décision du comité.

Dans l'intervalle, la garnison de Mayence se dirigeait toujours vers Nantes. Le parti de Saumur espérant l'emporter, entrava un instant sa marche. Philippeaux s'en plaignit amèrement.

« Des commissaires désorganisateurs souf-
» flent dans cette armée le poison de l'indis-
» cipline et de la révolte. Sachez, ajouta-t-il au
» général Dubayet, que le passage de Saumur
» est une Vendée non moins redoutable que
» celle où nous allons faire la guerre. »

Dubayet s'en tint aux ordres du comité, et continua sa marche.

La tenue d'un conseil de guerre ayant été approuvée, on en fit l'ouverture à Saumur le 2 septembre, Rewbell le présida ; Lachevardière, commissaire national, en fut le secrétaire. Les Conventionnels présents étaient Rewbell, Merlin de Thionville, Choudieu, Richard, Bourbotte, Ruelle, Tureau, Meaulle, Fayau, Philippeaux et Cavagnac.

Philippeaux voulait que les seuls commissaires de la Convention eussent voix délibérative ; ce qui lui assurait la majorité. Choudieu opposa la décision du comité de salut public,

portant que les généraux commandants con-
courraient avec les commissaires à former le
résultat. Il en conclut que non seulement les
généraux en chef de chaque armée, mais
même tous les divisionnaires commandants devaient partager avec les commissaires le droit
de suffrage. Philippeaux s'éleva contre ce système qui, selon lui, rompait tout équilibre,
en laissant à l'état-major de Saumur l'avantage
du nombre. Ses adversaires le menacèrent d'invoquer l'exécution d'un décret positif qui défendait à tout représentant en mission de s'immis-
cer dans les opérations militaires. Philippeaux
céda, et les généraux divisionnaires furent admis. Il n'y eut de militaires délibérants que les
généraux en chef Canclaux, Rossignol et Dubayet; les divisionnaires Duhaux, Dambarrère,
Menou, Santerre, Chalbos, Salomon, Mieskousky et Rey.

Attaquera-t-on Mortagne par Nantes ou
bien par Saumur? Tel était le sens de la question soumise au résultat de la délibération. La
garnison de Mayence était réservée à l'armée
attaquante : on convint que les opinions seraient motivées.

Former avec l'armée de Saumur un corps
de réserve pour préserver les rives supérieures
de la Loire de toute irruption, combiner l'ar-

mée de Mayence avec celle des côtes de Brest,
s'emparer du pays de Retz, grenier d'abondance, interdire aux Vendéens toute communication avec la mer, opérer en deux jours la
jonction de l'aile droite avec la division des
Sables-d'Olonne ; maîtres de toute la ligne
occidentale, ayant à droite et à gauche deux
divisions invaincues, communiquer en vingt-
quatre heures à celle de Niort, combiner avec
promptitude tous les mouvements ultérieurs,
cerner, écraser l'ennemi sur tous les points;
tel était le plan de Philippeaux.

« S'il est adopté, je réponds, dit-il, sur ma
» tête que cette guerre, qui alarme la répu-
» blique, ne durera pas un mois. »

Il insista sur les mêmes considérations qu'il
avait fait valoir auprès du comité de salut public, rejeta le blâme sur les opérations de ses
adversaires, et déclara que l'armée de Mayence
était perdue, si l'on ne se hâtait de la séparer
de celle de Saumur, entièrement désorganisée
et constamment malheureuse.

« Si l'on objecte, ajouta Philippeaux ironi-
» quement, la nullité de l'armée de Saumur
» abandonnée à ses seuls moyens, je réponds
» qu'elle fera beaucoup en ne faisant point de
» mal. »

Choudieu prit froidement la parole; il s'é-

tonna que son collègue se plût à déverser le fiel
et la diffamation sur une armée qui, si elle
avait connu des défaites, pouvait aussi compter
des victoires. « Nous n'avons point combattu
» derrière des murailles ni à l'abri des retran-
» chements, dit Choudieu ; la Loire n'a point
» existé pour nous. De nouvelles levées ont été
» constamment chercher l'ennemi pour s'es-
» sayer aux combats. Elle serait terminée, cette
» guerre, s'il y avait eu plus d'obéissance chez
» les uns, moins d'orgueil chez les autres, et
» surtout plus d'ensemble dans les opérations.
» En admettant le plan de Nantes, les forces
» se trouveront encore une fois disséminées,
» lorsque tant d'expériences funestes font une
» loi de les réunir. Au lieu de se livrer à des
» personnalités offensantes, il serait plus utile
» de consulter les localités, de combiner un
» plan d'attaque, non pour favoriser telle ville,
» telle armée, telle opinion, mais pour abattre
» d'un seul coup l'hydre de la Vendée. J'en
» appelle aux braves généraux qui m'écoutent :
» en attaquant par Saumur, il ne faudra que
» deux jours pour être sous Mortagne, et par
» Nantes il s'en écoulera quinze avant d'avoir
» atteint l'ennemi. On veut que l'armée de Sáu-
» mur se tienne en état de défense active ; pourra-
» t-elle conserver un terrain ouvert sur plus de

» soixante-dix lieues d'étendue où l'ennemi en-
» trera nécessairement, si l'armée attaquante a
» des succès? Pour qui connaît l'art de la guerre,
» il faut ôter à l'ennemi que l'on veut détruire
» tout moyen de retraite. A Nantes, la Loire
» fut une barrière, le sera-t-elle ailleurs?
» Ce n'est ni la passion ni l'orgueil qui m'ani-
» ment, c'est la force de l'évidence et l'amour
» de la patrie. Si la majorité décide en faveur
» de Philippeaux, je prédis que des défaites
» sans nombre suivront cette fatale résolution. »

Sur onze commissaires, sept votèrent pour le plan de Philippeaux, trois le combattirent. Bourbotte voyant que la passion et l'intrigue l'emportaient des deux côtés, refusa de voter. Sur onze généraux, Aubert-Dubayet, Canclaux et Mieskouski, commandant la division des Sables-d'Olonne, se rangèrent de l'avis de Philippeaux, sept de l'avis de Choudieu; le onzième demeura indécis. Le partage absolu des voix ne donnant aucun résultat, le président décida que l'arrêté du comité de salut public serait maintenu, et qu'on attaquerait par Nantes. Il y eut de très vifs débats, de l'aigreur de part et d'autre. Santerre présenta un plan qui fut rejeté; le général Menou combattit celui du général Canclaux. Ce ne fut ni d'après les principes de la guerre, ni d'après la position topo-

graphique de l'ennemi qu'on se décida. La vérité est que personne ne voulait être commandé par Rossignol. En butte à cette espèce
de ligue, il s'honora par un trait d'abnégation
et de dévoûment, en proposant au général Canclaux de lui abandonner le commandement s'il
voulait entrer en campagne dès le lendemain
par Saumur.

On en avait décidé autrement. Ainsi, après
tant de discussion et de débats, il fut irrévoca-
blement arrêté (1) que l'armée des côtes de la
Rochelle se tiendrait dans un état de défensive
active, excepté la division des Sables-d'Olonne
qui agirait offensivement jusqu'à sa jonction
aux deux ailes de Nantes et de Luçon. La
marche des autres divisions fut réglée de ma·
nière qu'en avançant toutes à la fois, à partir
du 10 septembre, elles cerneraient l'ennemi
par tous les points, et se trouveraient réunies le
16 autour de Mortagne, après avoir balayé devant elles tous les corps royalistes qui s'oppo-
seraient à leurs progrès.

Cette marche du général Canclaux était parfaitement calculée ; mais, pour son entière exécution, il fallait supposer que l'armée ne trou-

(1) Voyez, à la fin du volume, les *Pièces justificatives*, N°. XVI.

verait aucun obstacle depuis Nantes jusqu'à
Mortagne, ou qu'elle les surmonterait tous dans
le temps déterminé.

L'évènement prouva le contraire. Si l'intérêt
de la chose publique fut compromis dans ce
conseil de guerre, d'un autre côté il en résulta
un grand bien, celui de faire reconnaître généralement le danger des agressions partielles;
car le projet d'une attaque générale était déjà
une preuve qu'on sentait la nécessité de changer de système.

LIVRE VIII.

Défaite de l'armée de Luçon par d'Elbée et Royrand. — Levée en masse des républicains. — Attaque générale. — Défaites de Santerre à Coron, de Duhoux à Saint-Lambert, des Mayançais à Torfou, de Beysser a Montaigu , et de Mieskousky à Saint-Fulgent.

LE plan d'agression adopté dans le conseil de guerre tenu à Saumur n'était que le complément du code d'extermination voté par la Convention nationale. Alors commença une lutte si terrible qué tous les évènements antérieurs semblèrent n'en avoir été que le prélude. S'il survint quelques incidents, ce fut moins pour suspendre tant de calamités que pour démontrer aux hommes qu'il est des chances qui échappent à leurs calculs, et paraissent ne dépendre que du hasard.

Pendant que les patriotes préparaient une attaque générale, les Vendéens moins occupés de leurs travaux agricoles se livraient à des expéditions partielles : toutes ne furent pas sans succès.

Depuis l'échec de Luçon , Charette s'était emparé de Challans qui lui avait tant de fois résisté; attaquant ensuite Saint-Gilles, un orage sépara son armée et le força de se retirer. Il revint de Challans à Legé, son quartier-général, qu'une position avantageuse lui faisait toujours préférer. La troupe de Charette était assez bien organisée; lui-même affectait une grande tenue militaire. Il avait alors pour décoration un panache blanc et une écharpe de même couleur, fleurdelisée en or, qui avait été brodée par madame de Larochefoucault. Charette attaqua ensuite Laroche-sur-Yon de concert avec Joly et Savin, ayant l'espoir de s'en emparer par surprise. Le 26 août, les trois colonnes royalistes donnèrent en même temps; Joly par Lamotte-Achard, Charette par le Poiré, Savin par les Essards; mais le général Mieskousky, commandant la division des Sables-d'Olonne, culbuta les avant-gardes ennemies, et ne fit point de quartier. Après d'inutiles efforts, les trois-chefs furent forcés de se retirer. Une belle femme âgée de trente ans, madame de Beauglie, se fit remarquer dans la division de Joly. Elle était à la tête d'une compagnie à sa solde. On la vit protéger la retraite et combattre en véritable amazone. Charette revint à Legé, et fut ensuite attaquer sans succès Challans. C'était un préjugé parmi les paysans de la Basse-

Vendée de croire un poste imprenable quand ils y avaient échoué. Charette alors se porta sur Machecoult et faillit tomber au pouvoir des républicains. Poursuivi par la cavalerie de Beysser, il fut sur le point d'être atteint au passage d'un ruisseau entre Paulx et Machecoult. Le port Saint-Père, occupé par la Cathelinière, étant menacé, Charette y marcha renforcé par la division de Pajot. Après avoir repoussé les patriotes, il revint à Machecoult, et quelques jours après se porta sur Saint-Gervais. Joly par une attaque tardive fit manquer cette expédition. Charette revint alors à Machecoult, et reporta son quartier-général à Legé.

Cependant l'armée de Mayence approchait de Nantes. La nouvelle de sa marche rassurait autant les patriotes qu'elle inquiétait les royalistes qui s'agitèrent dans la Basse-Vendée. Ils firent un appel aux braves dont les nouveaux rassemblements se formèrent à Villeneuve et à Torfou. Le camp de Villeneuve qui s'étendait jusqu'aux Sorinières était commandé par de Goulène, celui de Torfou par la Secherie et Massip. Il paraît que ces deux divisions se réunirent à celle de Lyrot, dont il fut peu question depuis cette époque. Ces trois chefs firent une tentative contre le camp qui couvrait Nantes, dans la vue de prévenir la jonction de l'armée de Mayence. Le 31 août, les royalistes s'y présentèrent à portée du canon. Le général Emanuel Grouchy les repoussa la baïonnette dans les reins, et leur enleva à la tête d'un corps de grenadiers leurs retranchements ainsi que les villages voisins qu'ils avaient crenelés. Revenus en force le 5 septembre, les Vendéens attaquèrent sur trois points à la fois; 4 mille républicains les mirent en fuite, et leur tuèrent cinq à six cents hommes; une pièce de canon resta au pouvoir des vainqueurs. Le même jour la tête de la colonne de Mayence parut à Nantes; le corps de bataille entra dans la ville et se forma sur deux lignes dans la prairie de Mauves. La précision de ses manœuvres et sa discipline étonnèrent les Nantais qui accoururent en foule, et passèrent dans les rangs de ces braves aux cris répétés de *vive la république!* L'administration départementale présenta une couronne murale aux généraux et à chaque drapeau de la division. Le commandant en chef, Aubert-Dubayet, prononça un discours martial et patriotique. A l'instant même, les Vendéens revenus à la vue du camp le saluèrent par une fusillade. Les balles sifflèrent autour des généraux et des commissaires conventionnels. Merlin de Thionville, emporté par la fougue de son caractère, s'avance vers les royalistes, leur parle d'une voix ferme et tellement assurée, qu'elle s'élève au dessus du bruit des armes. Le silence succède à la curiosité, et bientôt les Vendéens se disent les uns aux autres que l'*armée de Mayence est arrivée*. Étonnés, interdits, leurs chefs ordonnèrent la retraite.

Dans le Haut-Poitou, d'Elbée, pour réparer l'échec de Luçon, se concerte avec Royrand. Il juge qu'il est temps d'assurer ses derrières avant de laisser commencer l'attaque générale qui se préparait vers la Loire. En conséquence, il ordonne à Royrand de rassembler toutes ses forces, et de dégager Chantonay où s'était imprudemment avancé le général Tuncq avec sa division. Le 5 septembre, Royrand, à la tête de quinze mille hommes, suivis de vingt pièces de canon, investit le camp républicain en avant de Chantonay. Lecomte, chef du bataillon le Vengeur, fait récemment général de brigade, en avait pris le commandement en l'absence du général Tuncq. Les forces qu'il commandait s'élevaient à 6 mille hommes environ. Royrand divisant les siennes, se chargea de l'attaque de front, tandis qu'un de ses officiers devait tourner le camp. A quatre heures du soir, les royalistes commencèrent leur feu; les républicains ripostèrent, mais leur cava-

lerie refusa de donner. Une vive fusillade suc-
céda aux coups de canon, et se prolongea fort
avant dans la nuit. Le général Lecomte résistait avec courage; mais ayant été blessé mortellement, le désordre se mit dans le camp républicain, et tous les corps se débandèrent, à
l'exception de deux bataillons qui protégèrent
la retraite. Accablés bientôt par le nombre, ils
furent également contraints de se disperser, et
de fuir à la faveur des ténèbres du côté de
Mareuil. De cette brave armée de Luçon, il ne
resta plus que quinze cents combattants. Vivres,
munitions, artillerie, charriots, chevaux, effets de campement, tout tomba au pouvoir des
royalistes. Ce succès, il est vrai, leur coûta
près de 3 mille hommes qui, voulant forcer
les retranchements, périrent presque tous par
l'arme blanche. Le brave et malheureux Lecomte, couvert de blessures, échappé miraculeusement des mains de l'ennemi, éleva de son
lit de mort des plaintes douloureuses contre
son prédécesseur. « Le général Tuncq, dit-il,
» a quitté son poste l'avant-veille de la bataille
» sans avoir jamais fait aucune disposition pour
» assurer les derrières de sa troupe avancée à
» huit lieues de Luçon sans postes intermé-
» diaires; il est parti sans laisser aucuns ren-
» seignements, et emportant avec lui les cartes,

» le livre d'ordre, les notes secrètes. Le défaut
» de pièces me met hors d'état de préciser nos
» pertes. »

Les commissaires ordonnèrent l'arrestation
de Tuncq, mais ce général allégua qu'il avait
quitté l'armée, parce qu'ayant été destitué, il
ne pouvait plus la commander.

Le général Chalbos, craignant que les Vendéens ne profitassent de cette victoire pour marcher sur Fontenay qu'on ne pouvait défendre,
fit sa retraite sur Niort; mais bientôt rassuré
par la marche rétrograde de l'ennemi qui gagna le centre de la Vendée, il reprit sa première position.

D'Elbée convoqua un conseil de guerre à
Chatillon pour délibérer sur les moyens de résister à l'attaque générale que méditaient les
républicains. Alors tout semblait conspirer en
faveur des royalistes. La prise d'un courrier
qui portait à Nantes le plan arrêté à Saumur,
leur fit connaître tous les desseins de l'ennemi.
Avec une pièce aussi importante, connaissant
d'ailleurs le nombre et la qualité des troupes
qui leur étaient opposées, placés au centre du
cercle dans un terrain presque inaccessible aux
aggressions, et pouvant y rassembler cent mille
combattants pour se porter à propos sur les
points menacés, il était facile aux chefs roya-

listes de faire avorter les projets des républicains. Ceux-ci, au contraire, n'ayant que des
divisions en quelque sorte isolées, et ne pouvant se secourir mutuellement, se trouvaient
exposés au choc des masses vendéennes.

Cet aperçu saisi par Bonchamp et clairement
développé dans le conseil, servit de base au
plan qu'il proposa. Il consistait à se placer au
centre des mouvements de l'ennemi pour le
laisser s'engager dans le Bocage, et à prendre
l'offensive contre chacune de ses divisions sé-
parement, avec des forces supérieures. On eût
ensuite profité de sa défaite pour effectuer en
grand le passage hardi de la Loire. « Quel heu-
» reux hasard, dit Bonchamp, nous a fait con-
» naitre les plans de l'ennemi? J'y vois la main
» de Dieu qui veut sauver la Vendée! Ceci nous
» impose de nouveaux efforts et de plus grands
» sacrifices. Nos ennemis connaissent enfin le
» secret de la victoire, puisqu'ils veulent for-
» mer des masses pour nous accabler. Nous
» saurons repousser cette armée de Mayence
» qu'on dit être formidable; mais n'est-il pas à
» craindre qu'elle ne revienne à la charge plus
» terrible encore? Comment nous garantir de
» l'acharnement d'ennemis implacables qui se
» recrutent sans cesse malgré leurs défaites?
» Au contraire, chacune de nos victoires

» s'achète par la vie de quelques braves que
» nous ne pouvons remplacer. Hâtons-nous,
» par une expédition hardie, de déconcerter
» les projets des républicains. La Bretagne
» nous appelle; les Anglais nous offrent des
» secours : marchons, agrandissons nos desti-
» nées! Ne nous berçons pas plus long-temps
» du rétablissement de la monarchie par les
» puissances étrangères : c'est à nous que doit
» en appartenir la gloire. La position des coa-
» lisés ne nous est pas plus connue que celle
» de notre ennemi commun. Atteindrons-nous
» jamais le but de nos généreux efforts sans
» sortir de ces forêts, de ces ravins impéné-
» trables qui nous séparent du reste des hom-
» mes? Franchissons le fleuve, et que la France
» étonnée nous voie parcourir la Bretagne en
» vainqueurs; l'armée s'y grossira de tout ce
» qui aime encore son Dieu et son roi. Bientôt
» maîtres d'un port sur l'Océan, nous donne-
» rons la main à nos alliés, à nos princes, et
» nous acquerrons enfin cette consistance po-
» litique, sans laquelle nous ne pouvons rem-
» plir l'espoir de l'Europe. Surtout craignons
» d'attendre pour passer la Loire que la for-
» tune vienne à changer; alors il ne serait plus
» temps. »

De son côté, d'Elbée opposa les raisons sui-

vantes : « J'adopte volontiers la première partie
» de ce plan; mais j'écarte la proposition du
» passage de la Loire qui ne présente qu'un
» avenir incertain. Nos guerriers renonceront-
» ils jamais au sol qui les a vus naître? Serait-il
» prudent de se laisser entraîner par des pro-
» messes vagues que nous font des amis dou-
» teux? Quelle est notre position? La Loire ga-
» rantit nos frontières septentrionales; nos
» forces se partagent en trois armées; l'une
» vers l'ouest se défend de Nantes et des Sables-
» d'Olonne, ses mouvements sont distincts et
» séparés; la seconde au sud fait face à Luçon
» et à Fontenay; enfin, la troisième, la plus
» forte, celle qui a le plus d'ennemis à com-
» battre, observe à l'est et au nord Saumur,
» Angers et les environs. Que devons-nous
» faire? asseoir habilement ces trois armées qui
» sont sur un terrain difficile mais favorable
» pour la défense; les réunir suivant les cir-
» constances, ou les subdiviser à volonté. De-
» puis six mois, nous nous signalons tous les
» jours; les armées que nous avons eu à com-
» battre ont été défaites. L'intérieur de la Ven-
» dée ressemble aux îles de l'Océan qui de-
» meurent florissantes et tranquilles au milieu
» des vagues irritées qui les menacent de toutes
» parts. Prenons garde, par des vues trop am-

» bitieuses, de dépasser le but au-delà duquel
» serait notre ruine. Une ambition raisonnable
» ne nous conseille pas d'envahir, mais seule-
» ment de nous défendre. Songeons moins à la
» destruction de la république qu'à l'affermis-
» sement de la royauté parmi nous. C'est par
» des victoires qu'il faut l'obtenir, et bientôt
» nous saurons marquer le poste où tout bon
» Français doit se rendre. Formons d'abord au-
» tour de nos champs et de nos familles une
» enceinte impénétrable, en présentant à l'en-
» nemi un front menaçant et terrible ; que nos
» femmes, nos enfants, nos vieillards puissent
» encore jouir du charme de la paix, des dou-
» ceurs du repos. »

Cet avis prévalut, et chaque chef ne pensa
plus qu'à combattre. D'Elbée conserva la direction des forces de l'Anjou et du Haut-Poitou.
Quant à celles du centre sous Royrand, elles
devaient se replier devant les divisions de Luçon et de Fontenay jusqu'aux Herbiers, pour
reprendre ensuite l'offensive selon les circonstances.

Comme de tous les chefs de la Basse-Vendée
Charette était celui qui avait acquis le plus de
réputation et d'influence, on lui abandonna la
direction des divisions du Bas-Poitou, pour
s'opposer, d'après le plan général, aux progrès

des Mayençais, troupe redoutable contre laquelle Bonchamp devait aussi se réunir pour frapper des coups décisifs.

Ces dispositions supposaient une sage distribution des divisions vendéennes, et une parfaite harmonie parmi les chefs.

Ainsi la Vendée allait opposer trois armées principales aux huit divisions républicaines qui, distribuées sur autant de rayons du cercle, devaient, en se rapprochant des points centraux, se lier et se soutenir pour envelopper et détruire la Vendée.

Cependant les commissaires de la Convention, voulant faire précéder l'attaque générale par ce qu'on appelait alors une grande mesure, et opposer à la masse des insurgés une masse plus grande encore, arrêtèrent qu'un tocsin général sonnerait le 12 septembre dans tous les districts environnant la Vendée; que tous les hommes depuis dix-huit jusqu'à cinquante ans prendraient les armes, et se rendraient chacun avec des vivres pour quatre jours auprès des divisions qui leur seraient assignées, sous peine d'être emprisonnés comme suspects. On eut ainsi beaucoup d'hommes et peu de soldats. Jamais depuis les croisades on n'avait vu se réunir spontanément autant d'hommes qu'il y en eut tout à coup pour marcher contre la

Vendée. Près de 3oo mille individus en état de porter les armes formèrent cet énorme contingent. L'expérience ne tarda pas à prouver le danger de ces masses irrégulières qui jetaient partout la confusion et le désordre : elles formèrent d'abord un cordon autour du pays insurgé; mais l'inaction et le mouvement leur furent également funestes.

L'armée de Mayence réunie à celle des côtes de Brest, pénétra dans la Basse · Vendée en deux grandes divisions; l'armée des côtes de la Rochelle se dirigea vers les points du Bocage, assignés respectivement aux six divisions qui la composaient. Soixante-dix mille hommes de troupes régulières, formant la totalité de ces forces, précédaient ainsi la levée en masse.

Déjà d'Elbée avait fait la proclamation suivante à tous les habitants de la Vendée en état de porter les armes (1) : « Accourez, pieux » Vendéens, levez-vous, courageux royalistes, » pour défendre ce que vous avez de plus cher; » votre Dieu, votre roi vous appellent : venez » couronner vos efforts. Les puissances géné- » reuses qui combattent pour le rétablissement » de l'ordre, sont aux portes de Paris; et sous

_____

(1) Voyez, à la fin du volume, les *Pièces justifica- tives*, N°. XVII.

» peu de jours notre bon roi remontera sur le
» trône. C'est en son nom que je promets aux
» braves défenseurs de l'autel et de la monar-
» chie, des secours, des récompenses et l'exemp-
» tion du paiement des contributions. S'il était
» parmi vous des lâches qui se refusassent à
» marcher pour une cause aussi sainte, je dé-
» clare qu'ils seraient non seulement assujétis
» au paiement rigoureux de leurs impositions,
» mais qu'ils seraient aussi regardés comme
» complices de la Convention nationale et pu-
» nis comme tels. »

Bientôt le tocsin sonna une seconde fois dans
toutes les paroisses de la Vendée. L'impatience
et la précipitation de Lescure, de d'Autichamp
et de Talmont faillirent déranger les combinaisons de d'Elbée et de Bonchamp. Lescure
qui n'avait cessé avec sa division de harceler
celle du général Rey, posté à Airvaulx, instruit que la levée en masse du district se ras-
semblait à Thouars, conçut le dessein de la
dissiper. A la tête de 2 mille hommes, il marcha sur Airvaulx pour inquiéter les républicains; revenant ensuite tout à coup sur Thouars,
il se trouva peu avant la nuit à deux lieues de
cette ville. Lescure l'eût emportée, si les Vendéens moins attachés à leurs préjugés eussent
profité des ombres de la nuit; mais n'ayant pu

vaincre leur répugnance pour les attaques nocturnes, il ne s'avança que vers le point du jour
sur le pont de Vrine, s'en empara; et pénétrant
dans le faubourg, il dispersa la levée en masse
qui couvrit la plaine de ses fuyards. Il allait
se rendre maître de la ville, lorsque le général
Rey parut tout à coup avec sa division. A cet
aspect inattendu, Lescure rassemble à la hâte
ses soldats acharnés à la poursuite des fuyards;
il présente un front menaçant, et opère sous
le feu des républicains étonnés la première retraite régulière des Vendéens. Ce fut à cette
affaire que mourut, les armes à la main, une
paysanne de Courlay, nommée Jeanne. Depuis
le commencement de la guerre, elle n'avait
cessé de combattre avec le plus grand courage.
Elle donna lieu, avant et après sa mort, à des
bruits populaires. C'était, selon les républicains, la sœur de Lescure; elle seule avait
soulevé les districts de Thouars et de Chatillon.
Selon les Vendéens, c'était une femme mira-
culeuse, la Jeanne-d'Arc de la Vendée.

Le même jour, 14 septembre, Talmont et
d'Autichamp attaquèrent la division de Santerre contre l'avis de d'Elbée. Posté à Doué, le
général républicain, averti de l'approche des
royalistes, mit au point du jour sa troupe en
bataille hors de la ville. L'ennemi parut sur une

seule colonne, et se déploya par la route d'Angers sous le feu du canon. A l'incertitude de
ses mouvements, les généraux de la république
jugèrent que d'Elbée ni Bonchamp ne dirigeaient l'attaque. Cependant l'aile gauche des
patriotes plia d'abord sous un feu terrible de
mousqueterie; mais leur cavalerie ayant pris
les royalistes en flanc, tandis que l'aile droite,
commandée par le général Turreau, chargeait
et rompait leur aile gauche, ils furent mis en
déroute et poursuivis avec perte. Santerre ne
dut le succès de cette journée qu'aux sages
dispositions du général Dambarère, de l'arme
du génie, qui indiqua la position et forma la
ligne.

Ne connaissant point la véritable situation
de l'armée de Mayence dans la Basse-Vendée,
et croyant que les royalistes ne se jetaient sur
lui que par suite des progrès de cette armée, encouragé d'ailleurs autant par les succès qu'il
venait d'obtenir que par les conseils de quelques généraux en opposition au plan de Saumur, le général Rossignol ordonna aux divisions des généraux Santerre et Duhoux d'aller
en avant pour se diriger sur Chollet. Il expédia
en même temps aux colonnes de Luçon et de
Fontenay l'ordre aussi extraordinaire qu'inconcevable de reprendre leur première posi-

tion. Le général Chalbos obéit et rétrograda. L'alarme et la consternation se répandirent dans son armée ; on y cria *à la trahison*, et la levée en masse déserta. Il est vrai que Rossignol désavoua et révoqua sur le champ cet ordre qualifié par lui, de mal-entendu ; mais le parti de Nantes crut apercevoir dans l'état-major de Saumur l'intention de transgresser le plan de campagne, au risque de retomber dans le malheureux système des attaques séparées.

Le général Santerre parut le 17 à Vihiers sur deux colonnes ; chacune d'elles vit replier l'ennemi, l'une à Gomord, l'autre à Vihiers. Les républicains bivouaquèrent dans la nuit en avant de la ville, près le château du Coudray-Montbault, ayant leurs avant-postes à une demi-lieue de Coron. C'est là que l'avant-garde prit position, le 18 au matin, pour attaquer le village.

D'Elbée qui s'était mis à la tête de l'armée catholique, forte de 20 mille hommes, avait reçu la veille à Chollet un renfort de 4 mille combattants. Il fit occuper Coron par son avant-garde, avec ordre de se replier à la vue des républicains pour les attirer et leur faire abandonner les hauteurs. Santerre donna dans le piège ; il ordonna au général Turreau, qui

commandait son avant-garde, d'entrer dans
Coron. Son corps d'armée se mit aussitôt en
bataille sur la hauteur de la grille à une demi-
lieue du village, tandis que les forces vendéennes se déployaient à l'opposite sur les hauteurs du bois de la Roche, ayant Coron et la
route de Vezin en face. Les tirailleurs républicains s'éparpillèrent, et fouillèrent ce village. D'Elbée forma aussitôt le croissant, et
balança avec trois pièces de 8, placées au centre, l'effet de l'artillerie des patriotes mise en
batterie sur la grande route. Alors Santerre fit
avancer de nouvelles troupes et quelques pièces
d'artillerie légère pour soutenir ses tirailleurs;
mais cette disposition fut si mal exécutée qu'on
y traîna tout le parc d'artillerie. Le village enfoncé entre les deux hauteurs en fut engorgé,
et le mouvement des troupes ralenti. On voulut
dégager le terrain et retirer les canons ; les volontaires aux prises avec les royalistes, ne se
voyant point soutenus se replièrent. Ce mouvement rompit la ligne, et le désordre se ma-
nifestant de toutes parts, devint le signal d'une
déroute générale. Chacun chercha son salut
dans la fuite, les Vendéens fondirent sur les
fuyards; la levée en masse encore plus frappée
de terreur, fut aussi la plus maltraitée. Tous
ceux qui périrent ne tombèrent pas sous le fer,

un grand nombre succomba de frayeur et de fatigue; le champ de bataille en fut couvert. L'épouvante fut telle parmi les républicains, que plusieurs se serrant de près eux-mêmes, et se croyant vivement poursuivis, s'entre-tuèrent. Tout fuyait, lorsque sur les hauteurs de Concourson, en avant de Doué, deux bataillons se mirent sous les armes, et arrêtèrent les débris de l'armée qui couraient à Saumur. Les généraux vaincus prirent la position de Doué. D'Elbée s'empara de la plus grande partie de l'artillerie de Santerre, de beaucoup de fusils, et d'une prodigieuse quantité de piques, dont la levée en masse jalonait la route en fuyant. Telle fut la fameuse défaite de Coron, plus connue sous le nom de *déroute de Santerre*.

Sans perdre un moment, d'Elbée fit marcher 7 mille Vendéens d'élite pour attaquer la division d'Angers, sous les ordres du général Duhoux, posté à quelques lieues de Coron; ce général avait aussi donné dans le piège. Il crut avoir fait fuir les royalistes au pont Barré, parce qu'un de leur détachement feignit de se replier en désordre. Les Vendéens trouvèrent l'ennemi dans la position de Beaulieu. La nouvelle de la défaite de Coron commençait à s'y répandre; le général Duhoux disposa sa troupe en tirailleurs sur trois colonnes; l'une sous

Beaulieu, l'autre sous le pont Barré, la troisième dans un enfoncement coupé par des chemins vicinaux. D'abord les deux ailes des Vendéens plièrent, soit que ce mouvement fût simulé, soit que le premier feu des patriotes leur en eût imposé réellement; mais le centre, que dirigeait le chevalier Duhoux en personne, courut sur les républicains qui, se voyant à demi-portée de l'ennemi, se dispersèrent sans combattre. Quelques bataillons, tels que ceux de Jemmapes et d'Angers, tinrent et furent hachés. Les bagages engagés dans des chemins affreux, tombèrent avec l'artillerie au pouvoir des Vendéens, auxquels il ne fallut ainsi que deux jours pour gagner deux batailles. La levée en masse abandonna ses piques et ses sabots; cinq cents pères de famille tant d'Angers que des environs, ayant été tournés au pont Barré, y furent presque tous égorgés en fuyant. Dans son bulletin officiel, le conseil supérieur des royalistes éleva la perte des républicains à 4 mille tués, blessés ou faits prisonniers. Le général Duhoux fut traduit au tribunal révolutionnaire. On l'accusa non seulement de négligence et d'impéritie, mais d'intelligences criminelles avec le chevalier Duhoux, son neveu, qui venait de le battre. On prétendit que ce lieutenant de d'Elbée avait dit aux Ven-

déens à Chalonne : « Prenez patience, mon
» oncle ne nous laissera pas manquer de mu-
» nitions. »

On s'indigna également contre le général Santerre qui avoit rangé processionnellement son
armée à Coron, et qui avoit placé dans l'enfoncement son artillerie, avec laquelle les Vendéens le foudroyèrent après s'en être emparés;
enfin on lui reprocha aussi d'avoir négligé les
hauteurs du bois de la Roche, malgré l'avis des
guides.

Cependant de si graves reproches n'eurent aucune suite : Santerre parvint à se faire oublier.
On a exagéré ses forces dans la malheureuse
journée de Coron; son armée ne s'élevait guère
qu'à 8 mille hommes de troupes régulières, auxquelles s'étaient joints 10 à 12 mille hommes de
la levée en masse. Le général Duhoux avait encore moins de troupes réglées; mais il est sûr
que tous deux au lieu de combattre, évitèrent
l'ennemi par une fuite honteuse.

Il n'en était pas de même de la brave armée
de Mayence. Dès le 9 septembre, elle avait
pénétré dans la Basse-Vendée, sa division de
droite sous Beysser, le corps de bataille sous
Canclaux et Dubayet.

Les chefs du pays de Retz ne voulurent point
se replier sans disputer le terrain. Malgré les

dispositions défensives de la Cathelinière et de Pajot, les Mayençais emportèrent successivement le port Saint-Père, Pornic et Bourgneuf. Le port Saint-Père était la clef de tout le pays. Les républicains y lancèrent les premiers obus; ce qui jeta l'effroi parmi les paysans. On vit à l'attaque de ce poste le lieutenant - colonel Targe, de la légion des Francs, se précipiter à la nage, le sabre entre ses dents, gagner la rive opposée, suivi d'une poignée de braves, et s'emparer, sous le feu de l'ennemi, de quelques bateaux gardés par les Vendéens.

La Cathelinière, dans sa fuite, courut à Saint-Philibert, où commandait Couëtus. Ce dernier ne savait s'il devait attendre ou fuir l'ennemi. Charette parut, et détermina les deux divisions royalistes à se replier sur Legé.

Le rassemblement des Sorinières opposé à la colonne de gauche, commandée par le général Grouchi, plia également, non sans avoir tenté de se défendre dans Vertou, qui fut pris et brûlé par les républicains, tandis que la garde nationale nantaise faisait une diversion sur Saint-Sébastien et Basse-Goulène.

Joly, surpris dans son camp de la Chapelle-Palluau par un détachement de l'armée des Sables - d'Olonne, perdit son artillerie, et se replia sur la division de Savin. Ce dernier s'était jeté sur Legé, ce qui força Joly de regagner le Grand-Luc. Le poste de Legé ayant été renforcé par ces divisions, tous les chefs réunis déférèrent provisoirement à Charette le commandement en chef. Les colonnes républicaines marchaient la torche et le glaive à la main, et certes, si le décret d'extermination ne fut pas entièrement exécuté, c'est qu'il fallut employer à combattre une partie du temps destiné à détruire. Toute la population du Bas-Poitou reculait effrayée devant les Mayençais qu'avait devancés leur réputation d'invincibles. L'incendie indiquait leur approche. Les Vendéens livrés à l'incertitude et aux alarmes, sortent de Legé pour y rentrer encore. Enfin, Couëtus veut reconnaître l'ennemi avec l'avant-garde, et tombe dans une embuscade au bois du Coin; Charette le sauve et protège sa rentrée dans Legé. De tous les points de la Basse-Vendée, on venait y chercher un réfuge. Les femmes traînaient sur des charettes leurs enfants, les vieillards, et tout ce qui pouvait être sauvé des mains d'une soldatesque furieuse et avide : on ne voyait partout que l'image de la désolation. Charette, hors d'état de se défendre au milieu d'un peuple épouvanté, annonça, lui - même l'ennemi, et donna ainsi le signal de la fuite : tout se dispersa sur la route de Montaigu. Au milieu de ce désordre extrême, Charette, tous jours calme, protégeait la retraite par sa droite, faisant filer son artillerie sur la Roche-Servière. Dans sa route, il entraîne Joly à la défense commune. Tandis que les Mayençais entraient à Legé au pas de charge, croyant y trouver les Vendéens, ceux-ci se refugiaient à Montaigu. Les chariots, les équipages, les fuyards, les femmes désolées couvraient les routes ; il ne restait d'autre espoir que dans l'armée d'Anjou. Charette expédia des courriers à Bonchamp pour presser sa marche : le rendez-vous était à Montaigu ; mais, dès le lendemain, Charette y fut attaqué par la colonne de droite, sous les ordres de Beysser. D'abord les républicains parurent sur les hauteurs qui dominent la ville ; Charette, quoiqu'abandonné d'une partie des siens, et malgré des torrents de pluie, marcha au-devant de l'ennemi jusqu'au bourg de Saint-George, où s'engagea une vive fusillade. Beysser arrivait par deux routes différentes, celles de la Rochelle et de Nantes. A la vue de sa seconde colonne, l'effroi fut tel parmi les Vendéens, qu'ils s'écrasaient entr'eux, en fuyant dans les rues de Montaigu ; d'autres se laissaient égorger par l'ennemi qui arrivait au pas de charge, la baïonnette en avant. Une vingtaine de hussards républicains se jettent dans le gros des royalistes et sabrent de droite et de gauche avant de trouver la mort. L'un d'eux,

Louis-Guillaume, dit Téméraire, noir Africain, est renversé avec son cheval qu'il croit mort; il veut se brûler la cervelle pour ne pas tomber vivant au pouvoir de l'ennemi. Un Vendéen se présente, Téméraire l'ajuste et le tue d'un coup de pistolet. L'explosion alors fait relever le cheval, Téméraire saute dessus, traverse un peloton de Vendéens qu'il écarte à coups de sabre, et regagne son corps sans une blessure.

Beysser força Montaigu sans poursuivre les royalistes, dont six cents venaient de perdre la vie dans la mêlée; le reste fuyait dans le plus grand désordre vers Clisson et Tiffauges, par des chemins que les pluies rendaient inpraticables.

En huit jours, les Mayençais avaient fait plus que toutes les armées de l'Ouest en six mois. Le port Saint-Père, Pornic, Bourgneuf, Macheeoult, Villeneuve, Aigrefeuille, Legé, Palluau, Montaigu et Clisson avaient été enlevés successivement et de vive force à des corps royalistes de 10, 15 et 20 mille hommes. Selon Philippeaux qui a laissé des mémoires sur cette guerre, les Mayençais trouvèrent dans le pays de Retz des coulevrines aux armes d'Angleterre, de la poudre anglaise et des signaux anglais.

Maîtres de Montaigu et de Clisson, les républicains se dirigèrent sur Mortagne. Charette avait eu le temps de réunir toutes ses forces à Tiffauges. Le ciel s'éclaircit , on distribua des vivres en abondance, et l'armée se trouva réparée. Charette la rangea en bataille, et chaque division défila en bon ordre. La vue d'un si grand nombre de combattants inspira plus de courage, et chacun se promit de faire son devoir. Quelques officiers de l'armée d'Anjou arrivèrent pour annoncer des renforts : tous les chefs tinrent conseil. Le passage de la Loire ayant été dès-lors proposé à Charette, il s'y refusa constamment, et résolut d'attendre la principale colonne mayençaise qui , maîtresse de Clisson, suivait la ligne de la Sèvre pour envahir Tiffauges et Mortagne. Le lendemain, l'incendie du bourg de Torfou signala de nouveau la marche de l'ennemi.

C'était le 19 septembre, jour même ou d'Elbée dans l'Anjou détruisait une division républicaine à Beaulieu. Toutes les forces de la Basse-Vendée réunies étaient en bataille sur les bords de la grande route, entre Tiffauges et Torfou. Charette donna le signal du combat et fondit le premier sur l'avant-garde mayençaise. Kleber qui la commandait eut de la peine à réunir ses soldats qui pillaient et brûlaient Tor-

fou. Cependant vingt-cinq mille Vendéens l'a-
vaient déjà investi, et de part et d'autre on commençait à escarmoucher. Kleber étant parvenu
à rallier les siens, et ayant reçu des renforts, les
deux armées en vinrent à une bataille rangée.
A la première charge, la cavalerie de Charette
plia; ce qui jeta le désordre dans les rangs
vendéens; des lâches prirent aussitôt la fuite.
L'armée, en péril, n'avait plus que le refuge
incertain de Mortagne, lorsque Bonchamp parut à la tête de 5 mille hommes. Ses soldats
tombent sur les fuyards du Bas-Poitou, en leur
reprochant leur lâcheté; se voyant soutenus,
tous retournent à l'ennemi, en jetant des cris
affreux. Les Mayençais, à leur tour, s'étonnèrent de l'arrivée de cette nouvelle troupe et
de son attitude imposante. Les soldats de Bonchamp contrastaient par leurs habits gris-bleus
avec ceux de Charette couverts d'habits bruns.
On s'observa mutuellement pendant quelques
minutes. Enfin, Bonchamp et Charette ordonnèrent une charge générale de cavalerie : elle
fut exécutée avec précision. Kleber qui en reçut
le choc à la tête de sa colonne, tomba percé
de coups; ses grenadiers le sauvèrent de la
mêlée. Déjà l'infanterie royaliste avait pris part
au combat, devenu général. Dans ce moment
décisif, on vit Bonchamp mettre pied à terre,

saisir une carabine, et charger à la tête des compagnies bretonnes qui enfoncèrent l'ennemi. Un bataillon de la Nièvre qui gardait les canons des Mayençais plia sous le nombre ; les canons furent emportés. Bientôt le bruit de cet avantage retentit d'un bout à l'autre de l'armée vendéenne, qui se précipite en masse sur l'ennemi sans avoir besoin d'être excitée par les chefs ; mais les braves Mayençais se faisaient hacher plutôt que de rendre les armes. Entourés de tous côtés, entamés sur quelques points, ils reculèrent, mais avec ordre, et par intervalle présentaient un front menaçant. Trois fois la cavalerie vendéenne s'élança dans leurs rangs, et trois fois un feu meurtrier et les baïonnettes croisées l'en écartèrent. Malgré le poids de leur butin, malgré des chemins étroits et difficiles, et le nombre toujours croissant de leurs ennemis, les Mayençais reculaient trente pas et se remettaient en bataille, en faisant des feux de file semblables au roulement des tambours. Cependant des colonnes de royalistes les suivaient de droite et de gauche le long des fossés, et tiraient à vingt pas dans leurs pelotons. A la vue de l'artillerie conquise, d'une partie du butin abandonné sur le champ de bataille ; à l'aspect de tant d'ennemis morts et couvrant la terre, le délire s'empara des Ven-

déens, et tous voulurent participer à la victoire.
Les Mayençais, poursuivis avec acharnement
dans l'espace de 3 lieues jusqu'à Getigné, eussent
infailliblement succombé, sans le dévoûment de
Schouardin, lieutenant-colonel des chasseurs
de Saône et Loire. Arrivé à un pont sur la
Sèvre près Clisson, il y pose deux pièces de 8,
demeure immobile à ce poste périlleux, y meurt
avec cent de ses camarades, et assure ainsi la
retraite. Pendant que Schouardin servait de
rempart aux Mayençais, deux brigades ame-
nées de Clisson par les généraux Dubayet et
Vimeux, prirent un instant l'offensive, mais
sans pouvoir recouvrer les canons et les obusiers enlevés au commencement de l'action.
Charette et Bonchamp déployèrent toutes leurs
forces, et conservèrent le champ de bataille.

Tel fut le célèbre combat de Torfou. Deux
mille républicains et près de mille royalistes y
perdirent la vie. Le nombre des blessés surpassa celui des morts. Les Vendéens ne firent
point de prisonniers. Le conventionnel Merlin-
de-Thionville courut lui-même de grands
dangers : Rifle, son aide-de-camp, patriote de
Mayence, tomba percé de coups à ses côtés.
Dans cette guerre, les deux partis ne s'étaient
point encore battus avec autant de constance
et d'acharnement. Le sang coula pendant sept

heures. Les femmes des environs de Tiffauges, redoutant les torches des républicains, rallièrent elles-mêmes les Vendéens fuyards et les ramenèrent au combat. Après la victoire, Charette et Bonchamp firent halte à Tiffauges, et se décidèrent à attaquer sur-le-champ la colonne républicaine, entrée le 16 septembre à Montaigu, sous les ordres de Beysser, afin d'empêcher sa jonction à celle des Sables-d'Olonne, arrivée à Saint-Fulgent.

Le 21 septembre, les deux chefs Vendéens se mirent en marche, séparément, pour attaquer Montaigu par les routes de Clisson et du Boussay. Le général Beysser venait de recevoir l'ordre de quitter sa position, pour renforcer les Mayençais défaits à Torfou. Sa troupe allait se rassembler, lorsqu'on vint lui annoncer la marche de l'ennemi. Beysser croyant que c'était un renfort, continua tranquillement le repas qu'il venait de commencer. Tout-à-coup, on entend crier aux armes ! Le commissaire Cavagnac revenait des postes avancés où il avait essuyé la plus vive attaque. Beysser se hâta de ranger quelques bataillons sous les murs de la ville, mais il n'était plus temps : tous les postes étaient forcés. Les cris de victoire poussés par les royalistes, leurs canons déjà braqués sur Montaigu augmentaient le

désordre qui, en un moment, devint général.
En vain Beysser voulut-il opposer son artillerie;
alors commença la manœuvre accoutumée des
Vendéens : ils évitent le feu en se jetant à terre,
et se relèvent précipitamment pour fondre sur
les canons. C'eût été le moment de les charger,
mais les chemins étaient impraticables ; d'ailleurs la cavalerie refusa de donner et se dé-
banda. Bonchamp eut bientôt gagné la grande
route et dirigé son feu contre les patriotes.
Beysser troublé, se mit à l'arrière-garde, et y
eut une côte enfoncée par un biscaïen. Sur
le point d'être tournés, les volontaires se crurent trahis, et la retraite alors ne fut plus qu'une
déroute. Reproches, menaces, prières, tout
fut inutilement employé pour arrêter les
fuyards. Le conventionnel Cavagnac y épuisa
infructueusement tous ses efforts : il faillit
périr dans la mêlée. Le carnage fut grand
dans la ville. Les royalistes y passèrent les
prisonniers au fil de l'épée. Charette, le plus
acharné, poursuivit les républicains jusqu'à
Aigrefeuille. La nuit seule l'arrêta. Quant aux
fuyards, ils ne se crurent en sûreté que sous
le canon de Nantes, abandonnant à l'ennemi
artillerie et bagages. Beysser blessé, suivit
tristement les débris de son armée, navré de
douleur d'avoir vu s'échapper en un moment

le fruit de 15 jours d'une campagne jusques-là fort heureuse.

Le détachement de son armée qui était resté dans le château de Montaigu, se fit jour l'épée à la main, tandis que le gros des royalistes était à la poursuite de l'armée sur la route de Nantes. Ce détachement gagna Vieille-Vigue et se rendit ensuite sans danger jusqu'aux Sorinières.

Instruit de cette déroute, le général Canclaux qui occupait Clisson avec le corps de bataille, voulut rétrograder. Mais Bonchamp enhardi par deux avantages successifs, espérant détruire entièrement cette brave garnison de Mayence qu'il venait d'entamer, propose de marcher sur Clisson ; Charette promet de le suivre. Le 22, Bonchamp secondé par Lyrot-la Patouillère, attaque le général Canclaux dans sa marche, se jetant tout-à-la-fois sur les flancs et la queue de sa colonne. Trois fois repoussés, les royalistes revinrent trois fois à la charge, après avoir enlevé les bagages, les ambulances et une partie de l'artillerie. Dans la chaleur du combat, les soldats de la Patouillère animés d'une rage aveugle, et n'écoutant plus la voix de leur chef, égorgèrent les blessés dans les chariots d'ambulance. C'en était fait de l'armée républicaine, si les Vendéens eussent pu l'entamer ; l'absence de Cha-

rette les priva cette fois d'un avantage décisif.
D'un autre côté, la fermeté des Mayençais, et
le sang-froid de leurs généraux, arrêtèrent l'ennemi; n'espérant plus les vaincre, il se contenta
de les forcer à la retraite. Il y eut beaucoup de
sang versé de part et d'autre : près de 900 royalistes périrent. Ainsi de trois corps d'armée
qui avaient pénétré dans la Basse-Vendée,
celui de Saint-Fulgent était le seul qui fût
encore intact. C'était la division des Sables-
d'Olonne sous le général Mieskouski, redoutable non par le nombre, mais par sa discipline, ses fréquens succès et sa nombreuse artillerie. D'après le plan de Saumur, cette division alors à trois lieues de Montaigu, devait se
lier à celle de Mayence; c'est contre elle que
Charette dirigea sa marche au lieu de seconder
Bonchamp à Clisson. Il envoya d'abord une
ordonnance à Royrand, campé près les Herbiers, pour l'engager à s'embusquer aux quatre
chemins, et à fondre sur les patriotes au moment où ils seraient chassés de Saint-Fulgent
et poursuivis.

Plusieurs chefs de la Basse-Vendée voulaient
renvoyer l'attaque au lendemain et laisser reposer les troupes. Charette s'y opposa en observant que le succès dépendait du moment. On
marcha donc, et au coucher du soleil, la tête

de la colonne royaliste fut devant Saint-Fulgent. Des deux côtés le canon commença le
combat; les paysans poitevins ne marchaient
à l'approche de la nuit qu'avec crainte dans
un pays qui leur était inconnu. Ils s'éparpil-
laient croyant éviter le feu du canon, et se
fusillaient entr'eux dans l'obscurité. Ils cer-
nèrent ainsi l'ennemi, sans en avoir le dessein. L'artillerie des patriotes servait peu, les
canonniers ne sachant où pointer les pièces.
Au contraire, les Vendéens, à couvert derrière les haies, faisaient pleuvoir de fort près
une grêle de balles sur leurs ennemis qui
étaient plus exposés. Les obusiers tonnaient;
mais les royalistes, divisés par pelotons, évi-
taient facilement leur feu, en se couchant
ventre à terre. Six heures d'un combat opiniâtre au milieu de la nuit, n'avaient pu décider la victoire, lorsqu'enfin le grand nombre
d'assaillants, leurs cris affreux, l'obscurité, la
confusion, la crainte de ne plus avoir de retraite, alarmèrent les républicains qui abandonnèrent le camp en désordre, malgré les
efforts que leurs généraux firent pour les retenir. Les munitions, les bagages, et vingt-
deux pièces d'artillerie tombèrent au pouvoir
des vainqueurs, qui auraient pu exterminer
jusqu'au dernier fuyard, si Royrand se fût

trouvé aux quatre chemins avec toutes ses forces; mais croyant l'attaque remise au lendemain, il fit occuper Chantonay par son infanterie; et arrivant trop tard avec trois cents chevaux, il n'atteignit que les traîneurs. Mieskousky rassembla ses débris pour se replier sur Chantonay, croyant y trouver encore la division de Luçon. Il n'y trouva que des royalistes, et fut obligé de s'ouvrir un passage, le sabre à la main.

Le massacre avait été horrible pendant la nuit; il continua le lendemain sur les fuyards qui s'étaient cachés dans les genets et les taillis. On imputerait injustement au général républicain une défaite éprouvée par 3 à 4 mille braves qui ne purent résister à une multitude de combattants déjà victorieux. Les royalistes déployèrent, il est vrai, dans toutes ces marches, dans tous ces combats, autant de valeur que de constance et d'activité. La victoire de Saint-Fulgent, qui fut, pour ainsi dire, le dernier prix de leur courage, mit le sceau à la réputation des deux illustres chefs qui les avaient conduits.

LIVRE IX.

Élévation du général Lechelle. — Divisions parmi
les chefs royalistes. — Batailles de Chatillon, de
Mortagne et de Chollet. — Héroïsme et mort glorieuse de Bonchamp.

Deux jours avaient suffi dans l'Anjou pour
dissiper deux armées; dans la Basse-Vendée,
l'on venait de voir en cinq jours quatre combats sanglants, une armée deux fois repoussée,
deux autres complétement défaites.

Les deux commissions conventionnelles s'imputèrent réciproquement ces désastres, en s'ac-
cusant de s'être écartées du plan de campagne.
Philippeaux s'élevant avec amertume contre
ce qu'il appelait *la cour de Saumur*, provoqua
une dénonciation formelle à la Convention. Ses
adversaires, Choudieu et Richard, s'étayèrent
du désavantage de leur position, du défaut de
communication avec l'armée agissante; ce qui
forçait à faire un circuit de près de cent lieues
pour connaître ses mouvements. De là nulle
précision, nul ensemble. « Telles, disaient-ils,
» sont les combinaisons du conseil de Saumur,
» que, le 16 septembre, l'armée du général

» Canclaux était encore à plusieurs marches de
» Mortagne, quoiqu'elle dût y entrer ce jour-là
» aux termes du plan dont l'on veut s'appuyer. »

Pendant ces débats qu'aigrissait la plus vive
animosité, les divisions républicaines se disposèrent à rentrer dans la Vendée pour tenter un
dernier effort. On tint à Nantes et à Saumur des
conseils de guerre séparés, où furent discutées
de nouvelles dispositions. Dès le 25 septembre,
la division de Mayence, pressée par les dépêches de Saumur, marcha en avant, et reprit
Clisson et Montaigu sans rencontrer d'obstacles. Mais quel fut l'étonnement de ses généraux, de ses commissaires, lorsqu'ils eurent
connaissance d'un nouveau conseil tenu le 2
octobre à Saumur, à la suite duquel on avait
résolu la jonction des divisions de Luçon et de
Fontenay, non pas avec l'armée du général
Canclaux, mais avec celle de Rossignol qui devenait armée attaquante. Cette jonction devait
se faire à Bressuire, le 7 octobre ; la division
de Mayence était ainsi livrée à ses seuls moyens.
La fureur de Philippeaux et de ses partisans ne
connut plus de bornes : ils accusèrent leurs
collègues de Saumur d'infidélité, même de malveillance, et crièrent *à la trahison*. « Je me
» souvins alors, écrivit Philippeaux, de ce que
» me dit Choudieu à table, le jour de notre

» départ de Saumur : *Vous usez, vous autres,*
» *de la faculté de penser; eh bien! nous use-*
» *rons, nous, de la faculté d'agir.* »

Mais ne se bornant point à des plaintes stériles, la commission de Nantes dénonça for-
mellement à la Convention nationale les infrac-
tions faites au plan de campagne par l'état-
major et les commissaires de Saumur. La Convention s'étonna d'autant plus des suites mal-
heureuses de l'attaque générale, que récemment encore on venait de lui annoncer l'af-
faiblissement des royalistes et presque la soumission de la Vendée. « On vous en a imposé,
» lui écrivirent les commissaires de Nantes,
» par des nouvelles exagérées ou mensongères.
» Les Vendéens ont trois armées comman-
» dées par Charette, Bonchamp et d'Elbée. Des
» renseignements certains portent le nombre
» d'hommes qui les composent à 100 mille au
» moins, dont 50 mille bien armés et disci-
» plinés. »

C'était la première fois que, dans la Convention, l'on déchirait le voile qui couvrait la
Vendée.

Le comité de salut public, craignant de com-
promettre sa responsabilité, approfondit enfin
les causes de tant de revers. Après une longue
délibération, il arrêta un ensemble de mesures

qu'il soumit à la ratification de la Convention nationale elle-même, et, comme la vérité sur la Vendée venait d'échapper, il crut cette fois pouvoir la proclamer tout entière.

Barère parut le premier octobre à la tribune. Voici quelques traits de son rapport :

« L'inexplicable Vendée existe encore.....
» Ce creuset où s'épure la population nationale
» devrait être anéanti depuis long-temps; il
» menace de devenir un volcan dangereux.

» Vingt fois depuis l'existence de cette ré-
» bellion, les représentants, les généraux, le
» comité lui-même, vous ont annoncé la des-
» truction prochaine des rebelles. De petits
» succès étaient suivis de grandes défaites.

» On croyait pouvoir les détruire : le 15 sep-
» tembre, le tocsin avait réuni, vers le même
» but, un nombre étonnant de citoyens armés
» de tout âge.... La terreur panique a tout
» frappé, tout effrayé, tout dissipé comme une
» vapeur.

» Si la Vendée a fait de nouveaux progrès,
» c'est par l'envoi fréquent et trop nombreux
» de commissaires de la Convention, par l'in-
» satiable avarice des administrations militaires
» qui agiotent la guerre, spéculent sur les ba-
» tailles perdues, et s'enrichissent sur des tas
» de morts.

» Voilà, s'écria Barère, après avoir tracé le
» tableau des progrès de la Vendée, voilà le
» chancre politique qui dévore le cœur de la
» république; c'est là qu'il faut frapper.

» Voilà les maux, voici les remèdes. A trop
» de représentants en substituer un petit nom-
» bre, à trop de généraux un seul général en
» chef d'une armée unique. Il ne faut à l'armée
» chargée d'éteindre la Vendée qu'une même
» vue, qu'un même esprit, qu'une même im-
» pulsion; il faut épurer les états-majors de
» ci-devant nobles, d'hommes suspects.

» Les brigands doivent être exterminés d'ici
» au 20 octobre. Semblable au géant de la fable
» qui n'était invincible que quand il touchait
» la terre, il faut les soulever, les chasser de
» leur propre territoire pour les abattre. »

Barère fit approuver la réunion des deux
armées en une seule, sous le nom d'armée de
l'Ouest, et la nomination du général Lechelle
au commandement en chef.

Le croira-t-on? Il fit, par un décret, assigner
un terme à cette guerre; et la Convention adopta
la proclamation suivante adressée à l'armée:

« Soldats de la liberté, il faut que les bri-
» gands de la Vendée soient exterminés avant
» la fin du mois d'octobre; le salut de la patrie
» l'exige, l'impatience du peuple français le

» commande ; son courage doit l'accomplir. La
» reconnaissance nationale attend à cette épo-
» que tous ceux dont la valeur et le patriotisme
» auront affermi sans retour la liberté de la
» république. »

Ces mesures mirent fin, dans l'armée, aux factions de Nantes et de Saumur. Tous les commissaires, excepté Bourbotte et Turreau, furent rappelés, ainsi que les généraux Canclaux, Dubayet, Rey et Grouchy ; le général Rossignol passa à Rennes au commandement de l'armée des côtes de Brest et de Cherbourg. Le comité envoya pour présider à ces changements deux commissaires, Hentz et Prieur de la Marne.

Philippeaux rentra mécontent dans le sein de la Convention nationale, où bientôt il provoqua sa mort.

Pendant que les républicains substituaient à l'anarchie meurtrière qui avait régné dans leurs opérations, l'ordre, l'unité d'action et de mouvement, sans lequel on ne peut remporter de victoires, les chefs royalistes, en se divisant, rompaient le faisceau de la confédération redoutable qui avait fait trembler la république ; désunis, ils ne pouvaient plus vaincre.

Lorsque Bonchamp et Charette eurent triomphé ensemble et séparément, Bonchamp fut

aux Herbiers où Charette le rejoignit le lendemain. Dans la route, un coup de fusil tiré d'une
lande par un officier républicain échappé de
Saint-Fulgent, faillit tuer Charette, qui fondit
à l'instant sur son ennemi; et lui passant plusieurs fois sur le corps, l'écrasa sous les pieds
de son cheval. Les deux armées fouillèrent le
bois des quatre chemins, et saisirent quelques
fuyards ennemis. Près de cent républicains
surpris dans une grange, n'ayant pas voulu
mettre bas les armes, furent tous égorgés.

Tout en défendant la même cause, ces deux
armées réunies ne tardèrent pas à voir se déve-
lopper des germes de division. Ici l'esprit de la
troupe de Bonchamp était en opposition avec
celui de la troupe de Charette. Cette dernière,
composée d'une soldatesque effrénée, blasphé-
mait, pillait, se livrait à tous les désordres, et
ne faisaient plus de quartier aux prisonniers.
Au contraire, les soldats de Bonchamp revenaient des combats en chantant des cantiques,
se distinguaient par leur docilité et leur tem-
pérance; loin de massacrer leurs prisonniers,
ils s'emparaient rarement de leurs dépouilles.
Des rixes éclatèrent entre ces deux armées,
d'abord pour le partage du butin; ensuite les
soldats de Charette furent aigris par la bruta-
lité de quelques allemands venus de l'Anjou.

Ces transfuges s'emparèrent de plusieurs tonneaux d'eau-de-vie et ne voulurent pas même en délivrer pour les blessés. Il fallut les leur arracher avec violence. Charette ayant ensuite manqué de vivres, ses soldats se jetèrent sur les rations de l'armée d'Anjou abondamment pourvue. Peut-être des sentiments de rivalités et d'amour-propre firent-ils oublier à ce chef qu'il venait d'être sauvé par Bonchamp. Les deux armées se séparèrent aux Herbiers, chaque parti s'imputant des torts réciproques. Bonchamp qui prévoyait les suites de cette funeste mésintelligence, fit tout pour la prévenir; mais Joly, la Cathelinière et Savin, alléguant le mécontentement de leurs soldats, s'éloignèrent les premiers, et rentrèrent dans leurs arrondissements respectifs. Chacun ayant contribué à écarter le danger, se fit illusion sur l'avenir, et s'isola de nouveau pour commander exclusivement dans son territoire. Les vues de Bonchamp furent plus profondes; il sentit qu'au moment où les républicains adoptaient le système des masses, il fallait leur opposer une offensive énorme, et il conçut le projet de réunir toutes les divisions vendéennes en une seule armée. C'était depuis long-temps l'objet des espérances de d'Elbée. Le dévouement de Laroche-Jaquelein, et même de Lescure, et la

générosité de Bonchamp pouvaient sauver ce
parti; l'obstination et l'aveuglement des divisionnaires du Bas-Poitou le perdirent. En vain
offrit-on à Charette le commandement de
l'avant-garde; il aima mieux s'isoler; il éluda
toutes les propositions, et promit vaguement
des secours ou bien une diversion puissante.
Resté avec un noyau de huit cents hommes, il
fit revenir son artillerie qui, dans un premier
élan de reconnaissance, filait déjà sur la route
de Mortagne, pour l'exécution du projet de
Bonchamp, et après six jours de réunion aux
Herbiers, il se retira sur son territoire et reprit le cantonnement de Legé où il lui fallut
chercher des vivres sur les ruines d'un pays
incendié et désert.

Les ambulances de Charette et ses bagages
qu'il avait fait conduire à Chollet lors de l'invasion des Mayençais, ayant été pillés dans les
cours du château par les soldats de d'Elbée, il
s'en plaignit amèrement, et envoya un détachement de cavalerie commandé par Bodereau
pour ramener le convoi. La discorde qui planait sur toute la Vendée s'agitait en tous sens.
Les talents et la loyauté de Bonchamp faisaient
envie à quelques chefs jaloux. D'autres ne par-
donnaient point à d'Elbée de s'être fait nommer généralissime. Le prince de Talmont et

même Lescure , qu'excitait en secret Donissant , ambitionnaient ce grade suprême. Ces
levains de division fermentaient depuis la prise
de Saumur. Dès cette époque , il s'était formé
divers partis dans l'état-major-général ; les succès constants de l'armée catholique n'avaient
servi qu'à augmenter les prétentions individuelles. Chaque chef , en voulant agir séparément , contrariait le système des masses. Laroche-Jaquelein , Talmont et d'Autichamp ,
jeunes et impétueux voulaient combattre sans
relâche. D'Elbée qui connaissait mieux le caractère des Vendéens , prescrivait des intervalles
de repos consacrés aux travaux champêtres et
domestiques. D'un autre côté , rien n'avait pu
effacer la ligne de démarcation qui séparait
la Vendée supérieure de la Basse - Vendée ; or
il y eut deux armées distinctes, l'armée catholique et royale , et celle de Jésus ou du Bas-
Poitou.

On a vu que dès le 28 septembre la division
de Mayence s'était reportée sur Clisson et Montaigu sans rencontrer l'ennemi. Dans sa première
invasion , elle avait balayé le pays de Retz et le
territoire de Charette. Cette fois , elle laissa sur
sa droite l'espace qui est entre la Sèvre et la
mer , soit qu'elle fût affaiblie , soit qu'elle vou-
lût gagner promptement et sans diversion les

points d'où l'ennemi l'avait chassée. Ce mouvement opéré au moment même où les divisionnaires du Bas-Poitou se séparaient de Bonchamp, sauva Charette et perdit la Vendée. Maîtres de Clisson et de Montaigu, les Mayençais formant flèche dans le pays insurgé, se portèrent sur Mortagne, non sans crainte d'être accablés dans leur marche; mais Bonchamp seul les observait; et cette fois ce fut lui qui réclama des secours. Charette et Lescure lui en promirent. Le premier ayant assemblé son conseil de guerre, transmit à Bonchamp le résultat de la délibération, portant que chaque chef devait désormais défendre son territoire. Quant à Lescure, il était lui-même en péril, Chatillon se trouvant menacé par les divisions de Fontenay et de Saumur. Malgré les représentations de d'Elbée, Charette demeura inflexible. Bonchamp, abandonné à ses seules forces, voulut néanmoins arrêter les progrès des Mayençais, en les attaquant seul à Saint-Symphorien entre Tiffauges et Mortagne, avec moins de 8 mille hommes. Après deux heuers d'un combat inégal, l'ennemi le força de se retirer avec perte de deux pièces de canon, de trois à quatre cents hommes, et d'un de ses officiers. Cet avantage honora doublement Dubayet qui, recevant sa destitution au moment où il allait livrer la bataille, se battit, remporta la victoire et quitta l'armée. Ainsi que lui, le général Canclaux fut l'objet des regrets du soldat. Les Mayençais qui auraient pu envahir Mortagne sur le champ, s'arrêtèrent au milieu de leur triomphe en attendant un général en chef.

Quelques officiers vendéens encore existants m'ont assuré que les Mayençais, furieux de se voir enlever leurs généraux, envoyèrent au chevalier Desessart, alors posté à Saint-Fulgent, une députation de huit grenadiers, avec l'offre de passer tous au service des royalistes, sauf la garantie d'une solde régulière. Le chevalier Desessart expédia de suite un courrier à l'intendant-général de l'armée, qui communiqua sa dépêche au conseil supérieur à Chatillon. Beauvollier proposa de pourvoir aux fonds nécessaires, en convertissant en monnaie les vases et argenterie d'église trouvés à Fontenay-le-Comte. Cette proposition fut repoussée, comme sacrilège, par le curé de Chollet, le prieur de Saint Laurent, et par d'autres conseillers vendéens. L'intendant-général et les autres officiers qui l'appuyaient, n'osèrent insister davantage, dans la crainte que leur avis ne parvînt à la connaissance des Vendéens, et n'excitât leur fanatisme et leur indignation. Ces mêmes vases sacrés, auxquels on n'osa toucher alors, devinrent ensuite la proie des républicains. En déterminant la défection de la garnison mayençaise, ils auraient pu sauver la Vendée.

Trois jours après, le général Lechelle arriva au camp des patriotes, accompagné de Hentz et de Prieur de la Marne, qui l'installèrent dans le commandement des deux armées réunies. Les généraux Dubayet et Canclaux lui communiquèrent loyalement toutes les notions acquises depuis l'ouverture de la campagne, et livrèrent avec un abandon généreux, à celui qui les remplaçait, jusqu'au secret de leurs fautes. Lechelle concilia leurs vues avec le plan arrêté à Saumur, le 2 octobre, approuvé par le comité de salut public. Il fut donc définitivement résolu que les divisions de Saumur, de Thouars et de Fontenay se réuniraient le 7 à Bressuire pour de là marcher sur Chatillon. Le général Lechelle partit pour se mettre à leur tête, laissant aux généraux Beaupuy et Kleber le commandement des Mayençais. Tout prit dès-lors plus de rectitude et d'ensemble. On ne connut plus dans l'armée républicaine ces mouvements partiels et irréguliers, qui avaient presque toujours éloigné la victoire.

Déjà la division de Fontenay, commandée par le général Chalbos, après avoir été huit

jours stationnaire à la Châtaigneraie, s'était
mise en marche pour Bressuire, chassant devant elle tous les partis ennemis, portant sur
son passage l'effroi et la mort, brûlant tous les
villages, les hameaux, les fermes et les mou-
lins, prélude épouvantable de la lutte sanglante
qui allait s'engager.

L'historien doit s'armer lui-même d'inflexi-
bilité, lorsqu'il n'a plus à rapporter que des
scènes de carnage et de désolation. Celles dont
je vais rendre compte attachent par leur énorme
atrocité. S'il était réservé à la France de donner
au monde l'exemple de la révolution la plus
gigantesque et la plus extrême dans ses effets,
il devait résulter aussi de cette révolution toutes
les horreurs de la guerre civile la plus mémorable et la plus désastreuse, sujet d'effroi et
leçon terrible pour la postérité !

Après avoir fait sa jonction avec l'armée de
Saumur, Chalbos, à la tête de 22 mille combattants, marcha droit à Chatillon sur trois colonnes. Lescure et Beaurepaire couvraient cette
ville avec leurs divisions sur la hauteur du
moulin du bois des Chèvres, l'aile gauche se
déployant vers les Aubiers. Les républicains
firent halte un moment, et placèrent l'artillerie sur la hauteur. Les deux armées s'avancèrent pour combattre, et bientôt le feu de la

mousqueterie remplaça le feu du canon. Westermann était à la queue du centre des républicains ; il connaissait et le théâtre de la guerre
et l'ennemi qui lui était opposé. Chalbos lui ordonna d'avancer avec sa légion ; toute sa brigade le suivit. Westermann forma l'attaque,
mais il ne put soutenir une charge très vive
d'un corps d'élite commandé par Lescure en
personne. Les colonnes de droite et de gauche
ployèrent aussi sous le feu des tirailleurs ennemis, qui, suivant leur usage, cherchèrent à
tourner les canons. Atteint d'un coup mortel,
le général Chambon s'écria : *vive la république !*

Le centre des patriotes ayant été enfoncé, leur
droite ébranlée, leur gauche entièrement rompue, les royalistes crurent tenir la victoire et
poursuivirent Westermann au moment où les
grenadiers de la Convention arrivaient pour le
soutenir. Alors faisant un mouvement sur sa
droite, ce général culbuta l'aile gauche des
Vendéens et la mit en déroute. En même temps
le général Chalbos rétablit le combat sur sa
gauche, et battit la droite de l'ennemi avec le
même succès. Blessé grièvement, Beaurepaire
dut à quelques braves qui se dévouèrent de ne
pas rester parmi les morts. Le général Westermann poursuivit les fuyards avec deux mille

et le même jour à 5 heures du soir il entra
pour la seconde fois triomphant dans Chatillon.
Le conseil supérieur était en fuite vers Chollet ;
ses papiers tombèrent au pouvoir de Westermann ; il y trouva le plan de campagne du 2
septembre.

Les soldats de Lescure errèrent dans les campagnes, la plupart vers les Aubiers, pour éviter le fer des patriotes, qui, loin de les poursuivre, pillèrent Chatillon, s'enivrèrent et né-
gligèrent les postes. Bonchamp qui accourait
au secours de Lescure, mesurant la grandeur
du péril qu'entraînerait le découragement des
royalistes, fondit le lendemain sur les avant-
postes républicains avec une fureur aveugle.
Son choc fut tellement violent que tout céda
devant lui, et fut bientôt en pleine déroute :
canons, caissons, vivres, bagages, trésor, tout
lui fut abandonné. Ses soldats, surtout les Allemands, jaloux de célébrer une victoire si subite ; burent avec excès de l'eau de vie, dont
plusieurs chariots tombés en leur pouvoir
étaient chargés. Plongés bientôt dans l'ivresse,
ils n'écoutèrent plus la voix de leurs chefs.

Pendant ce temps, les républicains fuyaient
en désordre vers Bressuire. Les grenadiers de
la Convention s'étaient seuls rangés en bataille
derrière Chatillon ; Westermann sortit le der-

nier de la ville, et abattit d'un coup de sabre
un Vendéen qui s'attachait à la queue de son
cheval. Les grenadiers auxquels il ordonna de
partir s'y refusèrent, voulant mourir à leur
poste. Westermann employa la menace; et,
pour favoriser la retraite de ces braves, il en fit
mettre plusieurs en croupe derrière les cavaliers de sa légion. La nuit couvrait déjà l'hori-
zon, lorsque Westermann trouva non loin de
Bressuire Chalbos avec huit à neuf cents hommes. Il court à ce général, et lui dit en lui présentant son sabre : « Tout le monde m'a aban-
» donné, je ne veux plus servir avec des lâches. »
Les soldats l'entourent, et jurent qu'ils ne quit-
teront plus Westermann. « Eh bien ! si vous
» aimez encore la république, retournez avec
» moi à Chàtillon reprendre ce que nous
» avons laissé, ou mourir avec moi. » Tous le
suivent, courent droit à Chatillon, et, en criant
vive le roi! taillent en pièces les avant-gardes
royalistes, pénètrent dans la ville, trouvent les
Vendéens épars, étendus, ivres morts, et en
font un horrible carnage. A peine les chefs
eurent-ils le temps de monter à cheval pour se
sauver, abandonnant les drapeaux et un énorme
butin. Westermann les poursuivit avec sa cavalerie, et brûla en leur présence le village du
Temple. De retour à Chatillon, il n'y trouva

plus ni son infanterie, ni le général Chalbos,
ni le trésor de l'armée. Irrité de voir Chatillon
abandonné, il résolut dans sa colère de détruire
une ville si souvent funeste aux républicains. Sa
cavalerie mit pied à terre, pilla, incendia les
maisons, et rejoignit l'armée près de Bressuire!
La reprise de Chatillon avait plutôt consterné
qu'affaibli les royalistes. Après avoir rallié les
fuyards et reçu quelques détachements, ils s'y
représentèrent en force. Au lieu d'ennemis à
combattre, ils ne trouvèrent plus qu'une ville
en feu, et des milliers de cadavres à demi brûlés ou écrasés sous les décombres, en voulant
échapper aux flammes. L'image de la désolation les arrêta, et, la rage dans le cœur, ils se
donnèrent rendez-vous à Mortagne.

A peine y furent-ils réunis, que les divisions
de Mayence et de Luçon marchèrent sur eux,
menaçant à la fois Mortagne et Chollet. Le
danger était imminent; il fallait de grands efforts pour opposer une digue au torrent des
républicains; l'aveugle destin en décida autrement. Charette persista dans son système d'isolement, et abandonna la Haute-Vendée à ses
propres forces pour se livrer à la stérile expédition de Noirmoutiers; mais rien ne put abattre
la courageuse constance des deux colosses ven-

déens. Bonchamp et d'Elbée se disposèrent à une bataille générale. Dans ces terribles conjonctures, Bonchamp rappela de nouveau la nécessité d'une diversion sur la rive droite, soit pour détourner l'attention de l'ennemi, soit pour se ménager une retraite en cas d'échec ; le reste devait dépendre des évènements. En conséquence, deux cents hommes d'élite des compagnies bretonnes allèrent au-delà du fleuve emporter le poste de Varades, à la vue de Saint-Florent.

La division républicaine de Luçon venait d'entrer le 14 à Mortagne, évacué par les royalistes, et s'y était réunie à la division de Mayence, après avoir chassé devant elle aux Herbiers 3 mille Vendéens du centre commandés par Royrand. Quatorze à quinze cents prisonniers patriotes renfermés à Mortagne recouvrèrent la liberté. L'horreur et l'infection des cachots les avaient changés en autant de spectres ; l'impression de l'air faillit leur donner la mort. Ainsi que Chatillon, Mortagne fut livré aux flammes. D'Elbée et Lescure postés au-delà de cette ville, sur les hauteurs de Saint-Christophe-du-Bois, couvraient Chollet, bien décidés à défendre opiniâtrement ce boulevard de la Vendée. De tous côtés il arrivait des renforts. Bonchamp amena 4 à 5 mille hommes, et Royrand tout ce qui venait d'échapper aux Herbiers.

Le lendemain, le général Lechelle donna ordre à la division de Luçon, qu'il fit soutenir par celle de Mayence, de se porter rapidement sur Chollet. A peine eut-elle défilé au-delà de Mortagne, que le canon annonça une attaque: Arrivés à la hauteur de Saint-Christophe, les républicains y furent assaillis par l'armée royale. Les deux partis, au coucher du soleil, s'entrechoquèrent avec fureur. Fatigués par plusieurs marches pénibles, les républicains plièrent d'abord; mais le Conventionnel Turreau les rallia, aidé de son collègue Carrier, dont la funeste apparition dans la Vendée doit faire époque; il pressa la marche des Mayençais que conduisait Beaupuy. Ce général par un circuit tourna avec sa division la droite de l'armée catholique restée sur une hauteur d'un accès difficile; ensuite il fondit brusquement sur cette colonne commandée par Lescure. Une attaque aussi imprévue étonna les Vendéens; ils plièrent à leur tour. Lescure d'abord entraîné rallia quelques braves, et s'élança avec eux sur les patriotes; blessé mortellement, il tomba dans la mêlée. Ses officiers l'arrachèrent sanglant des mains de l'ennemi pour le trans-

porter à Beaupréau. La chute de ce chef acheva
la déroute. Déjà la division de Luçon avait profité de la manœuvre hardie des Mayençais pour
reprendre l'offensive. Les royalistes ne recon-
naissant plus les républicains qui jusqu'alors
avaient fui devant eux, prirent tous l'épouvante, et se replièrent en désordre, laissant la
route et le champ de bataille couverts de morts.
Poursuivis sur le grand chemin de Chollet à
Mortagne, ils ne se rallièrent qu'à Beaupréau.
Sans attendre la fin de la bataille, le prince de
Talmont y avait fait filer l'artillerie. Le désordre et la consternation y étaient au comble;
le conseil militaire s'assembla pour délibérer
à la hâte. Atterrés par les pertes qui venaient
d'éclaircir leurs rangs, aussi bien que par
l'opiniâtreté d'un ennemi jusque là si facile
à décourager les chefs vendéens sondèrent la
profondeur de l'abîme ouvert sous leurs pas;
mais plus le danger était imminent, moins ils
semblaient pouvoir s'accorder. Chacun voulait
faire prévaloir son avis, lorsqu'il n'eût fallu
qu'une seule volonté. Ce fut dans ces confé-
rences alarmantes que Talmont, désespérant
de pouvoir résister à la fureur républicaine,
insista sur l'avantage de la diversion de Varades
pour traverser la Loire et se jeter en Bretagne.
Talmont assura que la présence seule des Ven-

déens suffirait pour soulever cette province,
où la fermentation était au comble. Il promit
des renforts puissants dans ses immenses propriétés de Vitré, de Laval et de la Gravelle. Ce
projet fut regardé par d'Elbée comme un moyen
désespéré de salut. Bonchamp démontra victo-
rieusement l'impossibilité du passage du fleuve,
tandis qu'on avait à dos toutes les forces de
l'ennemi ; ne dissimulant point que la perte de
Chollet pouvait entraîner la destruction totale
de la Vendée, il fit décider qu'on tenterait sur
le champ un dernier effort pour reprendre ce
poste important, ramener enfin la victoire sous
les drapeaux royalistes, et passer ensuite la
Loire en vainqueurs. La majorité vota dans ce
sens, et persuadée qu'en cas de revers il n'y
aurait plus aucun lieu de retraite, voyant dans
l'invasion de la Bretagne un moyen de s'unir
à l'Angleterre, cette même majorité voulut
s'assurer du passage de la Loire, et fit détacher
à l'instant même un corps vendéen pour soutenir les deux cents Bretons envoyés par Bonchamp. Le même jour, ceux-ci, avant l'arrivée
du renfort, plantèrent l'étendard royal à Varades. En se séparant ainsi d'une partie de
leurs forces dans un moment si décisif, non
seulement les royalistes s'affaiblirent, mais ils
perdirent encore de leur audace ; et pendant le

combat qui suivit, ils durent nécessairement porter leurs regards vers le fleuve dont on leur avait préparé le passage. Quoi qu'il en soit, vainqueurs et vaincus étaient décidés à combattre à outrance.

Les républicains n'osèrent entrer dans Chollet pendant la nuit; ils bivouaquèrent au milieu des cavadres. Le lendemain, les éclaireurs n'y pénétrèrent qu'avec une extrême précaution. Au même instant les divisions de Saumur et de Fontenay, victorieuses à Chatillon, parurent à la vue de Chollet conduites par les commissaires Fayau, Bourbotte et Bellégarde. Dès-lors la jonction de toutes les divisions républicaines fut entièrement consommée; celle de Mayence transformée en corps de réserve resta en arrière-garde, et l'armée tout entière fut postée sur les hauteurs de l'est qui dominent la ville. Le général Lechelle fit mettre à bas les havre-sacs, et ordonna que chacun se tiendrait à son poste. Cette précaution sauva peut-être l'armée; car à peine les généraux assemblés à la hâte eurent-ils résolu de marcher à une attaque nouvelle, que l'ennemi arrivant à l'improviste, se précipita sur les avant-gardes avec la rage du désespoir. La générale fut battue sur tous les points; en un instant l'armée républicaine se trouva rangée en bataille. Dépourvus d'artillerie, les royalistes commencèrent la fusillade à demi-portée de carabine et au pas de course. Bientôt Bonchamp et d'Elbée dirigèrent tous leurs efforts vers le centre, commandé par le général Chalbos. Malgré sa résistance et celle de quelques bataillons; malgré le zèle des commissaires de la Convention, la troupe de Chalbos fut enfoncée. Le général Bard reçut une blessure en chargeant avec les grenadiers; Carrier lui-même eut un cheval tué sous lui. Dès-lors ce ne fut plus une bataille, mais une mêlée d'hommes furieux ne respirant que le sang et le carnage. En même temps Laroche-Jaquelein et Stofflet attaquaient l'aile droite, et leur premier choc fut tellement violent, que de ce côté les Vendéens pénétrèrent jusqu'aux faubourgs de Chollet. Tous les efforts des républicains pour repousser un ennemi si acharné furent d'abord inutiles; quelques demi-brigades s'élancèrent sur les phalanges de Stofflet, mais rien ne put leur rendre l'avantage du combat. Déjà la moitié de l'armée républicaine avait pris la fuite, lorsque le général Bard, couvert de blessures, rallia les grenadiers et leur dit en montrant la division de Mayence qui arrivait par Chollet au secours de l'armée: « Camarades! souffrirez-vous que les Mayen-» çais viennent vous arracher le fruit de cette

» journée? Voulez-vous passer pour des lâches?
» A moi, grenadiers républicains! marchons,
» chargeons encore une fois les rebelles, et je
» vous promets la victoire. » Aussitôt les grenadiers font volte-face, et forment un mur
d'airain qui arrête l'ennemi. Quelques demi-brigades lâchent encore le pied. Bonneval à coups
de crosse essaie de ramener les fuyards; il atteint et renverse parmi eux un officier. Alors
une compagnie encore incertaine bat la charge,
et la division entière marche au feu. Bientôt
les grenadiers républicains attaquent à la baïonnette cette masse énorme qui venait de percer
la ligne. Partout on se mêle, on se serre, on se
saisit; le champ de bataille devient une arène
de gladiateurs forcénés qui, fatigués d'une lutte
trop longue, semblaient ne chercher que la
mort. Tandis que le centre présentait cet affreux tableau, et qu'à l'aile droite la fortune se
déclarait encore pour les Vendéens, les Mayençais, après avoir traversé Chollet, les chargent
avec vigueur sur leur flanc. Ce premier choc
est soutenu et même repoussé. Aussitôt le brave
Beaupuy commande une seconde charge, et,
s'élançant dans les rangs ennemis, abat à coups
de sabre tout ce qui se présente. Les Vendéens
furieux ne pouvant atteindre les hommes, s'attachent aux chevaux et roulent avec eux. Ici

l'intrépidité de Beaupuy et des Mayençais, au
centre l'opiniâtreté des grenadiers, triomphaient
de l'anarchement aveugle des royalistes. En
vain d'Elbée, Bonchamp, Duhoux, Desessart,
d'un côté; Stofflet, Laroche-Jaquelein, Royrand, de l'autre, cherchent à ranimer leurs
troupes découragées : quelques lâches avaient
déjà regardé en arrière, et parlé hautement de
fuir vers la Loire. L'artillerie filait à Saint-Florent par ordre de Talmont, non qu'il fût un
lâche, mais il voulait déterminer le fatal passage, et presser une entreprise hasardeuse qui
devait entraîner sa perte en causant celle de la
Vendée. Bientôt des cris de lâcheté étouffent la
voix de quelques braves restés fidèles. Un sentiment de trouble et de vertige s'empare des
Vendéens découragés; tout ce qui est saisi d'effroi, tout ce qui craint la mort se débande et
court vers Beaupréau pour gagner la Loire. Les
efforts héroïques de d'Elbée, de Bonchamp, de
Laroche-Jaquelein ne peuvent plus rien contre
ce découragement universel; ils appellent en
vain la cavalerie; le plus grand nombre est en
fuite. Ces trois illustres chefs voulant se sauver
par un prodige ou s'ensevelir glorieusement
sous les ruines de leur parti, parcourent les
rangs ébranlés, éclaircis, rallient environ deux
cents cavaliers et une poignée de fantassins.

Tous ces braves se grouppent et attendent, sans presque nul espoir de vaincre, le signal de la charge. Guidés par ces mêmes chefs, ils partent au cri de *tue les républicains!* cri de rage qui devient le signal de nouveaux massacres. Tous se précipitent sur les vainqueurs comme des animaux furieux et déchaînés, laissant partout des traces de sang et de carnage. Le vaillant Beaupuy emporté par sa bouillante valeur, se trouve bientôt entouré d'ennemis ; un cavalier vendéen l'attaque ; Beaupuy lutte en combat singulier, et bientôt il le renverse. Les grenadiers mayençais chargent au milieu de la cavalerie les soldats de Bonchamp et de d'Elbée : tout est confondu ; rangs, drapeaux, chefs, soldats, amis et ennemis s'entrechoquent, se mêlent et ne se reconnaissent que pour se fusiller à bout portant ou s'égorger à coups de sabre et de baïonnettes. Beaupuy pare miraculeusement un grand nombre de coups : trois chevaux sont tués sous lui ; entouré, pressé de tous côtés, de nombreux escadrons arrivent et le dégagent. Bonchamp et d'Elbée cernés à leur tour, voient la mort moissonner tout ce qui les entoure ; leurs meilleurs officiers ne sont déjà plus, eux-mêmes sont atteints ; couverts tous deux de blessures mortelles, ils combattent encore ; renversés enfin,

leurs corps seraient restés parmi les morts, si
Piron n'eût bravé tous les périls pour les retirer
des mains de l'ennemi. Ce brave homme arrivait à l'instant même sur le champ de bataille à
la tête de l'avant-garde de la division de Lyrot
la Patouillère qui marchait à grand pas, mais
trop tard, au secours de la grande armée. Le
généralissime épuisé par la perte de son sang,
fut porté par ses soldats à Beaupréau, puis à
Noirmoutiers. Bonchamp blessé plus grièvement encore, et arraché également du milieu
du carnage, fut transporté à Saint-Florent.
Quelques soldats pleins d'admiration le suivaient en versant des larmes de rage. Ceux qui
ont échappé au fer des républicains, et croyant
d'ailleurs tout perdu, voient moins de danger
à tenter le passage du fleuve qu'à résister plus
long-temps. Ces débris courent en désordre vers
Beaupréau, laissant 10 mille morts moissonnés
en deux jours sur les hauteurs et dans les champs
de Mortagne et de Chollet. L'armée républicaine marchant dans le sang, pénètre dans
Chollet la torche à la main, au lieu de poursuivre les fuyards. La ville fut incendiée, les
manufactures au pillage ; les ballots de mou-
choirs, les chevaux, le bétail, rassemblés en
grand nombre dans la ville et aux environs,
tout fut partagé. Un bœuf, un cheval étaient

donnés au plus vil prix par les soldats qui ne
s'occupaient qu'à grossir leur butin au lieu de
profiter de la victoire.

Westermann, arrivé de Chatillon après le
combat, s'était mis à la poursuite des vaincus
en fuite vers la Loire. Un corps d'infanterie
conduit par Haxo et Beaupuy le suivait.

Le torrent des fuyards entraîna Laroche-
Jaquelein jusqu'à Beaupréau. Devenu l'âme de
son parti, ce jeune guerrier, dont le courage
indomtable s'alliait toujours à la modestie la
plus simple, se vit engagé sous ces funestes
auspices dans le hardi passage de la Loire. Sa
première pensée fut de couvrir et d'assurer sa
retraite. Il laisse d'abord une forte arrière-
garde à Beaupréau, lui ordonne de se défendre
avec vigueur, et de se porter ensuite rapidement sur les bords du fleuve; mais l'effroi gla-
çait tous les esprits; peu de Vendéens auraient
attendu l'ennemi, si la plupart succombant de
fatigue et d'accablement n'avaient cherché inutilement le repos. Ils commençaient à se rassurer, lorsque l'infatigable Westermann, à la
faveur des ténèbres, et après avoir égorgé trois
avant-postes, pénètre au pas de charge dans
Beaupréau même, renversant, taillant en pièces
tout ce qui se présente devant lui. Les royalistes qui peuvent échapper au carnage pren-

nent la fuite, après avoir tiré le canon d'alarme, abandonnant dix pièces d'artillerie, trente mille rations de pain, un magasin à poudre, beaucoup d'eau de vie et des prisonniers. C'en était fait des Vendéens, si les soldats de Westermann avaient poussé de suite à Saint-Florent; mais, épuisés par tant de marches et de combats, ils éprouvèrent, de même qu'à Chollet, la nécessité du repos qu'ils semblèrent ne trouver que dans les excès et le pillage. Les généraux ne surent point profiter de cet instant décisif; en poursuivant jusqu'aux bords du fleuve l'ennemi saisi de terreur, on pouvait l'y précipiter sans peine, car malgré les éfforts et l'énergie de Laroche-Jaquelein, la retraite des royalistes n'était plus qu'une fuite honteuse et désolante.

L'aspect de Bonchamp blessé à mort de plusieurs coups de fusil dans la poitrine, et porté sur une civière, suspendit un moment la déroute. Bientôt les fuyards plus occupés de sa fatale destinée que de leur propre danger, lui servent d'escorte. Bonchamp arrive sur les bords de la Loire au moment où les Vendéens s'y rassemblaient en tumulte. Toute la population de la Haute-Vendée s'était réfugiée à Saint-Florent; les cris douloureux des enfants, des femmes, des vieillards et des mourants aug-

mentaient encore la désolation et le désordre.
C'était à qui gagnerait le plutôt la rive opposée.
Quelques-uns, la rage dans le cœur, troublés
par l'idée de ne pouvoir échapper aux républicains, demandaient à grands cris l'égorgement
de 5 mille prisonniers renfermés dans l'église
de Saint-Florent. « Vengeons-nous, s'écriaient
» ces forcénés, vengeons-nous, il est temps.
» Voyez les flammes dévorer nos villes, nos
» hameaux ! Nos barbares ennemis ne nous
» font point de quartier, usons de représailles.
» Serions-nous assez imprudents pour laisser
» derrière nous 5 mille ennemis de plus ? Tuons-
» les ; massacrons les républicains. » Ce cri
devint général. Déjà les canons avançaient pour
mitrailler les prisonniers, lorsque le généreux
Bonchamp, expirant d'une blessure mortelle,
frappé de ces cris de rage et de mort, ranime
ses forces défaillantes, appelle ses officiers et
ses soldats plongés dans la douleur. Il sollicite
et obtient de leur dévoûment la grâce de tant
de malheureux : ils lui font le serment de
les sauver. Mais comment imposer à cette
tourbe furieuse qui voulait leur mort ? La voix
mourante de Bonchamp ne peut se faire entendre ; un roulement annonce une proclamation. Les plus mutins accourent, ils écoutent :
c'est un ordre donné par Bonchamp aux portes

du tombeau; il veut qu'on respecte la vie des prisonniers; il menace de la mort quiconque oserait y attenter. Au nom de Bonchamp, le calme renaît; le recueillement succède à la fureur; on verse des larmes; les canons déjà braqués sont détournés; de tous côtés on entend crier : *grâce, grâce, sauvons les prisonniers, Bonchamp le veut, Bonchamp l'ordonne...* il est obéi. Telle fut la dernière action de ce héros chrétien. Parmi ces prisonniers qui lui doivent la vie, était un républicain digne de figurer à côté de Bonchamp. Plein d'ardeur pour la république, Haudaudine, négociant de Nantes, avait marché dès l'origine contre les insurgés du Bas-Poitou. Fait prisonnier à Legé en secourant un de ses camarades, il est conduit à Montaigu en présence d'un comité royal qui le charge de se rendre à Nantes pour proposer l'échange des prisonniers républicains. Ce comité fait dépendre leur sort de son retour dans la Vendée. Domet, président du district, partageait la mission d'Haudaudine. Tous deux arrivent à Nantes, y sont mal accueillis. Les patriotes rejettent avec dédain la proposition des royalistes; ils enjoignent aux deux prisonniers de rester, car, disent-ils, l'on peut être parjure aux brigands. Haudaudine n'écoute que sa conscience; elle lui rappelle son serment : nouveau Regulus, il veut se dévouer pour le salut des prisonniers ; il rentre seul dans la Vendée, et se remet à la disposition de ses ennemis, étonnés eux-mêmes de son rare dévoûment. Ce fut après avoir erré de prison en prison, qu'ayant été conduit à Saint-Florent, Haudaudine y fut menacé de la mort, et ne dut la vie qu'à l'héroïsme de Bonchamp.

Époque féconde! sujets inépuisables de méditation! C'est au sein des guerres civiles que les vertus les plus sublimes s'élèvent avec gloire du milieu des crimes les plus atroces ! Plus malheureux peut-être, les jours moins orageux, mais non moins corrompus, qui, dans leur honteuse uniformité, présentent trop souvent les vertus sans énergie, et les triomphes du vice sans compensation !

Ni Lescure ni Bonchamp ne furent abandonnés aux républicains, qui ne les eussent point respectés ; tous deux transportés sur les bords du fleuve, abordèrent sur la rive opposée. Bonchamp n'y fut pas plutôt, qu'il expira au hameau de la Meilleraye. Son âme noble et généreuse quitta la terre, emportant pour consolation le salut de 5 mille victimes. Ses restes furent déposés dans l'église de Varades vis à vis Saint-Florent, encore rempli de sa gloire.

Le 19 octobre, l'avant-garde républicaine

parut à la vue de cette ville, mais les bateaux voguaient depuis trois jours. Déjà l'arrière-garde vendéenne touchait au rivage opposé, lorsque l'ennemi entra dans Saint-Florent. Quelques coups de canon tirés sur l'armée royale réunie à Varades, signalèrent à la fois l'impuissance et l'arrivée des républicains.

PIÈCES JUSTIFICATIVES.

~~~~~~~~~~~~~~~~~~~~

N°. Ier.

Plan de l'association bretonne, le 5 décembre 1791.

Par ordre des princes, avec l'accession des Bretons émigrés, pour l'honneur des associés et le bien de la province.

1°. Il y aura, par ville d'évêché, six commissaires et un secrétaire pris dans les trois ordres, autant que faire se pourra ; ils recevront leurs instructions du chef de l'association.

2°. Dans chaque ville ou arrondissement, il y aura trois commissaires pris dans les trois ordres, autant que faire se pourra ; ils recevront généralement leurs instructions des commissaires d'évêché, lesquelles porteront conformément aux instructions datées le ...... et reçues le ..... du chef.....

3°. Les commissaires d'arrondissement ou de ville, correspondront directement avec le chef ou indirectement par les commissaires de leur évêché, suivant la distance, plus ou moins éloignée, où ils se trouveront du chef ou de leur commissaire, et la promptitude plus ou moins grande que les circonstances exigeront ; mais, dans le premier cas, ils instruiront les commissaires d'évêché, en leur faisant part, à temps, des objets importants de leur correspondance avec le chef.

4°. Le chef fera connaître, à MM. les commissaires

d'évêché et à ceux des ville et d'arrondissement, les personnes qui, en cas de son absence, ou d'événements imprévus, pourraient recevoir, donner et signer des intelligences et des instructions, et le suppléer dans toutes les courses et autres objets qui exigeront en même temps son activité dans toutes les parties, ou dans plusieurs parties de la province.

5º. MM. les commissaires et autres membres de l'association prendront les mesures les plus actives, et en même temps les plus sages, pour propager l'esprit et les vues patriotiques de l'association, pour y réunir toutes les personnes qui, par leurs moyens quelconques, peuvent y être utiles; les moyens d'utilité sont des hommes et de l'argent. Ces objets doivent être préparés de manière qu'on puisse, vingt-quatre heures après l'avertissement, les faire partir pour un ou plusieurs lieux désignés.

6º. MM. les commissaires et autres agents associés ne perdront pas de vue que tout le succès dépend de l'ensemble; qu'en s'attachant à conserver une propriété particulière, comme une faible partie de la province, on courrait risque de ne rendre aucun service essentiel; enfin, que le salut général tant des individus et des propriétés, que de la constitution avantageuse et particulière de la province, dépend, en grande partie, de l'effet qu'aura, dans le principe de l'action, l'unanimité de toutes les parties, la force d'un grand ensemble, d'un corps respectable par le choix, les principes et le nombre, et dont on détachera, lorsqu'il sera formé et organisé (ce qui demande un peu de soins), des divisions proportionnées à ce que les circonstances, dans les différentes parties de la province, exigeront. Ils se-

ront convaincus de la nécessité de ce premier rassemblement, et de celle de mettre quelque temps en oubli les
intérêts personnels qui contrarieraient l'intérêt général,
lorsqu'ils réfléchiront que l'objet de l'association embrasse à la fois l'avantage de contribuer essentiellement
et par les moyens les plus doux au retour de la monarchie, à la conservation des droits de la province, des
propriétés, et de l'honneur breton.

7°. Après avoir consulté les députés, qu'on priera à
temps MM. les commissaires d'envoyer, et qu'ils prendront indistinctement parmi eux et les autres associés,
on assignera un rendez-vous général où l'on se rendra
sans s'être préalablement assemblé à des rendez-vous
particuliers, parce que ces rassemblements partiels, aussi
marquants dans les cantons où ils auraient lieu, mais
moins en état de résistance que le rendez-vous général,
feraient peut-être des difficultés très-dangereuses à surmonter pour se réunir à ce dernier.

8°. MM. les commissaires feront parvenir au chef, le
plus souvent qu'ils pourront, l'état de leurs moyens ac-
tuels et de leurs espérances; ils accompagneront ces en-
vois de leurs conseils et des désirs de la partie d'association, au service de laquelle ils seront particulièrement
attachés. Ils feront, en même temps, part de la nature
des encouragements et des récompenses qui peuvent faire
entrer ou maintenir utilement les individus dans l'assc-
ciation.

9°. Tous les membres seront sans doute pénétrés de
ce sentiment patriotique et profondément essentiel, que
la division des ordres étant nécessitée dans tous les cas,
pour rappeler au gouvernement monarchique et à la
constitution bretonne, il est utile de faire voir que leur

importance et leur existence politique et séparée, ne peut donner à aucun des trois, d'influence distinctive dans les opérations de quelque nature qu'elles soient, de l'association où tous les propriétaires, ayant, à ce titre, des avantages égaux à obtenir, des dangers communs à éviter, doivent marcher main en main, en se communiquant leur force individuelle, pour composer une force générale, dirigée avantageusement pour tous vers le même but.

10°. MM. les commissaires et autres membres de l'association feront tous les efforts que le courage et la sagesse approuveront, pour faire entrer dans l'association les milices nationales et les troupes de ligne. Ils jugeront combien il est important de s'en réunir un nombre assez considérable pour détruire l'injuste soupçon qu'elles auraient naturellement, que les vues de l'association sont dirigées contre elles; et pour lui donner une de ses plus grandes forces actives. Les pouvoirs seront communiqués à MM. les commissaires d'évêché et autres, et dans la confiance parfaite qu'ils n'en donneront aucune copie.

11°. L'organisation militaire sera communiquée et réglée à temps. Il est extrêmement essentiel que MM. les commissaires et autres associés fassent, sans perdre de temps, leurs efforts pour acquérir des hommes populaires disposant de beaucoup de bras. Les premiers auront, pour être officiers dans les premiers grades, des titres proportionnés au nombre d'hommes qu'ils feront parvenir au rendez-vous. A mesure que MM. les commissaires auront acquis de ces hommes essentiels, ils enverront au chef leur nom avec quelque remarques caractéristiques des degrés d'utilité dont ils peuvent être, et de ceux de la confiance qu'on peut y mettre.

Bretagne, ce 5 décembre 1791.

Signé ARMAND DE LA ROUARIE.

~~~~~~~~~~~~~~~~

Nº. II.

Commission donnée au marquis de la Rouarie par les princes frères de Louis XVI.

Les princes, frères du roi, considérant que le bien de la province de Bretagne et le service de sa majesté, exigent que le chef de l'association bretonne ait en même temps le pouvoir nécessaire pour diriger les mouvements des troupes de ligne, des maréchaussées et autres militaires et gens armés dans cette province; leurs altesses royales ont conféré et confèrent au marquis de la Rouarie, colonel au service de France depuis le 10 mai 1777, et ancien officier-général au service des Etats-Unis d'Amérique, la commission et le pouvoir de donner en leur nom les ordres que les circonstances lui paraîtront exiger, tant aux troupes de ligne qu'aux maréchaussées et autres militaires quelconques, et gens armés dans cette province. Ordonnant à tous les sujets fidèles qui y sont demeurés, de quelque état et condition qu'ils puissent être, de le reconnaître comme muni desdits pouvoirs, et d'obéir aux ordres qu'il leur donnera en cette qualité, soit avant, soit pendant le cours de la contre-révolution: le tout sous le bon plaisir du roi, et jusqu'à ce que les princes, frères de sa majesté, jugent à propos de révoquer et d'annuller la présente commission. Leurs altesses royales, persuadées de la nécessité de ramener au même but et de faire concourir avec un accord salutaire, les efforts de tous ceux qui seront employés dans la bonne cause ; voulant d'ailleurs écarter et même détruire les soupçons, jalousies et inquiétudes que l'arrivée des troupes étrangères en Bretagne paraît y inspirer, désirent et jugent à propos que, dans le cas de l'arrivée de ces troupes ou de toutes autres, leurs chefs entrent en relation avec celui de l'association bretonne, pour que ces chefs se conduisent en tous points, de concert avec lui, relativement au bien des affaires du roi, au rétablissement de son pouvoir légitime et à la conservation des propriétés.

Autorisent, leurs altesses royales, M. le marquis de la Rouarie en qui elles ont une juste confiance, à joindre, autant que faire se pourra, à l'associa.ion bretonne, les parties limitrophes des autres provinces, lesquelles seront sujettes aux mêmes règlemens et travaux, et participeront aux mêmes avantages, à l'exception de ceux qui ne seraient relatifs qu'à la constitution particulière de la Bretagne.

Au surplus, les princes voyant avec satisfaction les principes d'après lesquels s'est formée ladite association, et convaincus des bons effets qui doivent en résulter, recommandent au marquis de la Rouarie, de faire connaitre, de leur part, à ses compatriotes, que les services qu'ils pourront rendre au roi et à l'état, en demeurant dans leur province, et en se réunissant à cette coalition de zèle et de fidélité, leur paraissent plus importants que ceux qu'ils pourraient rendre au dehors ; et qu'en conséquence quelque honorables que soient les motifs qui, dans les premiers moments, ont déterminé plusieurs d'entr'eux à venir se ranger sous les ordres de leurs altesses royales , elles désirent que le nombre n'en soit pas augmenté, et que les gentilshommes ou autres qui , par des raisons également honorables, n'ont pas abandonné leurs foyers , évitent de prendre le parti de l'émigration. En foi de quoi nous avons signé la présente , et y avons fait apposer le cachet de nos armes.

Fait à Coblentz , le 2 mars 1792.

Signé LOUIS-STANISLAS XAVIER.

CHARLES PHILIPPE.

Contresigné COURVOISIER.

Nº. III.

Pièce jointe à la commission de la Rouarie.

Les princes , frères du roi, informés de la position où se trouvent, en Bretagne, les citoyens demeurés fidèles à la religion et au roi, exhortent le marquis de la Rouarie à continuer d'entretenir ces bons sentiments , à les confirmer de plus en plus , et à attendre avec confiance le moment où l'action prochaine des forces extérieures offrira aux bons français la possibilité de manifester ouvertement leur loyauté et leur courage. Les princes feront paraître incessamment un manifeste qui fera connaître que leurs vœux ne tendent qu'au rétablissement de l'ordre , et annoncera l'esprit d'équité et de modération qui dirige toutes leurs démarches. Ce manifeste , soutenu par les armées des puissances confédérées , sera tel qu'il puisse éclairer la nation sur ses véritables intérêts, dissiper les fausses inquiétudes qu'on

lui a imprimées, la rassurer contre la crainte d'être sur-
chargée d'impôts, ou privée d'une liberté légitime ;
mais en même temps il présentera tout ce qu'ont à
craindre les factieux révoltés contre le gouvernement
paternel d'un roi dont ils ont indignement méconnu la
bonté, et il fera trembler les plus audacieux en leur faisant voir la vengeance due à leurs forfaits, suspendue
sur leur tête.

La prudence dont jusqu'à présent le marquis de la
Rouarie nous a donné des preuves, nous persuade qu'il
évitera toute explosion prématurée ; mais si la violence
d'une secte sanguinaire attentait à la vie et aux propriétés des citoyens, nous autorisons M. de la Rouarie
à repousser, en ce cas, la force par la force ; et nous
ordonnons à tout Français fidèle de lui prêter assistance,
de seconder son zèle, de l'aider de tout leur pouvoir ;
nous reposant entièrement, pour les moyens de l'exécution, sur la sagesse et la modération dudit marquis de la
Rouarie.

A Coblentz, le 15 juin 1792.

Signé LOUIS-STANISLAS XAVIER,
CHARLES PHILIPPE.

~~~~~~~~~~~~~~~~~~~

N°. IV.

Lettre de Calonne à la Rouarie, *le 11 août* 1792.

Notre brave et féal Fontevieux n'a pas négligé votre
affaire, cher général ; et nous ne l'avons pas négligé
non plus, quoique nous l'ayons retardé. Il emporte la
pièce qui va paraître, le jour même que nous marche-

rous vers nos pénates , et c'est après demain. Il ne vous
porte que l'épreuve : c'est tout ce que nous avons ; et
il vaut mieux s'en contenter, que d'attendre encore
deux jours. Vous avez aussi les commissions signées , et
10,200 liv. faisant moitié de ce que vous recevrez dans
un certain genre (1) qui sera bientôt dans le cas de vous
être envoyé où vous indiquerez. *Euge, euge, macte
animo, vir generose,* c'est tout ce qu'on peut vous
dire à présent, et on vous le dira de la part d'un grand
homme (2) , dont nous sommes pareillement contents,
ainsi que d'une grande majesté (3).

Recevez les embrassements et les vœux de votre serviteur.

Signé DE CALONNE.

~~~~~~~~~~~~~~~~~~~~~~~

<div align="center">

No. V.

Brevets en blanc donnés à la Rouarie.

</div>

M.   étant instruit des motifs fondés
sur votre mérite et l'utilité de vos services
qui ont porté le marquis de la Rouarie, d'après les
pouvoirs qu'il a reçus de nous , à vous nommer
            Nous approuvons et ratifions ladite nomi-
nation ; voulons et ordonnons que vous soyez obéi en
cette qualité. En foi de quoi nous avons signé la présente

---

(1) Faux assignats fabriqués à Londres.
(2) Brunswick.
(3) Le roi de Prusse.

confirmation , et y avons fait apposer le cachet de nos armes.

Fait à Coblentz , le   juin 1792.

Signé Louis-Stanislas Xavier.

Charles Philippe.

Par leurs altesses royales ,

Courvoisier.

〰〰〰〰〰〰〰

N°. VI.

Pouvoirs donnés par le comité de sûreté générale à Morillon et Latouche Cheftel , commissaires dans l'affaire des conspirateurs de Bretagne.

Du 13 mai 1793.

Le comité de sûreté générale , après avoir conféré avec le ministre des affaires étrangères qui s'est plus particulièrement occupé de cette affaire ; considérant qu'il résulte des rapports , que les vingt-huit conspirateurs traduits au tribunal révolutionnaire ne sont pas les seuls qui aient trempé dans cette infâme coalition ; qu'il existe encore , dans la ci-devant Bretagne , un grand nombre de contre-révolutionnaires qui n'attendent que le moment d'éclater ; que déjà des mouvements se renouvellent dans la ci-devant Bretagne ; que même ces mouvements se propagent dans la ci-devant Normandie , où d'ailleurs il existe aussi une coalition ténébreuse , arrête :

1°. Le ministre des affaires étrangères délivrera aux citoyens Lalligant Morillon et Latouche Cheftel , une commission pour se transporter dans la ci-devant Bre-

tagne et Normandie, ainsi qu'au citoyen Grenier leur
secrétaire adjoint.

2°. La mission de Morillon sera de rechercher tous les
conspirateurs, cachés ou connus, qui ont trempé dans
la coalition bretonne; il pourra les faire mettre en état
d'arrestation, requérir la force armée, etc., etc.

Pour tous ces objets, il se concertera avec le citoyen
Cavaignac, député à la convention, et membre du comité de sûreté, envoyé dans les départements où se
transportera Morillon.

Cheftel aura pour mission de parcourir, avec son
adjoint Grenier, la ci-devant Normandie; d'y rechercher et poursuivre les conspirateurs, etc., etc.; et il se
concertera pour le tout avec le citoyen Prieur, de la
Côte-d'Or.

Attendu que la mission confiée à Cheftel et à Morillon, a la plus grande connexité, ils pourront correspondre ensemble, et même se transporter l'un et l'autre
sur les points respectifs remis à leur surveillance.

***

N°. VII.

DÉPARTEMENT DE LA VENDÉE.

*Adresse aux Français, de la part de tous les chefs
des armées catholiques et royales, au nom de
sa majesté très chretienne Louis XVII, roi de
France et de Navarre.*

Le ciel se déclare pour la plus sainte et la plus juste
des causes. Le signe sacré de la croix de Jésus-Christ et
l'étendard royal l'emportent de toutes parts sur les dra-

peaux sanglants de l'anarchie. Maitres des cœurs et des opinions, plus encore que des villes et des hameaux, qui nous donnent les doux noms de pères et de libérateurs, c'est maintenant que nous croyons devoir proclamer hautement nos projets et le but de nos communs efforts. Nous connaissons le vœu de la France, il est le nôtre : c'est de recouvrer et de conserver à jamais notre sainte religion catholique, apostolique et romaine ; c'est d'avoir un roi qui nous serve de père au dedans et de protecteur au dehors. Et c'est nous qu'on appelle des brigands sanguinaires ! nous, qui, fidèles à nos principes de religion et d'humanité, avons toujours aimé à rendre le bien pour le mal ; à épargner le sang de ceux qui versaient à grands flots celui de nos frères, de nos parents et de nos amis ! Que la conduite de ceux qui se disent patriotes, soit mise en parallèle avec la nôtre ; ils égorgeaient nos prisonniers au nom de la loi, et nous avons sauvé les leurs au nom de la religion et de l'humanité !

A Bressuire, ils ont coupé par lambeaux des hommes qu'ils avaient pris sans armes pour la plupart, tandis que nous traitons comme des frères ceux que nous avions pris les armes à la main ; tandis qu'eux-mêmes pillaient ou incendiaient nos maisons, nous faisions respecter, de tout notre pouvoir, leurs personnes et leurs biens ; et si, malgré tous nos efforts, quelques dégâts ont été commis dans les villes que nous avons reconquises pour notre bon roi, sa majesté très chrétienne, Louis XVII, nous en avons ple uréamèrement ; nous avons puni avec la plus éclatante sévérité les désordres que nous n'avions pu prévenir. C'est un engagement formel que nous avons contracté en prenant les armes, et que nous remplirons au

péril de notre vie ; ainsi la France va être désabusée sur
les mensonges aussi impudents que perfides , et absurdes
de nos ennemis.... Elle l'est depuis long-temps. Notre
conduite à Thouars est connue; cette ville prise d'assaut,
comme presque toutes celles où nous sommes entrés
jusqu'à ce jour, puisque 2 mille soldats de l'armée catholique avaient pénétré par la brèche , lorsque l'ennemi capitula , est un exemple frappant de notre douceur et de notre modération. Patriotes, nos ennemis,
que nous opposerez-vous encore ? Vous nous accusez de
bouleverser notre patrie par la rébellion , et c'est vous
qui sappant à la fois tous les principes religieux et politiques, avez les premiers proclamé que l'infraction est
le plus saint de tous les devoirs ; et d'après ce principe
qui nous justifierait à vos yeux, si la plus juste cause
avait besoin d'être justifiée , vous avez introduit à la
place de la religion , l'athéisme ; à la place des lois,
l'anarchie ; à la place d'un roi qui fut notre père ; des
hommes qui sont nos tyrans. Vous nous reprochez le
fanatisme de la religion , vous que le fanatisme d'une
prétendue liberté a conduits au dernier des forfaits ;
vous que ce même fanatisme porte chaque jour à faire
couler des flots de sang dans notre commune patrie. Ah !
le temps est enfin arrivé où les prestiges d'un faux patriotisme vont disparaître ; le bandeau de l'erreur est
à moitié déchiré. O nos concitoyens ! jugez-nous et jugez
nos persécuteurs ! Qu'ont-ils fait? qu'ont fait vos représentants eux-mêmes pour votre bonheur et pour le
bien général de la France ? Qu'arracher de vos cœurs
les principes de votre foi, que s'amasser d'immenses
trésors aux prix de vos larmes et de votre sang; que
porter la désolation dans le sein de vos familles, en

traînant de force, au milieu des camps et des combats,
vos enfants, vos frères et vous-mêmes, qu'ils n'ont pas
craint d'exposer à mille morts pour assouvir leur rage
contre le trône et l'autel, et pour s'assurer de l'impunité
de leurs forfaits ; ils ont enlevé à la charrue de paisibles cultivateurs, dont les bras assuraient à la patrie sa
subsistance et sa vie. Ouvrez donc enfin les yeux, ô
Français! rendez-vous à nous, rendez-vous à vous-
mêmes. Eh! ne seriez-vous donc plus ce peuple doux,
généreux, fidèle à sa religion, idolâtre de ses rois ?

Le peuple de Clovis, de Charlemagne, de saint Louis,
de Louis XII, d'Henri IV et de Louis XVI enfin, dont
le fils, ce jeune et tendre rejeton de la famille auguste
des Bourbons, prêt à observer les dernières volontés
d'un père qui mourut en pardonnant à ses bourreaux,
vous ouvre son âme et brûle du désir d'être heureux de
votre bonheur! Seriez-vous insensibles à ce langage ?
seriez-vous sourds à la voix de la religion qui, depuis
trop long-temps la proie des loups ravisseurs, rede-
mande aujourd'hui ses véritables et légitimes pasteurs ?
Non, sans doute, vous êtes nos amis, nos frères ; nous
ne sommes qu'un peuple, disons mieux, qu'une même
famille. Nos misères, nos jouissances nous sont communes : réunissons donc nos efforts sous l'égide du
Tout-puissant, sous la protection d'un père commun.
Épargnons, épargnons le sang des hommes, et surtout
celui des Français. Il n'est plus aujourd'hui de place dans
l'état pour ces êtres froids et égoïstes qui, languissant
dans une honteuse oisiveté, affectant une coupable indifférence pour l'intérêt général, se tiennent à l'écart
prêts à s'engraisser des débris de la fortune publique et
des fortunes privées. Deux étendards flottent sur le sol

des Français, celui de l'honneur et de l'anarchie. Le moment est venu de se ranger sous l'un de ces drapeaux ; qui balance est un traître également redoutable aux deux partis. Marchons tous d'un commun accord ; chassons ces représentants infidèles qui, abusant de notre confiance, n'ont employé jusqu'ici qu'à des disputes stériles, à des rixes indécentes.... à des luttes déshonorantes pour le nom Français, un temps qu'ils devaient tout entier à notre bonheur ; chassons ces représentants parjures qui, envoyés pour le maintien de la monarchie qu'ils avaient solennellement jurée, l'ont anéantie, et renversé le monarque innocent sur les marches sanglantes d'un trône où ils règnent en despotes ; chassons enfin ces mandataires perfides et audacieux qui, s'élévant au-dessus de tous les pouvoirs connus sur la terre, ont détruit la religion que vous vouliez conserver, créé des lois que vous n'avez jamais sanctionnées ; disons mieux, que vous eussiez rejetées avec horreur, si votre vœu eût été libre ; ont fait du plus riche et du plus florissant des royaumes un cadavre de république, objet de pitié pour ceux qui l'habitent, et d'horreur pour les peuples étrangers : que ces arbres dépouillés de leur verdure, tristes images du trône dépouillé de sa splendeur, que ces vains emblèmes de la licence tombent dans la poussière, et que le drapeau blanc, signe du bonheur et d'allégresse pour les Français, flotte sur les remparts de nos cités, et sur les clochers de nos fidèles campagnes.

C'est alors qu'oubliant nos pertes mutuelles, nous déposerons nos armes dans le temple de l'Éternel. C'est alors que terminant une guerre dont les défaites et les triomphes réciproques ne sont que de vraies calamités pour notre mère-patrie, nous proclamerons avec la paix de la France le repos de l'univers. C'est alors que, confondant dans l'amour du bien public tous nos ressentiments personnels, et jusqu'à nos moindres sujets de mécontentements réciproques, de quelque parti, de quelqu'opinion que nous nous soyons montrés, pourvu que nos cœurs et nos mains n'aient pas trempé dans le crime, nous nous reconcilierons, nous nous unirons tous au sein de la paix pour opérer le bien général, et donner à la France, avec son roi et son culte catholique, le bonheur qu'elle attendit en vain de ces représentants infidèles. Tels sont, nous osons le répéter et le proclamer hautement, tels sont nos vœux ; tels sont les vœux de tous les Français. Qu'ils osent le manifester, et la France est sauvée.

Fait au quartier-général, à Fontenay-le-Comte, ce 27 mai l'an premier du règne de Louis XVII.

Signés DE BERNARD-DE-MARIGNY, DESESSARTS, DE LAROCHE-JAQUELEIN, LESCURE, DUHOUX, D'HAUTERIVE, DONISSANT, CATHELINEAU.

N°. VIII.

Sommation faite par les chefs de l'armée catholique et royale, aux citoyens maire et officiers municipaux de la ville de Nantes.

Angers, 2 juin 1793.

Messieurs, aussi disposés à la paix que préparés à la guerre, nous tenons d'une main le fer vengeur, et de l'autre le rameau d'olivier. Toujours animés du désir

de ne point verser le sang de nos concitóyens, et jaloux
d'épargner à votre ville le malheur incalculable d'être
prise de vive force, après en avoir mûrement délibéré
en notre conseil réuni au quartier-général à Angers;

Nous avons arrêté à l'unanimité de vous présenter un
projet de capitulation, dont le refus peut creuser le
tombeau de vos fortunes et de celles d'une partie de la
France, et dont l'acceptation qui vous sauve va sans
doute assurer à la ville de Nantes un immense avantage
et un honneur immortel.

En conséquence, nous vous invitons à délibérer et
statuer que le drapeau blanc sera de suite et dans l'espace de six heures, après la réception de notre lettre,
arboré sur les murs de la ville;

Que la garnison mettra bas les armes, et nous appor-
tera ses drapeaux pliés comme nationaux;

Que toutes les caisses publiques, tant du département,
du district et de la municipalité, que des trésoriers et
quartiers-maitres de l'armée, nous seront pareillement
apportées;

Que toutes les armes nous seront remises; que toutes
les munitions de guérre et de bouche nous seront fidèlement déclarées, et que tous les autres effets, de quelque
genre que ce soit appartenant à la république française,
nous seront indiqués et livrés, pour que, par nous, il
en soit pris possession au nom de sa majesté très chrétienne Louis XVII, roi de France et de Navarre, et au
nom de M. le Régent du royaume;

Qu'il nous sera remis pour ôtages les députés de la
Convention nationale, de présent en commission dans
la ville de Nantes, et autres dont nous conviendrons.

A ces conditions, la garnison sortira de la ville, sans

tambours ni drapeaux, les officiers seulement avec leurs épées, et les soldats avec leurs sacs, après avoir prêté le serment de fidélité à la religion et au roi, et la ville sera préservée de toute invasion et de tout dommage, et mise sous la sauve-garde et protection spéciale de l'armée catholique et royale. En cas de refus, au contraire, la ville de Nantes, lorsqu'elle tombera en notre pouvoir, sera livrée à une exécution militaire, et la garnison passée au fil de l'épée.

Nous avons l'honneur de vous faire passer, messieurs, plusieurs exemplaires d une adresse qui vous instruira plus en détail de nos véritables sentiments, et nous vous donnons l'espace de six heures pour nous faire connaître votre refus ou acquiescement à nos propositions.

Nous avons l'honneur d'être très parfaitement, messieurs, vos très humbles et obéissants serviteurs,

Les commandants des armées catholiques et royales.

Signés, DONISSANT, BERRARD, D'HÉRVOUET, D'ELBÉE, CH. DESESSARTS, DUHOUX, D'HAUTE-RIVE, LA TRIMOILLE, DE LAROCHE-JAQUELEIN, PIRON, CONCISE, LE CH. D'AUTICHAMP, CATHELINEAU, STOFFLET, LA LOUERIE..

Nº. IX.

Réglement général sur les biens dits nationaux.

Le conseil supérieur, considérant qu'il est urgent de statuer sur l'exploitation et la jouissance des biens dits nationaux, de quelque nature qu'ils soient ;

Pressé par les demandes itératives des conseils particuliers de différentes paroisses du pays conquis pour sa majesté ;

Voulant concilier les règles immuables de la justice avec les intérêts des différents particuliers, oui sur ce M. Carrière pour le procureur-général du roi, a arrêté et arrête ce qui suit :

ART. Ier. Les ventes des biens ecclésiastiques, domaniaux et autres, connus sous la dénomination de biens nationaux faites en vertu des décrets des soi-disant *assemblées nationales*, sont toutes et sans distinction déclarées nulles.

II. Toutes les cessions et reventes desdits biens, meubles ou immeubles, consenties par les premiers acquéreurs, sont également déclarées nulles.

III. Le conseil supérieur n'entend préjuger en aucune manière par les dispositions des précédents articles, la question des indemnités que les acquéreurs desdits biens prétendraient obtenir pour les annuités payées par eux, ou les améliorations faites aux biens dont ils se sont rendus adjudicataires.

IV. Le conseil supérieur reconnaît qu'il n'appartient qu'au roi, à l'église et aux autres ordres de l'état, réunis en pleine et entière liberté, de réaliser, de telle manière légale et canonique qu'ils jugeront convenable, l'hypothèque assignée au papier monnaie dans toute l'étendue du royaume, et de prononcer, si la dîme, les abonnemens de dîme et les autres redevances qui se percevaient en nature, continueront à être payés de la même manière qu'ils l'étaient en 1790.

V. L'administration des biens dits nationaux, dont les acquéreurs jouissent par eux-mêmes, sera confiée, pour la présente année, sous la surveillance des conseils particuliers, à des commissaires régisseurs qui seront nommés par le conseil supérieur, dans chacun des arrondissements qui leur seront assignés.

VI. Sont exceptés de la régie et administration générale, confiée auxdits commissaires :

1°. Les biens des évêchés, cures et bénéfices à charge d'âme, dont les titulaires non assermentés résident actuellement dans le pays conquis ;

2°. Les biens confisqués en vertu des décrets des soi-disant *assemblées nationales*, au profit de la *nation*, et ceux des personnes émigrées dont les possesseurs légitimes résident actuellement dans le pays conquis, où y sont suffisamment représentées par des fondés de procuration et des régisseurs.

VII. Les titulaires et possesseurs légitimes mentionnés dans l'article ci-dessus, entreront de suite en jouissances des bénéfices et biens dont ils auraient été injustement dépouillés, en tenant compte aux acquéreurs des frais de culture, à dire d'experts.

VIII. Il sera libre aux titulaires et propriétaires de transiger avec les adjudicataires de leurs biens, pour les en laisser jouir à tel prix et condition qu'ils jugeront convenables.

IX. Les commissaires, régisseurs nommés par le conseil supérieur, résideront dans le chef-lieu de leur arrondissement, et leur régie s'étendra à tous les biens qui y sont situés, fors ceux exceptés dans les articles précédents.

X. Lesdits commissaires régisseurs verseront dans la caisse du receveur général des deniers de l'état, près le conseil supérieur, et compteront avec l'administration de toutes les sommes qu'ils percevront; et pour sûreté des deniers qu'ils recevront, ils seront tenus de fournir bonne et solvable caution.

XI. Jusqu'à l'établissement des commissaires, les conseils particuliers de chaque paroisse sont autorisés à percevoir, en cas d'urgence, les fruits et revenus des biens qui devraient être administrés par lesdits commissaires et régisseurs, à la charge de leur en rendre compte, et d'en verser le produit en leur caisse, sitôt leur nomination.

XII. Les conseils de chaque paroisse seront tenus de dresser, aussitôt la réception des présentes, deux tableaux contenant l'état de tous les biens dits nationaux situés en leur paroisse, et d'envoyer l'un desdits tableaux au conseil supérieur, et l'autre au commissaire régisseur de l'arrondissement.

XIII. Pour éviter les frais d'administration, les commissaires régisseurs vendront, au plus offrant et dernier enchérisseur, et à prix comptant, tous les objets qui en seront susceptibles.

XIV. Ces ventes et adjudications seront précédées d'affiches et publications, et se feront en présence de deux membres du conseil particulier de la paroisse dans l'étendue de laquelle lesdits objets seront situés.

XV. Tous les objets qui n'auront pu être vendus à l'encan, ou ne pourraient pas l'être qu'à un prix trop modique, seront soigneusement recueillis et conservés par les commissaires régisseurs, et l'administration leur tiendra compte des frais de régie sur le bordereau qu'ils en présenteront, visé et certifié par les conseils particuliers des paroisses dans l'étendue desquelles les frais d'administration auront été faits.

XVI. Les commissaires régisseurs désigneront au conseil supérieur les endroits où ils croiront convenable d'emmagasiner et de conserver, avec le moins de frais possible, les objets qui n'auront pas été vendus.

XVII. Le conseil supérieur autorise les commissaires à affermer pour une année le temporel des bénéfices, même à charge d'âmes, dont les titulaires non assermentés ne se présenteront point dans le mois de la publication des présentes.

XVIII. Les titulaires assermentés, ayant déjà reçu partie de leur traitement, n'entreront point en jouissance des revenus de leurs bénéfices pour la présente année ; mais lesdits revenus seront perçus par les commissaires régisseurs, et le conseil supérieur fixera les sommes qui seront allouées auxdits titulaires assermentés, d'après les comptes qu'ils auront rendus.

XIX. Les commissaires régisseurs veilleront soigneusement à la rentrée des revenus dont la régie leur est attribuée, et décerneront des contraintes, si besoin est, d'après l'autorisation du conseil supérieur.

XX. A l'égard des bois de haute futaye qui sont actuellement séparés du fond, lesdits commissaires régisseurs les exploiteront ou en disposeront par vente de la manière la plus avantageuse, suivant l'usage pratiqué sur les lieux, et de concert avec les conseils des paroisses où ils sont situés.

XXI. Les commissaires régisseurs ne pourront, en aucun temps et sous quelque prétexte que ce soit, disposer, sans l'autorisation spéciale du conseil supérieur, des deniers et objets dont ils sont établis percepteurs.

XXII. Les baux à ferme consentis par les titulaires

légitimes, par les gens de main-morte, et les propriétaires avant et depuis la révolution, sont maintenus
jusqu'à leur échéance ; à l'effet de quoi, les fermiers
qui auraient été expulsés de leurs fermes, sont autorisés
à y rentrer, si bon leur semble, au terme d'entrer en
jouissance, qui suivra la publication des présentes.

XXIII. Si aucuns desdits baux sont déjà échus, ils
pourront être renouvelés ou prorogés pour une année
seulement par les commissaires régisseurs, en la forme
prescrite par l'article 14.

XXIV. Les baux consentis par les acquéreurs des
biens dits nationaux n'étant fondés sur aucun titre
de propriété, sont et demeurent résiliés de plein droit
pour le terme d'entrée en jouissance usité dans le canton
et qui suivra la publication des présentes.

XXV. Les fermiers qui se sont rendus adjudicataires
des biens qu'ils tenaient à titre de ferme des anciens
titulaires, et qui exploitaient lesdits biens par eux-
mêmes, seront conservés dans leur jouissance jusqu'au
terme en usage dans le canton, pour l'entrée et sortie
des fermiers et qui suivra la publication des présentes.

XXVI. A l'égard des adjudicataires qui occupent les
maisons servant à la demeure ordinaire des pasteurs
légitimes non assermentés, résidant actuellement en
l'étendue du pays conquis, ou celles desdites maisons
que l'administration supérieure jugerait devoir consa-
crer à des choses d'utilité publique, ils seront tenus de
les vider de corps et de biens, un mois après la sommation qui leur en sera faite.

XXVII. Les fermiers-généraux des biens dits nationaux verseront directement le prix de leur fermage

dans la caisse du receveur général des deniers de l'état, et en compteront avec l'administration supérieure.

XXVIII. Les fermiers particuliers verseront leur prix de ferme dans la caisse du commissaire régisseur de leur arrondissement, et leurs comptes seront reçus par les conseils particuliers des paroisses, et envoyés par eux au conseil supérieur, pour y être définitivement arrêtés.

XXIX. Les sommes perçues par les commissaires régisseurs, et provenant des ventes de fruits des biens nationaux et du prix des fermages, seront affectées au paiement des frais nécessaires pour l'exercice du culte catholique, apostolique et romain, pour le traitement des ministres de ce même culte et l'acquit des charges dont chacun desdits biens est grevé.

XXX. Le conseil supérieur fixera incessamment, par un réglement particulier, la juste répartition des sommes affectées à l'acquit des dépenses ci-dessus mentionnées.

XXXI. Le conseil supérieur n'ayant rien préjugé par l'article 4 sur la dîme, les abonnements de dîmes et autres redevances qui se payaient en nature de fruits, et cependant, désirant conserver les droits de chacun, autorise tous les fermiers et propriétaires qui jouissent par eux-mêmes à lever tous les fruits de leur récolte, sans en laisser aucune partie sur les champs sujets auxdites dîmes et redevances.

XXXII. Il est enjoint auxdits fermiers et propriétaires qui jouissent par eux-mêmes, de se présenter sans retardement aux conseils particuliers des paroisses de la situation des biens, et d'y faire une déclaration sincère et exacte, qu'ils seront tenus de signer, de la nature et quantité des fruits qu'ils auraient dû laisser sur leurs terres pour l'acquit desdites dimes, abonnements de dîmes et autres redevances ci-dessus, si elles eussent été payées en nature avant 1790; de laquelle déclaration les conseils particuliers des paroisses enverront un double bien et dûment certifié, au conseil supérieur.

XXXIII. Lesdits fermiers et propriétaires qui jouissent par eux-mêmes, seront également tenus de rendre compte de la valeur des fruits mentionnés dans leur déclaration, dans le cas où le roi, l'église et les ordres de l'état le jugeraient à propos; si mieux n'aiment lesdits fermiers et propriétaires se libérer de suite, en payant sur quittance lesdits dimes, abonnements de dîmes et redevances, sóit en nature, soit en argent, degré à gré, à ceux à qui elles étaient dues avant leur suppression prononcée par l'assemblée soi-disant *nationale.*

Fait en conseil supérieur, le 11 juillet 1793, l'an premier du règne de Louis XVII.

GABRIEL, évêque d'Agra, *président*; MICHEL DESESSARTS, *sec. prés.*; DE LA RÓCHEFOUCAULT, doyen; BRIN, doyen de Saint-Laurent; BERNIER, curé de Saint-Laud d'Angers; BOURASSEAU DE LA RENOLLIÈRE, BOUTILLIÉR DES HOMELLES, BODI, LYROT DE LA PATOUILLÈRE, DE LA ROBERIE, COUDRAYE, MICHELIN, THOMAS, PAILLOU, LE MAIGNAN, LE NOIR, CARRIÈRE, *procureur-général du roi.*

Par le conseil supérieur.

P. JAGAULT, *secrétaire-général.*

N°. X.

Ordonnance du conseil supérieur d'administration.

Le conseil supérieur d'administration, considérant que par son réglement du 11 juillet dernier, la régie et administration des biens dits nationaux est provisoirement attribuée aux conseils particuliers des différentes paroisses, jusqu'à la nomination des commissaires régisseurs établis par l'article 5 du même réglement;

Que les officiers desdits conseils sont aujourd'hui surchargés d affaires de détail et d'administration qui ne leur permettent pas de vaquer plus long-temps à ladite régie;

Que d'ailleurs la récolte des foins, bleds et fruits déjà très avancée, nécessite plus que jamais la prompte élection et nomination desdits commissaires régisseurs;

Voulant en outre pourvoir aux inconvénients multipliés qui résultent de la cessasion des fonctions des contrôleurs dans un grand nombre d'endroits du pays conquis, et réunir au même bureau et dans la même personne l'exercice des deux charges que l'expérience a démontré très compatibles;

Oui sur ce M. Carrière pour le procureur-général de sa majesté, a arrêté et arrête ce qui suit:

· ART. Ier. Il sera, conformément à l'article V du réglement du 11 juillet dernier, procédé par le conseil supérieur, dans les trois jours qui suivront la publication des présentes, à la nomination des commissaires régisseurs qui ne sont pas encore désignés pour chaque chef-lieu d'arrondissement dans toute l'étendue du pays conquis.

II. Ces nominations et élections n'auront lieu qu'en faveur de ceux que leur attachement à la religion et aux principes du gouvernement monarchique, leur fidélité au roi et leurs lumières auront rendus spécialement recommandables et dignes de la confiance de l'administration, tant supérieure que particulière.

III. Il sera délivré à chacun d'eux une commission en bonne forme, imprimée, signée des officiers du conseil supérieur, et scellée du sceau royal.

IV. Ils fourniront, dans la huitaine qui suivra la réception de ladite commission, conformément à l'article 10 du règlement du 11 juillet dernier, pour la sûreté des deniers de l'état, bonne et solvable caution en immeubles, de la valeur au moins de 6 mille livres, par acte devant notaire, contrôlé *gratis*; et faute par eux de l'avoir fait dans le terme ci-dessus, ladite commission sera réputée nulle et de nul effet.

V. Aussitôt que les commissaires régisseurs auront satisfait aux dispositions exprimées, dans l'article ci-dessus, èt que leur caution aura été agréée par le conseil supérieur, sur l'avis des conseils particuliers de leurs paroisses, ils entreront de suite et de plein droit dans l'exercice de leurs fonctions.

VI. La régie et administration des biens dits nationaux, confiée provisoirement par l'article 11 du réglement du 11 juillet dernier, aux conseils particuliers des différentes paroisses, cessera de leur être attribuée, dès que les commissaires régisseurs seront en activité.

VII. Les conseils particuliers des différentes paroisses fourniront aux commissaires régisseurs tous les

.renseignements dont ils ont besoin, et toutes les pièces dont ils sont actuellement dépositaires, qui pourraient faciliter l'administration des biens dont la régie leur est attribuée.

VIII. Les commissaires régisseurs exerceront leurs fonctions sous la surveillance des conseils particuliers des paroisses où les biens qu'ils administrent sont situés, et en outre, sous l'inspection d'un chef de régie, établi près le conseil supérieur, en qualité de directeur général du contrôle de la perception et administration des revenus de l'état, auxquels ils rendront compte à la fin de chaque mois, et celui-ci, dans la quinzaine suivante, au conseil supérieur.

IX. Lesdits commissaires régisseurs réuniront à leurs fonctions celles du contrôle et insinuation des actes, et se conformeront dans l'exercice de ces deux charges, tant aux dispositions du réglement du conseil supérieur du 11 juillet dernier, qu'à celles du tarif sur le contrôle de 1722, ainsi qu'aux autres réglements y relatifs et antérieurs à la convocation des états généraux, faite par le feu roi en 1789.

X. Ils suivront, pour l'exercice de leurs fonctions, l'ancien arrondissement dépendant du chef-lieu duquel ils sont attachés, sauf les changements que le conseil supérieur croirait devoir faire, et que les circonstances ou l'étendue de nos conquêtes pourraient nécessiter.

XI. Il sera fait par les conseils particuliers, en présence des commissaires régisseurs et contrôleurs, un inventaire des papiers, registres et pièces déposées chez les ci-devant receveurs de l'enregistrement de leur paroisse, lesquels papiers, registres et pièces seront remis de suite audit commissaire régisseur et contrôleur, sur son récépissé.

XII. Les anciens receveurs de l'enregistrement ou leurs fondés de procuration, seront dûment appelés à la confection dudit inventaire, et faute par eux d'y comparaître, il y sera procédé en leur absence, no-nobstant toute opposition, par toutes les voies de droit.

XIII. Tout le papier timbré trouvé par les officiers des conseils dans les bureaux d'enregistrement, lors dudit inventaire, sera de suite renvoyé au conseil supérieur.

XIV. Le papier timbré en vertu des décrets des soi-disant assemblées nationales, né pourra être employé qu'après avoir été de nouveau timbré, signé et paraphé, pour valoir timbre, par l'un des officiers du conseil supérieur, ou le commissaire qu'il lui plaira nommer à cet effet.

XV. Il est enjoint auxdits commissaires régisseurs et contrôleurs, d'exercer les fonctions qui leur sont délé-guées avec exactitude et fidélité, à peine de déchéance et de privation du traitement qui leur est attribué.

Fait en conseil supérieur, à Châtillon-sur-Sèvre, le 24 juillet 1793, l'an premier du règne de Louis XVII.

GABRIEL, évêque d'Agra, *président;* MICHEL DESESSARTS, *second président;* BRIN, doyen de Saint-Laurent; BERNIER, curé de Saint-Laud d'Angers; BOUTILLER DES HOMELLES, LE MAI-GNAN, PAILLOU, LE NOIR, MICHELIN, THO-MAS, GENDRON, DUPLESSIS et CARRIÈRE, *pro-cureur-général.*

Par le conseil supérieur,

P. JAGAULT, *secrétaire-général.*

N°. XI.

Règlement général sur la circulation des assignats marqués au coin de la prétendue république française.

Le conseil supérieur d'administration, instruit que la circulation du papier-monnaie, autorisée par son ordonnance, en date du 8 juin dernier, éprouve dans plusieurs endroits du papier conquis des difficultés pour son interprétation et son exécution;

Que les assignats de 400 livres et au-dessous, marqués au coin de la prétendue république, sont presque partout rejetés dans le commerce, par une suite naturelle de l'horreur qu'inspirent à tous les vrais Français la destruction de la monarchie, et tout ce qui porte l'empreinte du républicanisme et de l'irréligion;

Considérant que, paralyser ou détruire entièrement la circulation desdits assignats, ce serait priver injustement lesdits sujets du roi, habitants du pays conquis, d'une partie de leur fortune, attenter à leurs propriétés et rendre inutiles et de nul profit pour eux, les caisses militaires enlevées à nos ennemis;

Que néanmoins l'admission et circulation illimitées desdits assignats entraîneraient après elles les inconvénients les plus dangereux, en ce qu'elles tendaient à favoriser un commerce proscrit avec les ennemis de l'état, ou à surcharger les habitants du pays conquis d'un papier-monnaie dont l'hypothèque est incertaine;

Qu'enfin il n'est aucun doute que notre jeune et infor-

tuné monarque, rétabli sur le trône de ses pères, ne
s'applique à réaliser, de préférence à tout autre, l'hypothèque assignée au papier-monnaie que ses plus
fidèles sujets auront accepté, et que les officiers les
plus zélés auront signé et admis pour valoir en son
nom ;

Ouï sur ce M. Carrière, pour le procureur-général
de sa majesté, a arrêté et arrête ce qui suit :

ART. Ier. Les assignats marqués au coin de la république, de quelque création et valeur qu'ils soient, ne
pourront avoir cours dans le pays conquis, s'ils n'ont
été préalablement signés et admis au nom du roi, par
les officiers du conseil supérieur, qui seront délégués à
cet effet.

II. Pour l'exécution du précédent article, tous et
chacun des habitants du pays conquis qui sont maintenant possesseurs d'assignats de valeur quelconque, marqués au coin de la république, les déposeront aussitôt
la publication des présentes, entre les mains des conseils provisoires de leurs paroisses, qui leur en donneront un récépissé, si mieux n'aiment lesdits habitants
les présenter directement au conseil supérieur.

III. Aussitôt que lesdits conseils provisoires auront
reçu en dépôt la quantité d'assignats marqués au coin
de la république, dont les particuliers habitants de
leurs paroisses se sont trouvés nantis, ils les enverront
sous cachet et enveloppe, par voie sûre, au conseil
supérieur.

IV. Ils joindront à cet envoi un état explicatif et
détaillé de la quantité et qualité desdits assignats, dont
le procureur-général de sa majesté accusera la réception
par le porteur.

V. Aussitôt l'envoi de la réception desdits assignats, ils seront signés et admis pour valoir au nom du roi, par les officiers du conseil supérieur, délégués à cet effet, et renvoyés de suite aux conseils provisoires dès paroisses respectives, en la manière ci-dessus mentionnée, pour être rendus à tous et chacun des habitants qui les auront déposés entre leurs mains, sur leur récépissé.

VI. Les habitants des paroisses du pays conquis, dans lesquelles le conseil supérieur n'aura point encore établi de conseils provisoires, s'adresseront au conseil provisoire le plus voisin du lieu de leur habitation, pour faire, entre leurs mains, le dépôt desdits assignats, en la forme ci-dessus, ou se présenteront directement au procureur-général du roi près le conseil supérieur.

VII. Le terme de rigueur pour la signature et admission desdits assignats, au nom du roi, par le conseil supérieur, sera d'un mois, à compter de la date des présentes; lequel temps expiré, aucun particulier habitant du pays conquis, ne sera admis à faire circuler les assignats marqués au coin de la république, s'ils n'ont été signés et admis conformément aux dispositions du présent règlement.

VIII. Aussitôt qu'une ville aura été conquise par les armées catholiques et royales, le présent règlement sera lu, publié et affiché dans son arrondissement, pour que les habitants de ladite ville, banlieue et environs aient à s'y conformer dans les huits jours qui suivront la publication.

IX. Les assignats marqués au coin de la république qui sont ou seront dans la suite remis entre les mains et dans la caisse du trésorier de l'état, seront également signés et admis pour valoir au nom du roi, par les commissaires du conseil supérieur.

X. Il est défendu sur les peines de droit et amendes portées par l'ordonnance du conseil supérieur du 8 juin dernier, à tous les habitants du pays conquis, de refuser, sous quelque prétexte que ce soit, d'admettre en paiement lesdits assignats timbrés au coin de la république, dès qu'ils auront été munis, en la forme ci-dessus, de l'attache et signature des commissaires, officiers du conseil supérieur.

XI. Le conseil supérieur a nommé et nomme par les présentes pour signer et admettre au nom du roi, en vertu du présent règlement, lesdits assignats de toute valeur de 25 livres jusqu'à 400 livres inclusivement, MM. Michel Desessarts, second président; Bernier, curé de Saint-Laud d'Angers; Carrière, procureur-général du roi près le conseil supérieur, et Jagault, secrétaire-général; et pour la signature des assignats de toute valeur, au-dessous de 25 livres, MM. Thomas et Barré, secrétaires du bureau des dépêches, auxquels il donne, à cet effet, tout pouvoir nécessaire, à la charge par eux de tenir et rendre un compte exact de leurs opérations.

Fait en conseil supérieur, à Châtillon-sur-Sèvre, le 2 août 1793, l'an premier du règne de Louis XVII.

GABRIEL, évêque d'Agra, prés.; MICHEL DESESSARTS, sec. prés.; BRIN, doyen de St.-Laurent; BERNIER, curé de St.-Laud d'Angers, BOUTILLER DES HOMELLES, LE MAIGNAN, PAILLOU, LE NOIR, MICHELIN, THOMAS, GENDRON, BODI, DUPLESSIS et CARRIÈRE, procureur-gnéral.

Par le conseil supérieur,

P. JAGAULT, secrétaire-général.

N°. XII.

Réglement sur l'ordre judiciaire.

Le conseil supérieur ayant jusqu'ici travaillé, autant qu'il lui a été possible, au milieu du tumulte des combats et des soins qu'ont exigés les approvisionnements de nos armées, a fait cesser les suites funestes de l'anarchie produite par l'établissement d'une république monstrueuse, dont les fastes du monde n'offrent aucun exemple, et dont les principes tendent à abolir l'idée de l'Être suprême et du culte qui lui est dû, la distinction des rangs fondée sur la même nature, les notions du juste et de l'injuste, le respect dû aux propriétés et au pouvoir légitime, pour y substituer l'irréligion, l'égoïsme, des lois arbitraires, des tribunaux de sang, une insubordination subversive de toute société, le pillage, les massacres, les extorsions et tous les crimes, avant-coureur de la loi agraire si souvent proposée par les factieux, et toujours rejetée par la plus illustre république qui fut jamais;

Considérant que cette anarchie a fait encore de nouveaux progrès sous un gouvernement purement militaire, et a été fomentée par des hommes perfides qui, feignant d'embrasser le parti de la religion et du roi, mais toujours attachés aux principes républicains dont ont vient de parler, s'efforcent de miner sourdement l'édifice de la monarchie renaissante élevé sur nos victoires et sur nos triomphes;

Considérant de plus que tous les réglements faits

jusqu'ici pour le public et l'administration des pays
conquis, resteraient sans force et sans exécution, si le
pouvoir judiciaire, méprisé, avili, et, pour ainsi dire,
anéanti par la prétendue république, n'était provisoirement rétabli, du moins en partie et de la manière la
plus propre, à en faciliter les heureux effets, à rétablir
le bon ordre, à assurer la vie, l'honneur et la propriété
des fidèles sujets du roi, à prévenir et à punir les crimes,
et à faire respecter les lois;

Voyant avec douleur qu'une grande partie de ceux
auxquels le dépôt, l'interprétation et la défense des anciennes lois du royaume étaient confiées, ont été les
premiers à s'élever contre elle et à les abroger; que très
peu d'entr'eux leur sont restés fidèlement attachés, et
que dans ce nombre même il y a des âmes honnêtes, à
la vérité, mais timides, et que le despotisme républicain a glacées de terreur; ce qui fait qu'on ne trouvera
qu'une petite quantité de sujets propres à remplir les
places judiciaires;

Considérant enfin que dans ce moment il est presque
impossible de rétablir dans leur plein exercice toutes les
justices seigneuriales dont le nombre est presque infini
dans les pays conquis, tant à cause de la disette des
sujets, que parce que les sièges royaux dont la plupart
de ces justices seigneuriales relevaient, ne font pas
encore partie du territoire soumis au roi, et parce que
leur rétablissement, s'il était possible, occasionnerait
dans le serf des justiciables des contrastes et des dispa-
rates capables de mécontenter une partie des sujets de sa
majesté, et soumettant les uns à plusieurs degrés de
jurisdiction, tandis que les autres ne seraient soumis
qu'à un, en plaçant dans un arrondissement plusieurs

petits sièges, tandis qu'il n'y en aurait qu'un dans un autre ;

Désirant néanmoins conserver dans leur entier les droits de tous et d'un chacun, maintenir et relever les anciens sièges royaux, établir autant qu'il sera possible l'uniformité et la juste proportion entr'eux, et les sièges nouveaux qui vont être créés provisoirement, placer les justiciables assez près de leurs justiciables pour qu'ils puissent vaquer à leurs affaires contentieuses, sans pré-judice à leurs autres occupations et au bien de l'agri-culture, terminer tout d'un coup' les procès de peu de conséquence, faciliter les actes et contrats civils, et enfin remettre en vigueur les lois observées jusqu'à la convocation des états-généraux en 1789.

Ouï sur ce M. Carrière pour le procureur-général de sa majesté, a arrêté et arrête ce qui suit :

TITRE PREMIER.

Des différents sièges de justice, de leur compé-tence, des officiers desdits juges.

ART. Ier. Le pays soumis au roi sera divisé en tel nombre d'arrondissements qu'il plaira au conseil supé-rieur de fixer, en observant qu'il y ait, autant que faire se pourra, au centre de chaque arrondissement, une ville ou gros bourg, et que les paroisses qui se trouvent sur les limites d'icelui, n'en soient pas distantes de plus de trois à quatre lieues, afin que les habitants puissent commodément se rendre au chef-lieu placé vers le centre, et en revenir dans un jour.

II. Dans chacun des chefs-lieux d'arrondissement, il sera établi un siège royal provisoire de justice ; et s'il y avait déjà un ancien siège, il sera maintenu, en lui donnant ou en ne lui laissant qu'un ressort à peu près égal à celui des sièges provisoire.

III. Dans chacun desdits sièges anciens ou établis provisoirement, il y aura un sénéchal ou un baillif, un procureur du roi et un greffier, et la justice y sera rendue au nom de sa majesté.

IV. Si le lieu où le siège se trouvera établi est considérable et fournit assez de sujets, il pourra être ajouté un lieutenant et même un assesseur.

V. Cet établissement n'est, comme il est dit, que provisoire, et en conséquence ne peut préjudicier aux droits de justice des seigneurs, au cas que le roi juge à propos de les conserver; mais toutes justices seigneuriales demeurent suspendues, quant à l'exercice, jusqu'à ce qu'il en ait été autrement ordonné.

VI. Les juges connaîtront toutes les matières civiles et criminelles dont connaissaient avant la convocation des états-généraux de 1789, les sièges royaux ordinaires et tous ceux connus sous le nom de tribunaux d'exception autres que les officialités, même de matières consulaires, en un mot de toutes les choses qui peuvent faire la matière ou l'appendice d'un procès quelconque, et exerceront d'ailleurs toutes les fonctions ci-devant attribuées aux juges royaux, sans aucune exception.

VII. Lesdits juges prononceront en dernier ressort sur toutes les affaires où il ne s'agira que de la somme de 100 livres en capital ou 5 livres de revenu, et jusqu'au double par provision, à la charge néanmoins de l'appel en ce dernier cas.

VIII. Il y aura dans le lieu qui sera fixé par le conseil supérieur d'administration provisoire, une cour royale supérieure et provisoire, où se porteront les appels des autres s èges, les questions de compétence, les demandes en évocation et cassation ; elle expédiera toutes les lettres royales de bénéfice d'âge, de bénéfice d'inventaire, de restitution en entier et autres sem- blables, et ce jusqu'au rétablissement du conseil d'état, d'o parlements et autres cours supérieures et de chan- celleries.

IX. Ladite cour royale supérieure sera composée au moins de sept membres, y compris le président ; il y aura un procureur-général qui pourra avoir deux substi- tuts, dont le premier fera les fonctions d'avocat gé- néral ; il y aura aussi un greffier civil et un greffier criminel.

X. Si on fait la conquête d'une ville où il y avait un présidial établi avant les états de 1789, ce présidial y sera conservé avec les fonctions, pouvoirs et préro- gatives qu'ils avaient ci-devant ; seulement le conseil supérieur se réserve de prononcer sur les difficultés qui pourraient s'élever sur les limites de son ressort, et d'en confirmer, suspendre ou destituer les anciens officiers, suivant l'exigence des cas.

XI. Dans les affaires criminelles, les juges en pre- mière instance appelleront d'autres juges ou des gra- dués jusqu'au nombre prescrit par les ordonnances, pour prononcer définitivement sur les matières.

XII. Les officiers de tous lesdits sièges et cour royale seront pris, autant que faire se pourra, parmi les an- ciens juges et officiers de justice royaux et seigneuriaux, afin que s'il y a quelque changement dans le titre et le ressort des juridictions, il y en ait le moins possible dans les dépositaires et défenseurs les lois de la monarchie.

XIII. La cour royale supérieure sera installée par le conseil supérieur d'administration ; les présidiaux et sièges anciens et provisoires inférieurs le seront par des commissaires nommés par ledit conseil supérieur.

XIV. Tous les juges seront tenus de se conformer, soit pour les formes à observer, soit pour leur jugement, aux lois, coutumes, ordonnances, arrêts de réglement, statuts, usances, qui étaient en vigueur avant la convocation des états généraux de 1789.

XV. La police immédiate dans tous les lieux où il y aura un siège royal ancien ou provisoire, appartiendra aux officiers dudit siège ; dans les autres lieux de leur ressort, elle appartiendra aux conseils provisoires desdits lieux, sauf l'appel au juge royal en cas de contestation, conformément à l'esprit de l'article 15 du réglement du 27 juillet dernier, concernant les conseils provisoires des paroisses.

XVI. Tous les juges royaux anciens et provisoires en première instance, connaîtront de tous les procès par écrit et instance, en litispendance devant les juges qui en doivent connaitre dans les temps, à la charge de l'appel, et seront tenus de suivre les derniers errements, quand même lesdits procès où instances auraient été portés devant les tribunaux soi-disant constitutionnels ou républicains. Il en sera de même des juges de la cour royale en matière d'appel.

XVII. Tous juges, procureurs du roi et greffiers doivent être majeurs de vingt-cinq ans, et résider dans le lieu où sera établi le siège, ou du moins dans l'arrondissement d'icelui.

XVIII. Tous les officiers composant lesdites cours royales, présidiaux et sièges royaux, anciens et provisoires, seront nommés par le conseil d'administration. Cependant si dans les anciens sièges il est resté des officiers sans reproches, ils seront conservés, conformément à l'article 12 ci-dessus.

XIX. Il sera attaché à chaque siège royal un bureau de la conservation des hypothèques suivant l'édit de 1771, auquel les juges se conformeront, tant pour les formes à observer, que pour les droits à percevoir et les émoluments à eux attribués. Le conseil supérieur nommera le greffier des hypothèques qui comptera à l'administration des droits perçus.

XX. Tous les tribunaux établis par les soi-disant assemblées ou Convention nationale, demeurent abolis sans exception; défenses sont faites à qui que ce soit de les reconnaître et d'y exercer aucunes fonctions, sous peine d'être déclaré rebelle au roi et poursuivi comme tel.

XXI. Aussitôt la publication du présent réglement, les conseils provisoires des villes, bourgs ou paroisses mettront les scellés sur les greffes et autres dépôts de titres situés dans l'étendue de leur territoire, se feront remettre les clefs des salles d'audiences et autres lieux destinés à l'usage des tribunaux, et contraindront par corps à ce faire les dépositaires qui refuseraient de les remettre.

XXII. Les scellés ci-dessus seront levés aussitôt après l'installation desdits cours et sièges royaux, en présence, autant que faire se pourra, des anciens officiers et greffiers des tribunaux républicains, du conseil provisoire des lieux, et des officiers du nouveau siège royal, dont le greffier fera l'inventaire desdits titres et papiers.

TITRE II.

Des officiers inférieurs et ministériels, et de ce qui est nécessaire pour la validité des actes.

Art. Ier. Tous les huissiers et sergents royaux de création antérieure aux états-généraux de 1789, qui obtiendront de nouvelles provisions du conseil supérieur, continueront d'exercer leurs fonctions dans tout le ressort de ladite cour royale provisoire.

II. Seront aussi conservés les sergents créés avant ladite époque par les seigneurs; mais ils ne pourront exercer que dans l'étendue du siège royal ancien ou provisoire, où le chef-lieu de la justice seigneuriale, à laquelle ils étaient attachés, se trouvera situé.

III. Le conseil supérieur conserve de même dans leurs fonctions, les notaires royaux pour les exercer dans tout le ressort de ladite cour royale.

IV. Sont également conservés, les notaires institués par les seigneurs avant la suppression de leur justice; mais ils n'exerceront leurs fonctions que dans le même ressort attribué par l'article 2 du présent titre aux sergents créés par lesdits seigneurs.

V. Tous lesdits notaires, huissiers et sergents ne pourront néanmoins continuer leurs fonctions anciennes ou en exercer de nouvelles, s'ils n'ont pris de nouvelles provisions du conseil supérieur. Tout acte qu'ils feraient sans être munis de ces provisions, sera regardé comme nul, et ceux qui l'auront fait ou passé, condamnés aux dommages et intérêts des parties.

VI. Le conseil supérieur se réserve la faculté de créer de nouveaux notaires, huissiers ou sergents, s'il est nécessaire.

VII. Tous les actes de juridiction volontaire ou contentieuse seront écrits sur papier timbré du nouveau timbre, ou visé pour valoir timbre par un officier du conseil supérieur, ou le commissaire qu'il lui plaira nommer à cet effet, conformément à l'article 16 du réglement du 24 juillet dernier, et en outre sujets aux contrôle, insinuation, centième denier et sceau, comme il en était usé avant les états-généraux de 1789, le tout à peine de nullité.

VIII. Le tarif de contrôle de 1722, les édits et déclaration concernant l'insinuation et centième denier, ensemble tous les édits interprétatifs qui étaient en vigueur lors de la convocation des derniers états-généraux, seront les seuls suivis par les contrôleurs des actes, conformément à l'article 9 dudit réglement du 24 du mois de juillet dernier.

IX. Tous les avocats et gradués pourront plaider et écrire les procès pendants en ladite cour royale supérieure, auxdits présidiaux et sièges royaux, anciens et provisoires.

X. Les personnes qui postulaient ces différents sièges royaux continueront de le faire, tant à ladite cour royale qu'aux sièges inférieurs.

XI. Les procureurs postulants aux justices seigneuriales ne seront admis à postuler qu'à celui des sièges royaux, anciens ou provisoires, auxquels ils déclareront s'attacher, sans pouvoir le faire à ladite cour royale ni aux présidiaux en matière présidiale, à moins que le conseil supérieur ne juge à propos de leur en accorder la faculté par leurs provisions.

XII. Lesdits avocats gradués et procureurs ne seront admis à plaider qu'en représentant à ladite cour royale et aux autres sièges, l'agrément du conseil supérieur, faute duquel ils ne seront point reçus à plaider, et leurs écrits ne passeront point en taxe.

XIII. On suivra pour la taxe des dépens le tarif qui était en usage dans les sièges royaux, où le pays conquis ressortissait avant lesdits états-généraux.

XIV. Les greffiers desdits cour et siège seront nommés par le conseil supérieur, sur la présentation des juges.

XV. Le conseil supérieur nommera aussi, dans chaque lieu où il y aura un siège de justice quelconque, un receveur des amendes, consignataires et droits de sceau.

XVI. Tous réglements faits et à faire par le conseil supérieur, seront enregistrés en ladite cour royale supérieure, et dans tous les sièges en dépendants.

XVII. S il se trouve quelque arrondissement où il ne soit pas possible d'établir, dans ce moment, un siège royal provisoire, le conseil supérieur se réserve d'attribuer provisoirement la juridiction sur cet arrondissement à tel autre des sièges royaux, anciens ou provisoires en exercice, qu'il jugera a propos.

Fait en conseil supérieur d'administration provisoire, à Châtillon, ce premier août 1793, l'an premier du règne de Louis XVII.

> Gabriel, évêque d'Agra, *prés.*; Michel Desessarts, *sec. prés.*; Brin, doyen de St.-Laurent; Bernier, curé de St.-Laud d'Angers; Boutiller des Homelles, le Maignan, Paillou, le Noir, Michelin, Thomas, Gendron, Duplessis, et Carrière, *procureur-genéral*.

Par le conseil supérieur,

> P. Jagault, *secrétaire-général*.

~~~~~~~~~~~~~~~~~~~~

N°. XIII.

Bulletin officiel du conseil supérieur de la Vendée.

Châtillon-sur-Sèvre, le 20 juillet, l'an premier
du règne de Louis XVII.

La providence nous conduit de succès en succès ; les efforts de nos ennemis tournent à leur confusion : la valeur de nos troupes anéantit tous leurs projets, et l'éternel vengeur des crimes appesantit de plus en plus son bras sur ces impies destructeurs de toute religion et de toute autorité.

L'action du 15 du courant, quoiqu'entièrement à notre avantage, puisque nous avons pris trois pièces de canon et une grande quantité de munitions de guerre et de bouche, nous laisse cependant le regret de n'avoir pas complété un victoire qui aurait pu assurer pendant la moisson la tranquillité du pays conquis, en détruisant toutes les forces de nos ennemis.

Une colonne ennemie d'environ 6 mille hommes s'étant rendue maitresse de Vihiers par la retraite de nos troupes, s'avança le 17 vers Coron. Trois cents braves réunis à la hâte, sans canons et n'ayant d'autres armes que leurs fusils et leurs piques, opposèrent pendant plusieurs heures une résistance vigoureuse à un ennemi deux fois plus nombreux, et finit par le repousser avec perte d'un grand nombre d'hommes tués ou blessés, de deux caissons d'artillerie et d'un charriot chargé de provisions.

Le 18 nos soldats volèrent au secours des paroisses me-

nacéés par l'ennemi. Rien ne put résister à leur valeur.
La soif du triomphe les avait tellement excités, qu'elle
ne leur permit pas d'attendre l'arrivée de plusieurs de
leurs généraux pour marcher contre l'ennemi. Celui-ci
fort de 16 mille hommes, ayant trente pièces de canon,
se promettait une victoire certaine. L'action s'engagea
un peu après midi. L'armée chrétienne et royale occupait les hauteurs de Vihiers, sous les ordres de M. Piron
de Marsange et autres; les chevaliers de Villeneuve et
et Kellars commandaient le centre; de la Guerivière et
Boissy, l'aile droite; Guignard de Tiffauges, la gauche,
et Forestier, à la tête de la cavalerie, animés par l'exemple
des Suisses et des Allemands, qui brûlaient de combattre
l'ennemi, chargèrent avec la plus grande vigueur, sous
la protection de l'artillerie, commandée par M. d'Her-
bold, connu par son habileté et son courage. La gauche
résista. Le combat devint opiniâtre et sanglant dans la
ville et surtout sur la place du marché de Vihiers; mais
enfin, après une fusillade qui dura trois quarts-d'heure,
nos soldats se précipitant avec impétuosité dans les
rangs de l'ennemi, renversèrent tout ce qui se trouva
sur leur passage et remportèrent une victoire complète.
L'ennemi fut poursuivi d'un côté jusqu'a Martigné, et de
l'autre jusqu'à Concourson.

Nous estimons sa perte à près de 2 mille hommes, tués
tant dans le combat que pendant sa fuite; 3 mille prisonniers, vingt-cinq pièces de canon et un plus grand
nombre de caissons, deux charriots chargés de fusils.
Un grand nombre de chevaux d'artillerie, de bœufs, de
provision et de munitions de toute espèce furent en outre
le fruit de cette victoire.

Le général patriote Menou doit être actuellement mort

de ses blessures ; Santerre n'a réussi qu'en sautant par-dessus un mur à se soustraire à la poursuite du brave l'Oiseau, le même qui tua trois cavaliers en défendant M. Domaigue à l'attaque de Saumur. Le bruit court que Santerre est dangereusement blessé. L'inviolabilité du député Bourbotte, membre de la prétendue Convention, ne put le défendre contre le courage d'un de nos soldats, qui, ayant tué son cheval, le poursuivit long-temps et s'empara de ses armes qu'il avait jetées. La valeur de nos troupes en cette occasion est au-dessus de tous éloges, et l'Europe aura peine à croire un jour aux prodiges qu'elles ont faits.

~~~~~~~~~~~~~~~~~~~~

N°. XIV.

De par le roi.

Nous général en chef commandants de division et autres officiers des armées catholiques et royales, réunis en conseil de guerre, infiniment touchés des ravages causés par les ennemis de la religion et du roi dans les pays conquis; considérant que la prétendue Convention nationale ne respecte ni le droit des gens, ni l'humanité; que, non contente de refuser l'échange des prisonniers, elle traduit devant le tribunal de sang qu'elle a établi ses propres soldats tombés entre nos mains et que notre clé-mence avait renvoyés dans leurs foyers, après avoir pro-mis de ne plus servir contre nous, s'ils refusent de man-quer à cette promesse et de se parjurer; que tous officiers et soldats de l'armée catholique qui sont pris par les armées prétendues républicaines, sont égorgés sur le champ ou

traduits au même tribunal qui fait aussitôt tomber leurs
têtes sous la main du bourreau ; considérant que nos ennemis exterminent hommes, femmes et enfants, et se font
un amusement d'incendier les habitations et moissons,
comme a osé s'en vanter le lâche et cruel Westermann ;
qu'en vertu d'un décret sanguinaire, violant les lois sa-
crées du domicile, ils font arrêter chez lui, pour le conduire au supplice, l'homme paisible et vertueux, qui,
pour le rétablissement du bon ordre, a accepté dans les
conseils d'administration une place que son amour pour
le bien public ne lui permettait pas de refuser ; considérant de plus que les membres de la soi-disant Convention
nationale, les officiers généraux commandant l'armée
dite républicaine et les prétendus fonctionnaires publics
dans l'administration ou dans l'ordre judiciaire, sont les
véritables coupables et les seuls peut-être que leurs soldats
ont été contraints de se réunir sous des étendards que la
plupart détestent ; qu'ils sont eux-mêmes opprimés par
ceux qu'ils sont obligés de défendre ; et que si parmi eux
un petit nombre est encore égaré et tient aux principes
sanguinaires d'une république imaginaire, il ne faut pour
le détromper que déchirer le bandeau qui leur cache la
vérité ; voulant enfin user à leur égard de tous les moyens
de douceur et de modération pour les ramener dans le
sentier de l'honneur, dans ce moment où nous venons
de remporter trois victoires mémorables, à Chatillon,
à Thouareau et à Vihiers, où l'on a pris à l'ennemi plus
de quarante pièces de canon, sans parler d'un nombre
infini de prisonniers, qui avec ceux précédemment faits
sur les champs de bataille, dans ce moment où le colosse
monstrueux de leur prétendue république s'écroule de
toutes parts il va écraser par sa chute tous ses défenseurs ;

déclarons à tous les Français, et spécialement à la prétendue Convention nationale, aux généraux et officiers des armées républicaines, et à tous les prétendus fonctionnaires publics, administratifs et judiciaires, et même aux individus volontairement coupables des excès cidessus, que nous userons à leur égard de représailles, et qu'ils sont et seront responsables sur leurs têtes et sur leurs biens, des violences publiques et particulières qui seront exercées contre les personnes et les biens des soldats et officiers des armées catholiques et royales, contre les officiers du conseil supérieur et des conseils particuliers des villes et des paroisses où ils ont établi provisoirement et contre chacun en particulier des Français attachés à la religion et au roi. Mandons au conseil supérieur séant provisoirement à Chatillon, de faire imprimer, publier et afficher les présentes partout où besoin sera.

Fait au quartier-général, à Argenton-Château, le 23 juillet 1793, l'an premier du règne de Louis XVII.

Signé D'ELBÉE.

Par MM. les commandants,

DURY DE BEAUVAIS, *secrétaire.*

Vu la proclamation ci-dessus, le conseil supérieur ouï sur ce M. le procureur-général du roi, en a ordonné l'impression, et enjoint aux conseils particuliers des pays conquis de la publier et afficher partout ou besoin sera.

Fait en conseil supérieur, à Chatillon-sur-Sèvres, ce 24 juillet, l'an premier du règne de Louis XVII.

Michel DESESSARTS, *second président.*

Par le conseil supérieur,

P. JAGAULT, *secrétaire-général.*

~~~~~~~~~~~~~~~~~~~~~~~~~

N°. XV.

Bulletin officiel du conseil supérieur de la Vendée

Du premier août 1793.

Les débris de l'armée républicaine, battue à Vihiers le 19, s'étaient précipitamment retirés partie sur Douay et Saumur, partie sur Angers; un corps d'environ 2 mille patriotes occupait un camp sur les hauteurs désignées, et de là exerçait ses ravages dans tous les environs. Les habitants de Mozé et ceux de quelques paroisses voisines, réunis à la hâte, luttaient chaque jour avec avantage contre cette horde dévastatrice.

La division aux ordres de M. de Bonchamp vint au secours de ces braves et attaqua le 26 l'armée républicaïne dans ses retranchements. Elle parut faire bonne contenance et résista quelque temps à l'effort de nos troupes; mais enfin l'intrépidité des chefs, le courage des soldats, l'adresse et l'intelligence de nos artilleurs fixèrent la victoire. Le camp fut forcé, les retranchements emportés, les tentes et les bagages tombèrent en notre pouvoir, quatre pièces de canon furent prises, une autre tomba dans la rivière; six cents patriotes périrent dans le combat, environ trois cents furent faits prisonniers; un grand nombre précipité dans la Loire en essayant de passer ce fleuve à la nage, y trouva la mort.

Le reste fuyait à toute jambe vers Angers, lorsque environ quatre cents d'entr'eux croyant n'être pas poursuivis, revinrent sur leurs pas et chargèrent notre troupe avec audace. On leur répondit avec une vigueur à laquelle ils ne s'attendaient pas. Une prompte et forte décharge en mit un grand nombre hors de combat ; le reste reprit à la hâte le chemin d'Angers, et nos troupes les poursuivirent jusqu'aux portes de cette ville.

On assure que le dimanche 26, dans la soirée, un détachement de soldats patriotes se porta de nouveau vers les ponts de Cé ; notre garde se replia pour ne pas être cernée. Les habitants des paroisses voisines se réunirent le lendemain et chassèrent le détachement républicain, avec perte de plus de quatre-vingts prisonniers et de trente et quelques hommes tués ou blessés.

Peu de jours auparavant, une division de notre armée sous les ordres du général en chef, s'étant portée sur Thouars, un détachement de cavalerie, commandé par M. de la Roche-Jaquelein, s'en sépara pour s'avancer jusqu'à Loudun. Il entra dans cette ville à trois heures du matin, sans éprouver la moindre résistance, fit sept gendarmes prisonniers, enleva la caisse du district, brûla les prétendus décrets contenus dans ses archives et détruisit toutes les marques extérieures du républicanisme.

Pendant ce temps, un corps d'ennemis assez nombreux surprenait Saint-Philbert ; la garde avancée, aux ordres de M. de Royrand, exerçait à Chantonnay ses ravages ordinaires. Le tocsin sonnait de toutes parts. L'effroi s'empara bientôt des vainqueurs; ils évacuèrent Chantonnay, après avoir incendié ce qu'ils ne purent emporter. Nos troupes les poursuivirent jusqu'à Sainte-Hermine, et de là s'avancèrent le 30 sur Luçon. L'armée républicaine les attendait rangée en ordre de bataille au-delà de Bessai : on l'attaqua avec vigueur. Nos troupes

essuyèrent le feu le plus terrible de sa part sans en être
effrayées ; notre artillerie , mieux servie que jamais ,
leur répondit par des décharges multipliées : chaque
boulet plongeait directement dans les rangs ennemis et
les sillonnait. Déjà les bataillons républicains se disposaient à fuir ; leur centre était enfoncé , leurs soldats
effrayés, tout nous présageait une victoire assurée , quand
les lâches pillards qui se traînaient à l'arrière-garde,
semèrent l'alarme dans tout le corps de l'armée en prenant la fuite. Ce contre-temps fâcheux nécessita la retraite. M. le prince de Talmont la protégea avec un bataillon de cavalerie , qui s'élança plusieurs fois dans les
rangs ennemis , détruisit presque entièrement un détachement de hussards et fit des prodiges de valeur : les
Suisses et dragons ne se distinguèrent pas moins , et plusieurs habitants des paroisses qui nous avoisinent, montrèrent autant de fermeté que de courage dans le combat.

Le général en chef et ses braves compagnons d'armes
se sont exposés aux plus grands dangers ; la providence
et leur sang-froid les ont préservés de tout accident funeste. Le cheval de M. de Lescure a été blessé ; un gros
de cavalerie ennemie qui s'acharnait à sa poursuite , fut
mis en déroute. Le jeune M. Le Riche de Langerie, qui
faisait ses premières armes , a eu son cheval tué sous lui.
Le nombre des prisonniers , des morts et des blessés est
peu considérable de notre côté ; nos troupes ont laissé
entre les mains de l'ennemi deux pièces de canon. Tel
est le récit de cette action, que, par intérêt pour la vérité , nous nous faisons un devoir de rapporter avec autant d'exactitude et de fidélité que nos succès et nos victoires ; au reste , notre armée n'était forte que d'environ

12 à 15 mille hommes, réunis à la hâte dans les paroisses voisines, tandis que la grande armée, victorieuse à Vihiers, poursuivait l'ennemi, par ses détachements au Pont-de-Cé, à Thouars, à Loudun et dans les environs de Saumur et d'Angers.

Nous devons un juste tribut d'éloge et les regrets les mieux mérités à M. Sapineau de la Verrie, qui, blessé lors de la première attaque du Pont-Charron, tomba entre les mains de l'ennemi, éprouva de sa part les plus cruels traitements et finit par être mis en pièce.

Un transfuge digne de foi, passé hier d'Ancenis en plein jour, écrit-on de Saint-Florent, a donné sur la situation de cette ville et celle de Nantes des nouvelles assez rassurantes. Il n'y a pas à Nantes en ce moment plus de 2 mille hommes de troupes ; celles qui précédemment s'y étaient rassemblées ont pris leur parti pour la Basse-Bretagne, ou plutôt chacun s'en est retourné chez soi. Le général Beysser est parti pour la Nouvelle-Angleterre, et le général Canclaux est fortement soupçonné d'aristocratie. Ancenis ne renferme pas plus de quinze à dix-huit cents hommes, qui tous n'ont pas un égal penchant à servir la république, et se rangeraient volontiers sous nos drapeaux, s'ils n'étaient chaque jour trompés par des nouvelles fausses et controuvées.

Un corps de républicains s'étant montré à Thouars dans la journée du 29, M. de Langrenière est allé le reconnaitre le lendemain à la tête d'un détachement de cavalerie. S'étant assuré de la présence de l'ennemi, il a marché le 31 contre la ville. Un seul dragon s'est présenté d'abord et a provoqué nos soldats par des insultes. L'un d'eux lui a fait passer une balle dans le côté d'un coup de carabine, à plus de trois cents pas ; il ne s'est sauvé qu'à l'aide de son cheval, laissant le long de sa route des traces de son sang. Le corps de notre armée s'est porté de suite à la chaussée de Cuvan, où elle a passé la rivière presque à la nage. Pendant ce temps, deux cavaliers patriotes s'échappaient sur la route de Saumur, quatre cents autres les avaient précédés sur celle de Poitiers; en sorte que Thouars, à l'approche de nos troupes, s'est trouvé entièrement évacué.

<p style="text-align:center">~~~~~~~~~~~~~~~</p>

N°. XVI.

Grand conseil de guerre tenu à Saumur.

Saumur, 2 septembre 1793.

L'an mil sept cent quatre-vingt-treize, et deuxième de la république française une et indivisible, le lundi deux septembre, deux heures du matin.

Les citoyens Rewbell, Merlin, Richard, Choudieu, Bourbotte, Thurreau, Cavaignac, Meaulle, Philippeaux, Ruelle et Fayau, tous représentans du peuple, et les généraux Rossignol, Canclaux, Menou, Santerre, Aubert-Dubayet, Salomon, Duhoux, Ray, Mieskousky et Dembarère, en exécution de l'arrêté des représentants du peuple, du 27 août dernier, approuvé par arrêté du comité de salut public, se sont réunis en conseil de guerre.

D'abord l'on a élevé la question de savoir si les représentants délibéreraient concurremment avec les généraux.

Plusieurs ont soutenu que les instructions données

aux représentants ne leur permettaient pas de délibérer avec les généraux ; mais d'autres ont répondu que l'arrêté du comité de salut public , ci-dessus énoncé , approuvait les dispositions prises par les représentants , qui consistent à ce que les généraux commandants en chef des divisions d'armée , et les représentants arrêtent de concert un plan de campagne définitif et irrévocable , et qu'au surplus ils consentent volontiers à supporter une responsabilité qui tend à sauver la chose publique.

D'après ces observations , celui qui avait élevé la question a retiré sa proposition.

Le conseil s'est ensuite occupé de la nomination d'un président et d'un secrétaire. Le représentant du peuple Rewbell, a été choisi président , et Lachevardière, commissaire national , a été nommé secrétaire.

Le général Canclaux a donné lecture d'un arrêté du comité de salut public et d'une lettre du ministre de la guerre , par lesquels on lui annonce que l'armée formant la garnison de Mayence , va se porter sur Nantes , au moyen de quoi elle se trouve sous son commandement.

Différents membres ont répondu que le dernier arrêté du comité de salut public annullait implicitement l'arrêté antérieur , ainsi que les lettres du ministre de la guerre.

Après une discussion assez étendue, le président a mis aux voix cette question : « Le conseil pense-t-il que le dernier arrêté du comité de salut public annulle le précédent , et que le général Canclaux doit être déchargé de toute responsabilité relativement à l'arrêté premier du comité de salut public et aux ordres donnés en con-

séquence par le ministre de la guerre ? » L'affirmative
a été arrêtée à la majorité de vingt voix contre une (1).

La discussion s'est alors engagée sur le fond de la
question, qui consiste à savoir si la garnison de Mayence
descendra sur Nantes, ou marchera directement contre
les rebelles sur Chollet et Mortagne.

La discussion a été interrompue par une proposition
incidente, tendante à ce que chaque membre du conseil soit tenu de motiver par écrit son opinion. On a
proposé par amendement de laisser à chacun la faculté
de motiver son opinion, sans que cette faculté soit
obligatoire. Cette dernière proposition a été, adoptée
unanimement ; et il a été décidé que chacun serait libre
de motiver son opinion dans un écrit qui serait joint au
procès-verbal, et signé de l'opinant.

La discussion a été reprise : les différents membres
ont parlé pour ou contre chacune des deux propositions.

Enfin, après une multitude d'observations, la discussion a été fermée, et l'on a commencé l'appel nomi-
nal sur cette question :

« La garnison de Mayence dirigera t-elle sa marche
par Saumur ou par Nantes? » Sur vingt-deux votants, le
citoyen Bourbotte a déclaré n'être pas en état de donner
son avis : le général Dembarrère a demandé que l'on
marchât simultanément par Saumur et par Nantes ; les
citoyens Rewbell, Merlin, Thurreau, Cavaignac,
Meaulle, Philippeaux, Ruelle, Canclaux, Aubert-
Duhayet et Mieskousky ont été d'avis de marcher par

_____

(1) Celle de Philippeaux.

Nantes , et les citoyens Richard , Choudieu , Fayau , Rossignol , Menou , Duhoux , Santerre , Salomon et Ray ont pensé que l'on devait marcher par Saumur. A l'égard du général Chalbos , il a voté pour que l'on marchât par Saumur et Niort a la fois.

D'après cela , et attendu que dix voix ont été pour la marche par Nantes , et dix pour celle de Samur , il ne s'est pas trouvé de majorité.

Alors la discussion s'est engagée de nouveau ; et après de longs débats , le conseil a arrêté que les généraux se consulteraient entr'eux pour arrêter un plan qui serait soumis ce soir au conseil. La séance a été levée à quatre heures , et l'on s'est ajourné à huit heures du soir.

Et le même jour 2 septembre , huit heures du soir , le conseil réuni , l'un des généraux a annoncé qu'en exécution de l'arrêté pris cejourd hui par le conseil , ils se sont rassemblés , et que les avis se sont réunis à cette question , que l'armée de Mayence marcherait par Nantes , et qu'il avait été convenu qu'ils se rassembleraient demain matin pour se concerter sur les mesures d'exécution. Un membre a demandé que le résultat de l'avis des généraux fût remis par écrit : l'on a réclamé l'ordre du jour sur cette proposition , et il a été adopté d'après le rapport ci-dessus. Le président a consulté le conseil pour savoir s'il adoptait l'avis des généraux ; quatorze votants l'ont admis , et trois l'ont rejeté dans l'ordre suivant : les citoyens Rewbell , Merlin , Richard , Thurreau , Cavaignac , Meaulle , Philippeaux , Ruelle , Canclaux , Menou , Santerre , Aubert-Dubayet , Mieskousky et Dembarrère ont voté pour l'adoption , et les citoyens Choudieu , Fayau et Chalbos l'ont rejeté. Eu conséquence, il a été arrêté par le conseil que la garnison de Mayence marcherait par Nantes.

Fait à Saumur, les jour et an que dessus.

Signés Rewbell, Cavaignac, Meaulle, Ruelle, Philippeaux, Thurreau, Merlin, Choudieu, Richard, Santerre, Mieskouski, Chalbos, Dembarrère, Menou, Canclaux; Lachevardière, *secrétaire.*

Plan concerté entre les généraux Rossignol et Canclaux, relatif à l'armée des côtes de la Rochelle.

L'armée des côtes de la Rochelle se tiendra sur une défensive active ; néanmoins, la division du général Mieskousky opérera offensivement jusqu'à sa jonction, à l'aile droite de l'armée des côtes de Brest et à l'aile gauche de la division de Chantonay ; elle dirigera sa marche de la manière suivante :

Le 11, elle s'emparera d'Aisnay ;

Le 12, elle marchera sur le Poiré ;

Le 13, aux Essarts ;

Le 14, à Saint-Fulgent, où elle prendra poste, et se gardera militairement.

La division de Chantonay sera chargée de balayer tout le pays qui se trouve entre Chantonay et la Roche-sur-Yon, de manière qu'elle ne laisse aucun ennemi derrière elle, et que ses subsistances soient assurées.

Les postes de sa gauche correspondront directement avec ceux du corps commandé par le général Mieskousky.

La même division de Chantonay enverra occuper les postes de Mouilleron et de Basoges, de la manière qui lui sera prescrite par le général de division Chalbos.

La division commandée par le général Chalbos se portera à la Chateigneraye, où elle devra arriver le 14 ; elle balaiera ses derrières et ses deux flancs, et les postes de sa droite correspondront avec les postes de gauche de la division commandée par le général Rey. Il en sera de même des postes de sa gauche avec la division de Chantonay.

La division commandée par le général Rey se portera à Bressuire, où elle devra arriver le 14 ; sa droite occupera Chambroulet, et sa gauche le château de la Forêt-sur-Sèvre. Ce dernier poste correspondra avec la droite de la division commandée par le général Chalbos.

La division de Saumur fournira un poste à Argenton ; il y sera rendu le 14, et occupera les hauteurs qui sont derrière cette ville, au lieu dit le Breuil.

La gauche des postes de cette division correspondra avec ceux de la droite de la division aux ordres du général Rey.

La division de Saumur se portera à Vihiers, où elle sera rendue le 14 ; sa gauche correspondra avec la droite de la division d'Argenton ; elle occupera le château et les hauteurs qui avoisinent Vihiers.

La division aux ordres du général Duhoux, laissant une garde suffisante au pont de Cé, se rendra le 14 sur les hauteurs de Beaulieu, et occupera les ponts de Baré et de Bezigon ; la gauche de ses postes enverra de fortes et fréquentes patrouilles pour correspondre avec la droite de la division de Vihiers ; elle s'éclairera sur sa droite, pour connaitre la marche et la position des ennemis sur la rive gauche de la Loire.

La correspondance sera extrêmement active entre toutes les divisions et le général en chef, qui tiendra son quartier-général à Doué; la même correspondance aura lieu avec le général en chef des côtes de Brest, et entre les divisions, colonnes et postes des deux armées qui s'avoisinent, de manière que toutes les troupes puissent opérer de concert les mouvements qui leur seraient ordonnés, et qu'elles puissent se porter des secours réciproques suivant l'urgence des cas.

Les différentes divisions et les postes se garderont par des retranchements, et auront soin de se garder par des patrouilles fréquentes et soutenues entr'elles.

Fait et arrêté à Saumur, le 3 septembre 1793.

Signé CANCLAUX et ROSSIGNOL.

Plan d'opérations concerté et arrêté entre les généraux Rossignol et Canclaux, touchant l'armée de Nantes.

L'armée de Mayence, étant réunie à celle des côtes de Brest, sortira de Nantes le 11 ou le 12 de ce mois de septembre.

Elle aura, sur sa droite, une colonne de l'armée de Brest, qui, rassemblée à Painbœuf, et, partant de là, balaiera toute la côte de Bourg-neuf, et se portera sur Port-Saint-Père, qu'elle enlèvera, et de là sur Machecoult.

Cette opération peut avoir lieu dès le 9; elle sera soutenue par la présence de l'avant-garde de l'armée de Mayence, qui se sera portée le même jour sur la hauteur de Saint-Léger qui domine Port-Saint-Père, et d'où ce poste pourra être canonné et bombardé s'il est nécessaire. Une colonne, partie de la Hibaudière, en fera en même l'attaque de front; et s'en étant emparée, y restera pour se réunir à la colonne de droite, dont elle doit faire partie. L'occupation de Machecoult doit décider la marche en avant de la colonne de l'armée des côtes de la Rochelle, qui en tient la gauche. Cette colonne dite *armée des Sables*, qui est maintenant à la Roche-sur-Yon et Lamotte-Achard, après avoir attaqué Aizenai et Poiré, se portera sur la droite de la colonne de l'armée de Brest jusqu'à Saint-Fulgent, le 13, et le 14 aux Herbiers, où elle se trouvera à la hauteur de Tiffauges, et de là marchera toujours sur la droite de la même colonne, pour se porter devant Mortagne le 26.

L'armée de Mayence se sera portée le 11 devant Ville-Neuve; son avant-garde aura été le même jour au château de la Limousinière, en avant le Pont-James, où l'armée se portera le jour suivant, laissant la réserve à Ville-Neuve.

Sur la route de Nantes aux Sables, l'attaque aura lieu à Montaigu par une colonne qui partira de Machecoult, et qui pourra se diviser en deux parties pour l'attaquer par le côté de Palluau, en même temps que par celui de Machecoult, et que l'avant-garde de l'armée de Mayence l'attaquera par le chemin de Nantes. Vertou pourra aussi être attaqué ce même jour par la colonne de gauche de l'armée de Brest, ainsi que le château de la Loue; elle y prendra poste.

La légion nantaise, et partie de la garde nationale sortie de Nantes, feront une diversion sur Saint-Sébastien et Basse-Goulaine.

Le 13 ou le 14, le corps d'armée se portera sur la route de la Rochelle, vis à vis Aigrefeuille.

La colonne de droite à Montaigu, qu'elle enlèvera;

le 14 ou le 15, elle se portera sur Tiffauges, et le 16 devant Mortagne.

Le même jour, le corps d'armée ayant passé le Maine attaquera Clisson, et se portera devant Mortagne, y passera la Sèvre. Le 16, la réserve qui aura passé la Sèvre sur le pont de Vertou, viendra attaquer Clisson par le chemin de Nantes, s'il est nécessaire, ou par sa droite, et se réunira à l'armée.

Comme l'armée des côtes de la Rochelle doit se porter simultanément des différents points qu'elle occupe sur Mortagne, les forces combinées se trouvant alors rassemblées, ainsi que les généraux, on prendra pour la continuité de la campagne, tel plan que l'on avisera bon être. Pour exécuter ces premiers mouvements dans un ensemble nécessaire, il faut qu'ils soient arrêté d'une manière fixe et invariable, et sous la responsabilité de chàque général, à moins d'obstacles de guerre dont chaque colonne sera prévenue par une correspondance journalière, et par des courriers extraordinaires portant des dépèches écrites.

Fait et arrêté au conseil de guerre à Saumur, le 3 septembre 1793, l'an deuxième de la république française, une et indivisible.

Signé le général en chef de l'armée des côtes de Brest, CANCLAUX.

J'adopte, pour le bien général, le plan présenté par le général Canclaux, me réservant le droit d'attaquer Mortagne, si je le juge convenable.

Signé ROSSIGNOL, général en chef commandant les côtes de la Rochelle.

Pour copie conforme,

GOULAIN, secrétaire.

N°. XVII.

Proclamation au nom de sa majesté très-chrétienne Louis XVII, roi de France et de Navarre, du général en chef et des commandants aux armées catholiques, à tous les bons Français ; salut.

Français catholiques et fidèles au roi, vos amis, vos parents, vos libérateurs vous appellent ; ils vous tendent les bras. Les soi-disant patriotes ont juré de vous arracher tous des bras de vos femmes et de vos enfants, pour vous faire marcher contre des hommes qui ne combattent que pour assurer votre bonheur. Au lieu de cette paix profonde, au lieu de ce bonheur si durable qu'ils vous avaient promis, ils n'ont apporté jusqu'ici chez vous que la désolation et la mort. Ils vont vous forcer, le sabre sur la tête et le pistolet sous la gorge, à soutenir une cause barbare et impie, à maintenir des lois de sang que vous abhorrez ; et nous vous disons, au nom de notre bon roi, qui va sous peu de jours remonter sur le trône de ses pères, d'où il se prépare à vous combler de bienfaits et de faveurs, si vous vous déclarez pour lui : venez, nos amis, vous joindre à nous sous les drapeaux de notre sainte religion ; venez : nous avons tous juré de vaincre ou de périr pour notre dieu, pour notre roi. Le terme de nos travaux est proche ; les puissances généreuses qui combattent pour le rétablissement de l'ordre et de la monarchie française, sont aux portes de Paris : mais nous voulons vous associer à notre gloire et aux récompenses qui attendent les courageux défenseurs de la religion et du roi. Ainsi , que tous les habitants qui sont en état de porter les armes, viennent avec des fusils, des piques, des fourches et toutes autres armes de guerre qu'ils pourront se procurer, pour être prêts à marcher avec nous où il leur sera commandé.

Ceux qui se réuniront avec nous seront exempts, conformément aux intentions de sa majesté, du paiement des impositions, jusqu'à l'entier rétablissement de l'ordre et de la monarchie, et susceptibles ainsi que leurs femmes et leurs enfants des généreux secours réservés aux braves défenseurs du trône et de l'autel ; et ceux au contraire qui refuseraient de marcher sous nos drapeaux, ou qui, par leurs menaces ou leurs insinuations perfides , chercheraient à détourner leurs compagnons d'armes de leurs devoirs, seront de suite assujétis aux paiements de leurs impositions, regardés comme complices des crimes de la soi-disant Convention nationale de France , et traités comme tels , en juste représaille des horribles traitements exercés jusqu'ici envers les vrais amis de la religion et du roi , plongés dans les cachots ou égorgés dans leurs foyers , ainsi qu'envers nos prisonniers indignement massacrés par nos ennemis.

Fait en quartier-général , à Chatillon-sur-Sèvre , ce 24 août 1793, l'an premier du règne de Louis XVII.

Signés D'Elbée , généralissime ; de Donnissant , gouverneur des pays conquis ; prince de Talmont ; chevalier des Essarts ; de Lescure ; de la Roche-Jaquelein ; de Beauvollier l'aîné ; Duhoux-de-Hauterive ; de la Ville-de-Baugé ; Stofflet ; chevalier de Beauvollier.

Par MM. du conseil de guerre,

du Ris-de-Beauvais, secrétaire.

Proclamation du conseil supérieur.

Le conseil supérieur d'administration, considérant que la signature des assignats de 25 liv. et au-dessous, marqués au coin de la république, devient de plus en plus difficile et pressante, par la multiplicité des demandes de ce genre et l'affluence des porteurs desdits assignats au bureau ;

Ne pouvant néanmoins, pour des raisons d'utilité publique, proroger au-delà du 2 septembre prochain le terme fixé pour la signature desdits assignats ;

Ouï sur ce les représentations de MM. Thomas et Barré ; ensemble les conclusions de M. Baudi, faisant pour absence du procureur général,

A arrêté et arrête que les assignats de la valeur de vingt-cinq sols seraient à l'avenir, et depuis le n°. 1,000, inscrits sur le registre, signés et admis pour valoir, au nom du roi, par MM. Duplessis, de la Roche-sur-Yon, officier du conseil supérieur, ou Redon-de-Puijourdain, et Mérand, secrétaire.

Le conseil supérieur avertit en outre les habitants des pays conquis que, par assignats marqués au coin de la république, il n'entend que ceux qui ne portent pas empreinte l'effigie du roi, et qu'en conséquence on ne doit point soumettre à la signature ceux qui, quoique datés de l'an premier de la république, conservent néanmoins l'effigie royale.

Fait en conseil supérieur, à Chatillon-sur-Sèvre, le 20 août 1793, l'an premier du règne de Louis XVII.

GABRIEL, évêque d'Agra.

Par le conseil supérieur,

P. JAGAULT, sécrétaire-général,

A Châtillon, le 2 août 1793, l'an premier
du règne de Louis XVII.

Messieurs, je vous fais passer plusieurs exemplaires des
travaux du conseil supérieur. Je vous prie de faire lire,
publier et afficher partout où besoin sera nos bulletins
et règlements, afin qu'on n'en prenne cause d'ignorance
pour se refuser à l'exécution de nos ordres. Vous veille-
rez scrupuleusement à ce que personne n'arrache ni ne
déchire les affiches. Vous me rendrez compte de ceux
qui se permettront ce genre de délit, pour que je puisse
vous mettre à même de les punir sévèrement.

Je suis très-parfaitement, Messieurs,
Votre affectionné serviteur,
CARRIÈRE, *procureur-général.*

TABLE DES MATIÈRES

CONTENUES DANS CE VOLUME.

———

FIN DU TOME PREMIER.

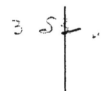

Lightning Source UK Ltd.
Milton Keynes UK
UKHW01f2201030818
326743UK00012BA/765/P

9 781334 893315